보아라부대

보아라부대

발 행 일　2022년 9월 24일
저　　자　김옥규, 김 석 공저
기획·편집　김정숙
발 행 처　도서출판 넷피플
주 문 처　이메일: imjayuin@naver.com
　　　　　네이버밴드 '보아라부대'

ISBN　　978-89-92897-22-8

이 책을 무단 복사, 전재하는 것은 저작권법에 저촉됩니다.

보아라부대

추천사

한 개인의 생애사가 아닌
한국 현대사의 일부로 기록되다

이윤정
경찰대학 한국경찰사연구원장

보아라부대는 '귀순 빨치산들로 편성된 경찰의 빨치산 진압부대'로만 알려지면서 편성 과정, 조직도, 전투와 전과뿐만 아니라 부대원이 되어 큰 공을 세웠다 하더라도, '전前빨치산'이란 주홍 글씨 때문에 부각되지 못하고, 극히 일부분만 전해져 오는 경찰 부대를 말합니다.

또한 학계에서는 부대원들이 '산山사람', 즉 자의에 의해 '빨치산'이 되어 경찰·국군·주민에게 총구를 겨누었던 가에 관한 문제도 심층적으로 연구하여야 하는 과제를 갖고 있는 중요한 부대입니다.

이와 같이 6·25전쟁사는 물론 한국 현대사 연구의 발전을 위해서라도 반드시 밝혀야 하는 보아라부대의 실상이 오랫동안 채록된 김옥규님의 구술과 김석님의 상세한 현지 방문 및 자료 조사 등 각고의 노력 끝에 비로소 공개되어 크게 기쁩니다.

본서는 보아라부대의 막내였던 김옥규님의 생애사만을 중심으로 기술되어 있지 않습니다. 한 개인의 삶은 가급적 간결하게 설명하고, 대부분의 내용을 보아라부대의 전투사에 초점을 맞추고 있습니다. 게다가 빨치산의 일상사뿐만 아니라 지역사마저 아우르고 있어 한국 현대사의 일부를 구체적으로 기록하고 있습니다.

따라서 본서는 그간 빈 공간으로 남아있던 6·25전쟁사와 한국 현대사의 역사상歷史像을 충실하게 보완하고, 보아라부대에 관한 국가적 차원의 재평가를 가져오게 하며, 향후 더욱 활발한 후속 연구가 이어지는 디딤돌이 될 것입니다.

어느 누구도 시도하지 않았던 귀한 출판을 해주신 김옥규님의 가족분들께 한국경찰사 연구자로서 깊은 감사의 마음을 전합니다.

살아있는 기억

김옥규

내 나이 내년에 아흔이니 지나온 세월을 회고할 때도 한참 지났다. 일제강점기에 태어나 한국전쟁을 겪었고 경제성장기를 거쳐 선진국으로 발돋움한 현대사의 격변기에 살았다. 돌이켜보면 그 소용돌이 안에서 징글징글하게도 고생했던 인생이었다.

나는 여섯 살에 고아 아닌 고아가 되어 아무도 없는 산골에서 혼자 살았다. 그 시절 이 땅의 사람들이 대개 어렵게 살았지만, 나는 유독 혹독한 환경에서 자랐다. 부모 없이 자란 여섯 살 꼬마가, 할아버지께서 20~30일 만에 한번 들러서 주고 간 쌀로 밥을 해먹었다. 쌀이 떨어지면 산과 들에서 구한 식물로 연명하며 목숨을 부지했으니 참으로 외롭고 힘겹게 어린 시절을 보냈다.

젊은 시절은 한국전쟁 전후 혼란기였다. 전쟁 전에는 경찰에게 평생 잊지 못할 만큼 억울한 매를 맞았고, 전쟁 기간에는 전투경찰로서 생사를 넘나들며 빨치산과 전투를 치렀다. 그리고 전쟁 후에는 육군 사병으로 최전방에서 근무했다. 무수한 사람들이 피를 흘리며 죽던 시절에도 살아남은 걸 보면 명줄이 긴 모양이다.

다만 1951년 12월 전남 백아산에서 적의 탄약고 폭파임무를 수행하다가 허리에 심각한 부상을 입었다. 그 후유증으로 평생 고통받고 있지만 내 운명이려니 여기고 묵묵히 받아들였다.

농사를 짓고 건축 현장에서 일하면서 네 자녀의 끼니와 학비를 걱정하며 살 때, 가장으로서의 책임감이 마치 칼날 위에 서 있는 듯했다. 그렇게 세월이 훌쩍 흘러 오늘에 이르렀다.

인생에서 가장 기억에 남는 일은, 열일곱 살 때부터 지리산지구 전투경찰사령부 소속 보아라부대원으로 4년 동안 생사를 넘나들었던 시절이다. 그 시절 전투경찰은 스무 살부터 입대할 수 있었는데, 부대장은 징집연령 미달인 내 나이뿐만 아니라 이름까지 바꾸어서 전장 속에 밀어 넣었다. 총 세 발 쏘는 것으로 모든 군사훈련을 마쳤고, 누구 것인지도 모르는 전사자의 피 묻은 군복을 입고 총알이 빗발치는 전장에 나섰다. 이후 죽음의 고비를 수차례 넘겼다. 1956년 경찰을 그만둘 때까지 나는 김옥규가 아닌 김삼차로 살았고 기록도 그렇게 남아 있다.

이 책의 본론은 보아라부대 시절 이야기이다.

귀순 빨치산, 국군, 경찰, 지원 청년 등으로 구성된 보아라부대, 불과 40여 명의 전투경찰이 수백, 수천 명이 진을 치고 있는 빨치산 본거지를 기습하여 혁혁한 전공을 세웠다.

전몰장병을 찾기 위한 노력이 계속되고 있는 가운데, 오랜 세월 묻혔던 이야기가 속속 등장하고 있다. 그런데 세계 유격전사에 빛나는 보아라부대의 활약이 묻혀 있어 안타깝기 그지없다. 이제 증언할 사람도 대부분 역사의 무대 뒤로 연기처럼 사라지고 말았다.

이 책을 계기로 보아라부대의 존재가 세상에 알려지고 길이 기억될 수 있다면 더 이상 바랄 게 없겠다. 그렇게 된다면 국가보훈처에 제출했던 전상戰傷 등록 요청이 외면되었을 때, 조국에 대해 품었던 유감도 해소될 수 있을 것 같다.

내가 이 회고록을 통해 알리고 싶은 진실이 있다.

일제강점기에 민족을 괴롭히던 친일 경찰이 해방 후에는 미군정의 후광을 업고 위세를 부리기도 했다. 그들은 일본 경찰의 태도를 부지불식간에 이어받았다. 우익의 허울을 쓰고 공산당 색출과 빨치산 토벌이라는 미명 아래 무수한 양민을 괴롭히고 때로는 목숨을 앗아가기도 했다.

1945년 광복 이후 한국전쟁 시기까지, 공산주의를 추종하던 '빨갱이'보다 군경의 매를 피해 산으로 피했다가 빨치산이 된 사람이 훨씬 많다는 사실을 알아야 한다. 즉 군경이 공산당을 잡은 게 아니라 만들었다고 생각한다.

수십 년 전의 이야기지만 과거는 미래의 백미러 역할을 한다. 과거를 정확하게 알지 못하면 똑바로 나아갈 수 없는 법이다.

다시 말하지만 내 기억에서 가장 큰 비중을 차지하고 있는 것은 한국전쟁기에 보아라부대원으로서 겪은 일들이다. 4년이 채 못 되었으니, 시간으로 따진다면 내 인생의 1/20도 되지 않는 짧은 기간이었고, 지금으로부터 70년 전 옛날 일이다. 그러나 보아라부대를 떠난 후 군생활을 하던 때에도, 가장이 되어 맨손으로 집안을 일으키며 자녀를 키울 때에도, 그리고 노후에 이른 지금까지도 뇌리에 박혀 떠나지 않고 있다. 내 기억에서만큼 그때의 일은 아직도 현재진행형이다.

총성이 난무하는 가운데 무수한 사람이 선혈을 흘리던 모습과 폐부를 찌르던 비명 및 신음소리를 기억에서 떨쳐내고 싶었다. 그러나 그럴수록 더욱 선명하게 떠올랐다. 그때의 장면과 사람들이 평생 그림자처럼 나를 따라다니고 있다. 내가 여태 살아있는 이유는 전장에서 죽어간 사람들이 그때의 일을 증언하라는 마지막 유지遺志 때문이 아닐까 하는 생각마저 들기도 한다.

나는 빨치산에게 수 차례 짐꾼으로 끌려가기도 했고 전향한 빨치산 동료들과 함께 전투를 치르기도 했다. 그 과정에서 죽음의 고비를 여러 번 넘나들면서 동료가 피를 흘리며 죽어가는 모습을 보았다.

　빨치산은 분명 나와 동료의 목숨을 위협하고 우리나라의 체제를 부정하는 적이었다. 그러나 이념대결시대에 벌어진 역사의 수레바퀴를 따라 굴러간 것일 뿐 그들 역시 평범한 사람들이었다. 그들 중에는 억울한 일을 겪고 살기 위해서 산으로 피신했던 사람도 있었다. 추위와 굶주림 속에 도망 다니다가 결국 산 속에서 비참하게 생을 마감하고 말았지만 그들 역시 대한민국이 품에 안아야했던 사람들이었다.

　시대와 지역을 잘못 타고 태어난 죄로, 제대로 먹지도 입지도 못한 채 꽁꽁 언 땅에서 밤을 지새우며 생사를 넘나드는 치열한 전투를 벌여야 했던 나의 전우들, 그리고 스러져간 빨치산에게 이 책을 바친다.
　천운으로 살아남은 보아라부대 서른아홉 번째 부대원 김삼차가 이제 역사 속에 파묻힌 진실을 증언하고자 한다.
　가엾은 영혼들이여 편안히 잠들라.

역사는 기록돼야

김 석

　이 책은 유사 이래 가장 급변하던 시대에 살았던 노인의 이야기이다. 그 분은 내 장인이시다. 1986년 처음 뵈었으니 인연을 맺고 꽤 오랜 세월이 흘렀다.
　가족이 명절에 모이면, 장인어른은 지나간 이야기를 하시곤 했는데 공산당 잡던 이야기가 단골소재였다. 서두도 없이 툭툭 튀어나오는 이야기였기에 전체적인 맥락을 파악할 수 없었고 건성으로 듣곤 했다. 늘 반복된 이야기였으므로 때로는 슬쩍 자리를 비키기도 했다.

　1990년쯤 TV에서 드라마 「남부군」을 상영하기에 관심을 갖고 보았다. 영화나 드라마는 흥미를 유발하기 위해서 원작을 변형한다. 그래서 재미있게 본 영화나 드라마 원작을 나중에라도 보는 성격이다. 변형되지 않은 본래의 내용을 알고 싶기 때문이다.
　고故 이태 씨가 쓴 빨치산 수기 「남부군」을 읽었다. 책을 읽고 나니 어느 대목이라고 딱 꼬집어 말하기 힘들지만, 장인어른 말과 수기 내용이 상당한 부분에서 일치한다는 느낌을 받았다. 장인어른은 시력이 좋지 않기도 하지만 그런 책이 있다는 것도 모르고 본 적도 없는 분이시다. 장인어른 이야기와 수기 내용이 일치하는 이유는 둘 다 사실이라기 때문이라고 생각했다.

　세월이 흘러 장인어른께서 팔순을 지나셨다. 그동안 나는 작가로서 자서전을 의뢰 받아 몇 권 썼으면서도 장인어른 회고록을 생각하지 못했다.

내가 어떤 어르신 회고록을 쓰던 2016년 어느 날, 아내가 원고를 교정하기 위해 읽다가 장인어른 책을 써보라는 의견을 제시했다. 여고시절부터 아버지의 이야기를 책으로 남기고 싶었다면서, 전쟁과 관련된 이야기인 만큼 남자가 써야 할 것으로 생각하고 있었다고 말했다.

그래서 장인어른께 여쭈었더니 흔쾌히 승낙하셨고, 대뜸 이어지는 말에 정신이 번쩍 들었다.

"자네, 보아라부대라고 들어보았나?"

"아버님이 보아라부대에 계셨어요?"

"그럼! 창설 때부터 있었지."

보아라부대는 관련 책에서 몇 번 언급되는 걸 봤을 뿐 자세히 알지 못했고, 그저 전향 빨치산으로 구성된 부대가 대단한 전과를 올렸다고만 알고 있었다.

이후 장인어른으로부터 보아라부대에 대한 설명을 들었다. 그리고 인터넷에서 검색하고 관련 책에 묘사된 내용을 확인했더니, 보아라부대의 실상이 너무 왜곡되어 있었다. 평소 역사에 관심을 가진 나로서는 바로잡고 싶은 의욕이 솟아올랐다. 관련 자료를 찾아볼수록 그 의욕은 사명감으로 불타올랐다.

장인어른은 빨치산 전남 유격사령부 화약고 폭파임무를 수행하다가 입은 부상을 평생 지병으로 갖고 계시다. 지금부터 18년 전, 뒤늦게 국가보훈처에 국가유공자(전상군경) 신청을 했다가 거절당했을 때 내가 썼던 반박문, 그 이야기가 바로 보아라부대 시절의 일이었다는 것이다.

'내가 반드시 보아라부대의 존재와 활약상을 세상에 알려야겠다!'

나는 1980년대 운동권의 바이블이었던 「해방전후사의 인식」을 지금까지도 보물처럼 간직하고 있을 만큼 남북 이념대결시대의 일에 관심이 많다. 따라서 장인어른이 증언하는 빨치산 토벌 실화, 보아라부대의 기록을 남기는 일에 열의를 갖고 있다. 자료와 참고 서적을 검토하여 구술 내용의 신뢰성을 검증하면서 객관적으로 쓰고자 노력했다.

대한민국의 적대세력이었던 빨치산이나 아군으로 활동한 '구월산 유격대'는 잘 알려져 있다. 그러나 40여 명으로 구성된 전투경찰부대인 보아라부대가, 빨치산 심장부를 격멸하여 나라의 안정에 이바지한 공적은 묻혀 있다. 관련 기록에 단편적으로만 기술되었을 뿐 세부적인 활동이 알려지지 않고 있는 것이다.

이 책은 장인어른의 구술을 받아서 내가 집필했다. 사실만 늘어놓은 조각으로는 책을 쓸 수 없어서, 상황에 대한 해석이나 시사점은 내 관점에서 썼다. 그런 시각에 의해서 행여나 보아라부대의 실상이 훼손되지 않을지 조심했다. 그래서 고심 끝에 공동저자로 정했다.

이 책에 오류나 과장된 면이 있을지도 모른다. 독자들은 거시적 견지에서 전체 맥락에 영향을 미치지 않는 내용을 너그럽게 봐주기 바란다. 아울러 이 책 내용을 보충하거나 수정할 내용이 있으면 판권에 있는 연락처로 알려주시면 개정판을 낼 때 반영하겠다.

열 번이 넘는 인터뷰와 세 번의 전적지 여행기간, 그리고 수시로 전화를 통해 보충 질문을 하면서, 장인어른의 놀라운 기억력에 거듭 감탄했다. 70년이 지났어도 그때의 상황과 사람 이름을 기억한다는 사실이 경이로웠다.

보아라부대에 복무한 3년 10개월의 기간이 일평생 동안 유령처럼 떠나지 않고 지배했음을 알 수 있다. 어쩌면 장인어른은 보아라부대의 활약을 증언하기 위해 지금까지 목숨을 부지하고 있었을지도 모른다는 생각마저 들었다.

공산당 이념도 모르는 선량한 주민들이 동족상잔의 비극, 체제다툼에 끌려들어 무고하게 희생되었다. 들꽃처럼 스러져간 한 많은 영혼과 그 가족들의 회한이 이 책의 증언으로 다소 위안을 받으면 더 바랄 게 없겠다.

아울러 70명이 넘는 실명의 공개 유무에 대해서 고심했다. 이 책을 쓰는 목적이 보아라부대의 실상을 밝히는 데에 있으므로, 실명을 공개하되 혹시 누를 끼치는 내용이 있는 인물은 가운데 글자를 "○"으로 바꾸었다.

끝으로 이 책은 2018년에 집필을 마치고 출간하려고 했으나 사정상 미루다가 저자의 연세가 높아 더 이상 미룰 수가 없어 올해 출간하기로 하였다. 때에 맞추어 한국경찰사연구원장 이윤정 교수님을 만나게 되어 책이 빛을 보게 되었다. 애정과 관심으로 훌륭한 추천사를 써주시고 여러 가지 도움을 주신 교수님께 진정어린 감사의 마음을 전한다.

목 차

추천사   4
머리글
  살아있는 기억   6
  역사는 기록돼야   10

제1부 회문산

1. "넌 나 떨어지면 죽어!"   19
2. 징용에서 돌아오신 아버지   26
3. 무섭기만 한 경찰   30
4. 인민군이 들어오다   38
5. 회문산과 구림면   60
6. 피 묻은 군복 입고 '김삼차'로 살다   72

제2부 보아라부대

1. 보아라부대   83
2. 전북도당 첩보중대장 체포 작전   114
3. 빨치산 모스크바, 가마골 작전   120
4. 백아산 전투, 부상을 입다   140
5. 백운산의 덫   161
6. 천왕봉 경남도당 연락과 체포 작전   176

7. 노고단을 점령하라	194
8. 내안골 항미연대 기습	202
9. 도당위원장의 최후	215
10. '지리산 백과사전'으로 불리다	227
11. 보아라부대 변천사와 문순묵의 행적	237
12. 618부대와 사찰유격대	251
13. 내가 겪은 빨치산	261
14. 복원돼야 할 보아라부대의 역사	288

제3부 회한에 잠겨

| 1. 보아라부대를 떠나서 | 311 |
| 2. 옛 전우와 전상군경 신청 | 317 |

후기

1. 집필 소감	355
2. 전적지 답사여행	371
3. 아버지 회고록 발간을 축하드리오며	402
4. 아버지의 끝나지 않은 전투	407
5. 자랑스런 아버지의 삶	411

참고 서적(사이트) 416

제1부
회문산

1. "넌 나 떨어지면 죽어"

나는 1934년 2월 9일 전북 정읍군 산내면 종성리 온곡마을에서 태어났다. 온곡마을은 집이 네 채뿐인 회문산 산골이었다. 아버지 김해 김씨 원석과 어머니 청주 한씨 명원 슬하의 일곱 남매 중 여섯째였다. 형 네 분과 누나, 그리고 한 살 아래 여동생이 있었다. 할아버지가 계셨으며 아버지께서 무남독녀 외아들이었기에 가까운 친척이 없었다.

어머니께서 내가 네 살 때 돌아가셨으므로 전혀 기억나지 않는다. 그리고 제대로 키울 사람이 없던 여동생마저 두 살 때 죽고 말아서 내가 막내로 자랐다.

아버지께서는 이웃들로부터 군자라고 불릴 만큼 존경받았다. 말수가 적고 남들이 듣기 싫은 말을 좀처럼 하지 않으셨다. 사람들이 너도나도 호인好人으로 부르는 통에 이름이 되다시피 했다.

아버지 체구는 건장했는데 유독 다리가 짧았고 정강이뼈가 튀어나왔으며 장단지가 지나치게 굵었다. 내가 젖먹이 무렵 아버지가 큰 감나무에서 감을 따다가 떨어져서 두 다리가 부러졌다고 하셨다. 발목이 거의 무릎에 닿을 정도였다니 심각한 부상이었는데 나무를 깎아서 부목을 대고 이집 저집에서 준 호박을 붙여서 나았다고 말씀하셨다. 그러나 뼈가 뒤틀리고 살이 아래로 뭉치는 바람에 무릎 아래가 짧고 굵은 기형이 되고 말았다. 그럼에도 불구하고 회복된 후에는 쌀가마를 번쩍 들고 옮길 만큼 힘을 잘 쓰셨다.

우리 집은 매우 가난했다. 동네 사람들에게 들은 바로는 할아버지 때문이었다. 할아버지께서 아버지에게 수시로 돈을 달라고 하셔서 집안에 돈이 남아나지 않았다. 그리고 집을 떠나시면 몇 달 동안 오지 않으셨다. 그런 내막을 아는 동네 사람들이 "애 만들 시간이 없어서 외아들만 두었다"고 말하곤 했다.

나는 태어난 이래 회문산 산골을 벗어나본 적 없었고 전북 정읍시 산내면과 순창군 구림면 경계를 넘나들며 살았다. 회문산은 강천산, 여분산, 성미산 등과 가까워서, 일대에 높은 능선과 깊은 계곡이 많다. 그래서 마을을 조금만 벗어나도 인적이 드문 산골이었다.

부모형제와 함께 어린 시절을 보내지 못했기에 태어난 무렵이나 어린 시절을 잘 알지 못한다.

고아 아닌 고아

여섯 살이던 1940년 아버지와 넷째 형이 남양군도[1])로 징용을 떠났다. 나머지 형 셋은 먹고살 일을 찾아 행상 등으로 뿔뿔이 흩어져버리는 바람에, 나는 개밥에 도토리 신세가 되고 말았다. 가족이 그렇게 해체되었으니 고아나 마찬가지였다.

다만 할아버지께서 거두어주셨다. 집이 없던 관계로 누군가 버린, 다 쓰러져가는 산골 오두막에서 살았다.

할아버지께서 밥하는 방법을 가르쳐주셨다. 쌀 한두 됫박을 놓고 홀연히 떠나시면 이삼십 일 만에 들르곤 하셨다. 쌀이 떨어지면 나 스스로 먹거리를 찾아서 끼니를 해결해야 했다. 할아버지가 계시지

---

1) 남양군도(南洋群島): 1919년 베르사유 조약에 따라 제1차 세계대전 승전국 일본이 패전국 독일로부터 넘겨받아 통치한 태평양의 섬 등을 말한다. 마리아나 제도, 팔라우 제도, 캐롤라인 제도, 마셜 제도 등이다.

않을 때는 깊은 산속에서 혼자 살아야 했으니 참으로 억센 환경에 놓였다.

어느 날 할아버지께 무슨 일을 하고 다니느냐고 여쭈어보았더니, "짚신 삼으며 다닌다"고 퉁명스럽게 대답하셨다.

산 아래 동네 사람들이 그렇게 지내는 나를 불쌍하게 여기고 풀국2)에 밥을 말아주기도 했다. 그리고 먹어도 되는 식물을 일러줘서 그것들을 뜯어먹으며 목숨을 부지했다.

봄이 되면 개나리꽃, 진달래꽃 등을 따먹었고 찔레 순이 돋아나면 어린잎과 잔가지를 끊어서 허기를 채웠다. 그런 것은 먹기도 역했지만 곧 토했다. 할머니들이 간기가 있는 국과 같이 입에 머금고 천천히 먹으면 괜찮다고 일러줘서 그렇게 했다.

그때는 성냥이 귀해서 불씨 간수가 대단히 중요했다. 할아버지께서 깨지고 금간 항아리를 구해서 더 깨지지 않게 철사로 동여매어 방문 밖에 놓아두셨다. 나무를 잔뜩 해 놓고 항아리에 보관한 불씨를 꺼트리지 않도록 단단히 일러주셨다. 예비용까지 두 개의 나무에 불을 붙여놓으라고 거듭 강조하시면서 항아리가 깨지면 큰일이라고 말씀하셨다. 만약 항아리가 깨져서 불씨가 꺼진다면 인적 드문 산골에서 정말 큰일이 아닐 수 없었다.

어느 날 밤 혼자 있을 때, 처음 들어보는 시끄러운 짐승 소리가 들려서 문틈으로 내다보았다. 어렴풋이 비치는 달빛 아래 짐승 세 마리가 놀고 있었다. 어미가 훈련을 시키는지 불씨가 들은 항아리 위로 재주를 넘으면, 나머지 두 마리가 그 자리에 가서 따라했다.

---

2) 풀국: 구술자의 설명에 의하면 먹을 게 귀한 시골에서 이팥, 들깨, 참깨, 감자, 식용 풀 등을 확으로 갈아서 풀처럼 쑨 죽이다.

정체를 알 수 없는 큰 짐승이었는데 그때는 호랑이일지도 모른다고 생각했다. 나는 허술한 문고리를 꽉 잡고 숨조차 제대로 쉴 수 없을 만큼 무서웠다. 그렇게 재주를 넘다가 바람이 불어서 불이 확 피어오르자 놀라서 도망갔다. 그 짐승들은 며칠 후에 한 번 더 왔다.

나중에 할아버지께 그 이야기를 하면서 무섭다고 말했더니, "산돼지일 테니까 무서워하지 말라"고 하셨다. 어린 내게 산돼지를 무서워하지 말라니!

나는 담력이 강하다는 말을 자주 듣는다. 그 이유는 깊은 산 속에서 혼자 자랐기에 그렇게 된 것 같다. 어릴 때부터 용기를 가졌다고 볼 수도 있지만 달리 보면 참으로 불쌍하게 큰 게 아니었을까?

범상치 않으셨던 할아버지

아홉 살쯤이었다. 어느 날 갑자기 할아버지께서 거처를 옮기자면서 몇 안 되는 살림살이를 주섬주섬 챙기셨다. 그렇게 야반도주하듯 옮긴 곳은 순창군 구림면 금천리, 마차길 가에 있는 낡은 빈집이었다. 말이 집이지 돼지도 키우기 힘들만큼 엉성했고 짚으로 엮은 문이 기억난다.

무슨 일이었는지 할아버지께서,

"밖에 나가지 말고 안에만 있어!"

라고 주의를 주셨다.

그즈음 할아버지께서는 며칠씩 집에 머물기도 하셨다. 집에 계실 때는 짚신을 삼아서 팔기도 했고 거저 주기도 했다.

그런데 낯선 아저씨들이 가끔 찾아와서 은밀하게 대화를 나누곤 했다. 돈도 내지 않고 짚신을 얻어 가기도 해서 어린 내게는 의아한 일이었다.

어떤 아저씨가 그 엉성한 집에서 자고 간 적 있었다. 두 분이 밤늦도록 이야기하면서 나지막하게 노래를 해서 자지 않고 엿들었다. 두 분이 "얼럴럴 상사디여"라는 후렴에 맞추어 노래하던 가락이 지금도 기억난다.

이튿날 아침 할아버지께 자고 간 사람이 누구냐고 물어보았더니,
"넌 알 필요 없다!"
라며 무뚝뚝한 반응을 보이셨다.

어느 날 처음 보는 아저씨가 찾아왔다. 할아버지와 문밖에서 이야기하기에 문틈으로 내다보았다. 할아버지께서 도장만한 나무토막을 아저씨에게 주고 있었는데 글씨를 쓰고 둘로 쪼갠 것이었다. 할아버지께서 어디어디 가서 누구를 만나 짝이 맞으면 그 사람을 데리고,
"중국까지는 자네가 같이 가야 하네."
라고 말씀하시는 걸 들었다.

또 하나 특이했던 점은 그 아저씨가 할아버지에게 "부장님"이라는 호칭을 사용했다는 사실이다.

할아버지께서는 아저씨를 보낸 후 언제나 그랬듯이 묵묵히 짚신을 삼으셨다. 건장한 남자들이 징용으로 끌려가서 동네에 짚신을 삼을 만한 사람이 별로 없었던 탓에, 할아버지의 짚신이 인기를 끌었으며 간혹 짚신과 쌀을 바꾸기도 했다.

열 살쯤 된 어느 날 할아버지께서 말씀하셨다.

"여긴 있을 곳이 못되니까 떠나자."

그날 밤 또 급히 거처를 옮겼다. 험한 산을 넘고 골짜기를 지나 길도 없는 곳으로 한참 가다보니 순창읍내로 연결되는 큰길이 나왔다. 거기서 읍내 반대 방향으로 가다가 다시 산길에 들어섰다. 깊은 산속에 오랫동안 사용하지 않은 숯막이 있었다. 나뭇가지로 대충 엮고 풀로 덮었는데 그나마 부서진 곳이 많아서 여기저기 손봐야 했다.

할아버지께서는 거기서도 여전히 짚신을 만들었다. 이부자리는 애당초 없었으므로 짚신 만들고 남은 볏짚을 깔고 잤다. 아침에 일어나면 짚 부스러기가 옷 안은 물론 입안과 콧속에 들어가 있기도 했다. 살림살이가 없다보니 깨진 옹기조각을 주워서 밥도 아니고 죽도 아닌 걸 끓여 먹고 살았다. 반찬이라고는 기름소금이 전부였다.

그렇게 할아버지와 함께 옮겨 다니며 사는 동안 형들이 찾아온 적은 단 한 번도 없었다.

그 시절 정황을 종합하면 할아버지께서 일경日警의 눈을 피해 독립운동을 하신 것으로 보인다. 어린 내게 말씀하지 않으셨을 뿐 할아버지께서 짚신만 만들어 팔 사람이 아니셨다. 쫓기듯 남의 이목을 피해 거처를 갑자기 옮기곤 했던 까닭은 위험한 상황을 감지했던 것으로 생각된다.

어느 날 물어보았다.

"할아버지는 왜 맨날 숨어 살아요?"

"이놈아, 아뭇소리 말어. 넌 나 떨어지면 죽어! 그러니까 내 말 잘 들어."

할아버지께서 독립운동을 하셨다고 생각하는 이유는, 어떤 아저씨가 할아버지에게 "부장님"이라는 호칭을 사용한 점과 글씨를 쓰고 둘로 쪼갠 작은 나무토막에 있다.

그 호칭은 짚신을 삼는 사람에게 어울리지 않았다. 또한 할아버지께서 멀리 떠나는 사람에게 신분 확인용 물건을 준다는 것은, 중요한 일에 개입된 게 틀림없다. 그리고 항상 짚신을 삼은 것도 예사롭지 않다. 짚신을 팔아서 생계에 보탬이 되기도 했지만, 혹시 그 안에 비밀문서를 감춘 게 아니었나 하는 의구심이 든다. 아울러 짚신장수는 신분을 위장하기 위한 수단일 수도 있었다고 생각한다.

할아버지께서 독립운동과 관계된 일을 하셨다는 사실은, 한국전쟁 때 우리 동네에 진주한 인민군과 나누었던 대화와 돌아가셨을 때 문상객에 의해서 확실하게 드러났다.

2. 징용에서 돌아오신 아버지

1945년 열한 살 때, 정읍시 산내면 종성리 용골이라는 산골짜기 토굴에서 살고 있었다. 용골은 호랑이가 와서 춤을 추었다는 골짜기로 인적이 매우 드물었다.

어느 날 산 아래 동네에서 웅성거리는 소리가 들렸다. 그런 일은 처음이라 호기심이 생겼다. 마을로 내려갔더니 사람들이 모여 있었다. 안면이 있던 아저씨에게 물었다.

"아저씨, 무슨 일 생겼어요?"

"해방이 됐단다."

"해방이 뭐에요?"

"음……. 살기 좋은 세상이 왔다는 거여. 너도 인자 아버지도 만나고 형들도 만날 것이다."

그 아저씨의 말로 미루어보건대 우리 가족에 대해 꽤 알고 있었다. 우리 가족이 좋은 평판을 받고 살다보니 이웃이 친절하게 대해주었다.

해방이 되자 징용 갔던 사람들이 하나둘 돌아왔지만, 남양군도로 떠난 아버지와 넷째 형은 감감무소식이었다.

"이제 해방 됐으니까 숨어 살 필요 없다."

어느 날 할아버지께서 그렇게 말씀하시고 전에 살던 마차길 집으로 옮겼다.

할아버지께서는 짚신을 삼아서 걸어놓고 팔았다. 또한 길에 옹기를 내놓고 불을 피워놓아서 행인이 담뱃불을 붙일 수 있도록 배려하셨다. 아마 아버지와 떠돌이 행상을 하던 형들 소식을 풍문으로

라도 듣고자 함이 아니었을까 추측된다.

가족을 만나다

어느 날 할아버지를 따라간 집에서 맏형을 만났다. 맏형은 나보다 스무 살이나 많았으니 대하기가 무척 어려운 존재였다. 그날 비로소 맏형이 징용을 피해서 집을 떠났다는 사실을 알았다.

할아버지께서 언제 식구들이 모일지 알 수 없으므로 맏형에게 나를 잘 거둬주라고 당부하셨다. 그러나 그 집에는 내가 머물 방이 없어서 할아버지와 살면서 가끔 들르곤 했다.

그 이후 얼마 지나지 않았을 때 동네에서 아버지를 만났다. 징용에서 돌아오신 아버지께서 수소문 끝에 우리가 사는 곳을 알아내어 찾아오던 길이었다. 왜 나를 버리고 갔느냐고 원망조로 물어보았다. 아버지는 내가 따라가기 싫다고 해서 데려가지 않았다고 대답하셨다. 그러나 고아처럼 떨어지게 된 내가 그렇게 말했을 것 같지 않다. 아마 어린 나를 데리고 고생길이 뻔한 만리타향으로 갈 수 없었으리라.

아버지와 함께 맏형 집으로 갔더니 넷째 형이 있었는데 형수님이 소개해주고 나서야 비로소 알아보았다. 5년 만에 만난 탓에 서로 낯설고 쑥스러워 말을 제대로 하지 못했다.

아버지께서는 넷째 형을 맏형 집에 맡겨 놓고 한동안 만나지 못했던 친지를 만나러 다니기도 했고 지게를 지고 일을 다니기도 하셨다.

얼마 후 아버지께서 사기그릇 공장에 일자리를 구하셨다. 공장에서 숙식하면서 한두 달에 한번 그릇이 가마에서 나올 때마다 한 짐 받았고, 그것이 월급이었다. 아버지께서 그 그릇을 팔아서 순창농림학교에 진학한 넷째 형 학비를 대주셨다.

그 이후에도 살림이 궁색하기는 마찬가지였다. 내 형편은 나아지지 않아서 여전히 먹고 사는 걸 스스로 해결해야 했다. 아버지께서는 넷째 형 학비 대기도 버거웠으니 막내에게 신경 쓸 여력이 없으셨다.

내가 어리긴 했지만 일을 잘하고 정직하다보니 여기저기 불려 다녔다. 수시로 이삼십 리 길을 걸어 다니며 남의 집 애를 봐주거나 불을 때주는 등 허드렛일을 했다. 한번은 부고를 전해주기 위해서 산길로 50~60km나 떨어진 담양군 봉산면까지 다녀왔다. 열두 살 어린이가 점심도 거른 채, 가는데 하루 오는데 하루 걸리던 그 먼 길을 맨발로 갔다. 그렇게 숙식을 해결하면서 '동네 머슴'처럼 살았으며, 동네 할머니들이 아들이나 손자 옷을 고치거나 기워서 준 옷을 입고 살았다.

둘째 형과 셋째 형, 두 분은 행상으로 다닌다는 말만 들었을 뿐 만나지 못했다. 내가 남의 집으로 불려 다닌 탓에, 형들이 집에 들렀어도 만나지 못했을 것이다.

후일 형 넷이 전부 한국전쟁에 국군으로 참전했다. 두 분은 전사 통지서를 받았고, 한 분은 실종되어 무명용사 비문에 보이지 않는 흔적만 남겼다. 오직 넷째 형만 살아서 돌아왔다. 둘째 형과 셋째 형 얼굴이 기억나지 않으니 참으로 기구한 형제의 운명이라 하겠다.

아버지는 자식을 넷이나 한국전쟁에 보낸 공으로 훈장을 받았다.

전쟁기념관에 있는 무명용사비.
이름도 남기지 못하고 사라진 무수한
영혼들 가운데 우리 형도 있으리라!

자식 넷을 한국전쟁에 참전시
킨 공로로 아버지가 받은 훈장

 나는 국군이 아닌 전투경찰로 참전했으니 결국 우리 다섯 형제 모두 전쟁터에 나섰던 것이다. 다섯 형제가 한국전쟁에 참전한 사례가 또 있을지 모르겠다.

3. 무섭기만 한 경찰

민주화가 된 요즘 취객이 파출소에서 행패를 부렸다는 뉴스를 보면 참으로 좋은 세상이라는 생각이 든다. 어렸을 때 일본 순사는 물론 해방 이후 대한민국 순경도 무서워서 피하던 시절과 비교하면 상상조차 할 수 없는 일이다. 그때는 울던 아이도 순경이 온다고 말하면 그칠 정도로 무서웠다.

왜냐하면 사람들을 인정사정없이 때렸기 때문이다. 멀리서 오는 경찰만 봐도 모두 도망쳤다. 잘못한 게 전혀 없는데도 말이다. 그때는 영문도 모른 채 잡혀가기도 했다. 그리고 무작정 "바른 대로 불라"면서 마구 두들겨 팼다. 혐의가 있으면 경중을 불구하고 온갖 고문을 자행했다. 그 억울한 사정을 어디에 가서 하소연할 수도 없었다. 인권존중이라고는 손톱만치도 찾을 수 없던 시대였다.

초창기 대한민국 경찰이 일본 순사의 못된 습관을 이어받은 것 같다. 일본 순사는 불령선인不逞鮮人[3]으로, 대한민국 순경은 빨갱이로 몰아붙이던 점만 달랐다.

경찰이 무서운 존재로 여겨진 배경에는 당시 극심했던 좌우익 이념대결이 있었다.

해방 이후 공산주의 단체가 우후죽순처럼 고개를 들었다. 조선정판사 위조지폐 사건[4]을 계기로 미군정이 공산당을 단속했고, 뒤이어 우익정권에 의해 불법화되었다. 그들은 지하로 잠적하여 온갖

---

3) 일제 강점기에, 불온하고 불량한 조선 사람이라는 뜻으로, 일본 제국주의자들이 자기네 말을 따르지 않는 한국 사람을 이르던 말. - 네이버사전
4) 1945년 10월부터 조선공산당이 조선정판사에서 위조지폐를 발행했다가 1946년 5월 발각되었다.

폭력사태를 야기했다. 이에 서북청년단 등 우익세력이 폭력으로 대응하여 하루도 조용한 날이 없었다. 철도 파업, 대구 폭동, 제주 4·3사건, 여수순천사건 등이 연이어 터졌다. 그 과정에서 경찰이 선량한 주민을 막무가내로 폭행하는 일이 비일비재했다.

경찰은 주민을 잡아다가 '악질'이라며 매질을 가했지만, 내가 보기엔 오히려 그런 행패를 부린 그들이 악질 중에서도 최고 악질이었다.

구빨치의 습격

한국전쟁 발발 직전인 1950년 6월초, 나는 소년도 청년도 아닌 열여섯이었다. 그때는 순창군 구림면 회문산 자락에 있는 베틀마을(베트레, 베트라)에서 살았다. 낮에 몸이 부서져라 열심히 일하면서도, 저녁에는 동네 사랑방을 전전하며 초등학교를 졸업한 친구 김성용에게 글자 쓰는 법과 산수를 배웠다. 그렇게 배운 덕에 후일 경찰에서 장부를 기장하고 문서를 취급할 수 있었다.

그즈음 공산당이 불법화된 이후 산에 숨어살던 구빨치[5]가 회문산에 있었다. 그들은 남로당 지령을 받았으며 특히 북한에서 곧 쳐들어올 것이라 믿고 대담하게 행동했다.

구빨치가 준동하여 구림면 일대의 치안이 불안해지자, 경찰은 동네사람들로 조를 편성해서 야경, 즉 야간 순찰을 돌도록 조치했다. 초저녁, 한밤 중, 동트기 전, 환해진 이후 등 하루 밤에 네 번 순찰을 맡았으며 두 사람씩 두 조, 한 조가 두 번씩 맡았다.

---

[5] 한국전쟁 이전에 입산한 사람을 구빨치라 하고, 한국전쟁 기간에 입산한 사람을 신빨치라 한다.

인근에 있는 금산마을, 황계마을, 미륵정이, 안시내, 산안마을(산내마을) 등에서 밤새 이상이 없었다는 보고서를 갖고 오면, 우리 동네 보고서를 더하여 치천마을에 갖다 주었다. 구림지서에서 그렇게 릴레이식으로 각 동네 보고서를 통해서 야간 동향을 파악했다.

어느 날 나는 신기호의 아버지와 한 조가 되었고, 다른 조는 심막동과 이기주를 대신해서 나온 그의 어머니였다. 우리 조는 한밤중과 날 샌 다음, 두 번 순찰을 돌았다.

회문산 남쪽은 섬진강 지류 구림천(치천)이 흐른다. 구림면 소재지 쪽에서 흘러오는 개울과 회문산에서 흘러내린 개울이 합수되는 지점에 베틀마을이 있다.

물살이 약한 곳이 두 군데 있어서 작은다리목과 큰다리목으로 불렸고 거기서 건너다녔다. 작은다리목은 베틀마을 앞에 있고 큰다리목은 면소재지 쪽으로 약간 떨어졌다. 현재는 두 곳에 다리가 놓여 있다. 큰다리목에는 제1금천교, 작은다리목에는 제2금천교가 놓였다.

우리 마을 사람들은 작은다리목에서 개울을 건너다녔으며 물이 많을 때는 허리까지 잠겼다. 그럴 때는 옷이 젖지 않게 벗어서 머리 위로 든 채 건너고 나서 다시 입었다.

순찰 코스 중에 작은다리목이 있었다. 그날 순찰을 돌 때 평소와 다른 징후를 느끼지 못했다.

야경을 도느라 잠을 제대로 자지 못했는데, 아침에 구림지서에서 모든 주민을 불러내서 일을 시키기에 나가야 했다. 개울가 돌을 옮겨다 지서 담장을 쌓는 작업으로 며칠 동안 일해야 끝날지 알 수 없을 만큼 작업량이 많았다. 모두 모여서 일할 준비를 하고 있을 때, 경찰 수십 명이 출동해서 심상치 않은 분위기가 감돌았다.

 전날 밤 빨치산이 우리 마을 위 금산마을에 나타나서 주민 한 사람을 해쳤고, 그 사건을 조사하기 위해 출동했던 것이다.

 많이 출동한 것으로 보이기 위해서, 경찰 둘 사이에 주민 한 사람씩 끼워 넣고 현장조사에 나섰다. 앞에 가던 선발대가 작은다리목에서 개울을 건너게 되었다. 물이 깊다보니 총과 탄띠를 풀어서 들고 건넜다.

 그때 작은다리목 바로 앞에 참호를 파고 매복했던 빨치산이 총격을 가했다. 허리까지 잠긴 물에서 피하지도 못하고 꼼짝없이 당했다. 앞에 가던 선발대가 총에 맞자, 나머지 경찰은 혼비백산하여 지서로 후퇴했다. 그리고 지서까지 습격할까봐 주민을 주변에 배치하고 망을 보게 했지만 주민도 모두 도망가 버렸다.

 구빨치가 미리 작은다리목 근처에 참호를 파놓고 매복했다가 기습한 점을 보면, 경찰이 출동하리라는 점과 작은다리목으로 건널

베틀마을에서 구림면 소재지로 가는 길. 작은다리목에 다리가 놓였다. 오른쪽 숲은 거대한 바위 절벽이다. 빨치산이 그 아래에 참호를 파고 매복했다가 공격했다.

걸 예상했던 같다. 더군다나 물이 많이 흐르는 날을 선택해서 더욱 곤경으로 몰아넣었다. 그렇다면 금산마을에서 사람을 해친 일도 경찰을 유인하기 위한 술책일 수도 있었다.

무지막지하게 맞다

사나흘 후 아침, 경찰이 우르르 들이닥치더니 주민을 몽땅 불러냈다. 그리고 남자와 여자, 어른과 아이로 구분해서 이집 저집으로 몰아넣었다. 피습현장을 조사해서 빨치산이 밥을 쌌던 한지와 참호를 팠던 괭이를 찾아냈고 출처를 조사하기 위해 출동했던 것이다.

조사방법은 아주 간단했다.

"놈들에게 밥 해줬지?"

"누가 밥해줬는지 바른 대로 불어!"

"이 괭이 너네 꺼지!"

이렇게 호통을 치며 사정없이 두들겨 패기만 하면 됐다. 경찰은 허가 받은 깡패요, 조사는 합법적인 폭력이었다.

조용하던 동네가 아수라장阿修羅場이 돼버렸고 아비규환阿鼻叫喚 그 자체였다. 몽둥이를 휘두르며 악을 써대는 폭력배와, 비명을 지르며 처절한 신음소리를 내는 주민이 있을 뿐이었다.

모든 주민이 흠씬 두들겨 맞았다. 열여섯인 나는 운이 좋아서 아이들 쪽에 속했다. 그래도 손바닥이 시퍼렇다 못해 시커멓게 되도록 맞았고 머리며 등짝이며 온몸에 매질을 당했다.

농토가 적은 우리 동네에서는 한지를 많이 만들었고 한지 공장도 있었다. 그때는 유리 대신 창호지를 사용했기 때문에 한지를 갖고 있는 집이 꽤 있었다.

경찰이 한지로 밥을 싸준 사람을 찾겠다며 동네사람을 빠짐없이 구타했다. 또 버리고 간 괭이를 들이대며 주인이 누구냐고 몽둥이를 휘둘러댔다. 그러다가 점심때가 됐고 경찰이 밥을 먹으러 갔다.

아이 쪽에 속했던 나는 그래도 덜 맞은 편이었다. 몽둥이찜질을 당한 어른들은 모조리 머리가 깨지고 살이 터져서 신음하고 있었다. 장독6)이 올랐을 때는 똥물이 최고라며 아이들마다 똥물 푸러 다니느라 난리가 났다. 어른들이 죄다 몸을 가누지 못할 만큼 맞았으니 똥물 푸는 건 아이들 몫이었다. 아주머니들은 자기도 매 맞은 곳을 주무르면서 남편 상처를 살피느라 정신이 없었다. 똥물을 많이 마셔야 빨리 낫는다며 신음하는 남편에게 똥물 바가지를 들이밀었다. 한 바가지 다 마시고 또 마시는 사람, 한 모금 마시고 바로 토하는 사람, 도저히 못 먹겠다고 고개를 내젓는 사람……

불행하게도 나는 매를 다 맞은 게 아니었다. 경찰이 오후에 와서 전날 야경 맡은 사람을 따로 불러내서 팼다. 나는 아이들과 한 번, 야경 맡은 사람들과 또 한 번, 두 번이나 매타작을 당했다.
"놈들이 숨어있던 거 봤지?"
"못 봤어요."
"환해진 다음에 순찰했잖아! 왜 못봐!"
"경찰 아저씨들도 못 보고 당했잖아요."
"이 새끼가 어디서 말대답이야!"
동시에 몽둥이가 날아왔다. 정통으로 맞고 넘어졌다가 엄살 부리지 말라는 호통에 비실비실 일어났다. 조사, 아니 폭력은 계속 되었다.

---

6) 장독(杖毒)매를 심하게 맞은 상처

"이 괭이 네 꺼지?"

"아뇨, 그런 거 없어요."

"그래? 그럼 땅 파는 소리라도 들었을 거 아냐!"

"못 들었어요."

"왜 못 들어, 이놈아!"

"소리 나게 판대요?"

"뭐라구? 이 자식이!"

어김없이 몽둥이가 날아들었다. 그날 나는 죽기 직전까지 얻어맞았다. 내 생전에 그렇게 맞아본 적 없었다. 그래서 왜 사람들이 경찰을 무서워하고 피했는지 알 수 있다.

죄 없는 사람을 그렇게 두들겨 패대니까 죄를 짓지 않았어도 무작정 산으로 피하는 사람들이 생겨났다. 피하지 않으면 맞아죽든지 병신이 될 지경이니 도망가지 않을 도리가 없었다. 그리하여 그들은 이념이니 뭐니 알지도 못하면서 공산당, 빨갱이, 빨치산이 되고 말았다.

결국 경찰은 공산당을 잡은 게 아니라 만드는 결과를 초래했다. 해방 이후부터 한국전쟁 시기에 국군과 경찰의 매질을 피해 입산한 사람들이, 순수 공산당의 열 배, 스무 배 될 지도 모른다.

주민을 위해 희생한 무명 빨치산

경찰은 주민 명단을 보고 한 사람도 빠짐없이 조사했을 뿐만 아니라 친정집에 잠깐 다니러 왔던 아주머니까지 조사했다. 그러나 단서를 찾지 못했다.

우리 마을에서 한지를 많이 생산하다보니 내다파는 사람이 있었다.

　모든 주민을 아무리 닦달질해도 정보를 얻을 수 없자, 화살이 종이장사에게 향했다. 종이장사 가족은 이미 되게 맞은 데에다가 또 매타작을 당하자 성한 사람이 없어서 걷지도 못했다. 경찰은 이웃 동네에서 빌린 마차에 태워서 지서로 끌고 갔다.
　마을 주민이 모두 호되게 맞았고 몇 사람이 끌려가서 고초를 겪고 있다는 소식이 빨치산의 귀에 들어갔던지, 한 명이 쌍치지서에 자수했고 순창경찰서로 이송되었다.
　"마을 사람들은 아무 죄 없으니 풀어주시오."
　그 사람은 아마 산으로 도망친 주민이었기에 무고한 이웃이 당하는 불행이 안타까워 자수했을 수도 있다. 그 결과 잡혀갔던 사람이 모두 풀려났고, 불과 며칠 후 한국전쟁이 일어났다. 그리고 인민군이 순창에 들어오기 직전에 그가 총살되었다는 후문을 들었다.
　만약 그가 자수하지 않았다면, 경찰은 잡아간 주민을 가혹하게 고문해서 억지로 자백을 받아냈을 테고 죽음을 당할 수도 있었다. 결국 자수한 빨치산 덕에 억울한 죽음이 더 생기지 않았다.
　그가 어디에 사는 누구였는지 모른다. 죄 없는 주민들이 고초를 겪는다는 소식을 듣고 자수했으니 참으로 용기 있는 사람이었다. 자수하면 죽게 되리라는 걸 필시 알았을 것이다. '해방된 세상'을 기대하며 산에서 지내다가, 그로서는 애타게 그리던 해방을 눈앞에 두고 운명을 달리 하고 말았다. 비록 이념이 달랐어도 베틀마을 주민을 위해 아까운 목숨을 내놓은 빨치산이 있었다.

4. 인민군이 들어오다

　1950년 6월 25일 한국전쟁이 발발했다.
　대한민국은 해방 후 좌우이념대립으로 국력을 소모했다. 이에 비해 북한 김일성은 소련의 지원 아래 정권을 확실히 잡고 남한침략을 준비했다. 월등한 군사력으로 무장한 북한군이 남침 3일 만에 서울을 점령하고 남쪽으로 밀고 내려갔다.
　이때 북한군이 서울을 점령한 후 사흘 동안 머물렀던 점이 미스터리로 남아 있다. 그대로 밀고 내려갔다면 국군과 UN군이 미처 반격 준비를 못했을 테고, 이승만 정권을 현해탄 바다로 밀어낼 수 있었다고들 말한다.
　북한군이 서울에서 3일 동안 쉰 이유에 대해 여러 가지 억측이 있다. 강원도 쪽에서 국군 6사단에게 발목이 잡힌 북한군을 기다리면서 보조를 맞추기 위해서였다고 어떤 전사戰史에서 본 것 같다.
　일설에는 지하로 잠적했던 남로당 세력의 무장봉기를 기다렸다고 한다. 한국전쟁 발발 시 남한 각지에 은거한 무장 빨치산은 천 명이 되지 않을 것으로 추산되는데, 남로당 수뇌부가 북한에서 쳐들어오기만 하면 숨어있던 20만 남로당원이 일제히 봉기해서 남한을 해방시키겠다고 허세를 부렸다.
　어쨌든 인민군이 파죽지세로 남하했다. 대전을 지나 전주에 접근해서 곧 우리 마을에 들어온다는 소문이 무성한 상태에서 며칠 지났다. 그러다가 남원으로 쳐들어갔다는 소문이 들렸다. 남원으로 갔다면 순창을 지나간 셈인데 인민군을 보지 못했다. 왜냐하면 순창 일대가 주 전선에서 벗어나 있어서였다. 인민군은 전주를 거쳐 남원, 운봉, 함양으로 진격했다.

국군보다 환영받던 인민군

개전 한 달이 지난 7월말, 마침내 인민군이 우리 동네에 들어왔다.

주민들은 피난가지 않았다. 전쟁 초기만 해도 굳이 인민군을 피할 이유가 없었다. 공산주의에 대한 이해가 부족했던 탓도 있었겠지만 군경에 대한 반감 때문이었다. 군경이 온다는 말만 들어도 무서워서 설설 기던 주민들이, 그들을 따라 피난 갈 까닭이 없었던 것이다.

인민군이 총을 메고 다녔지만 대한민국 군경처럼 사람을 때리거나 쏘지 않았고 나쁜 말도 하지 않았다. 노인을 "할아버지"나 "할머니"로, 어른을 "아버지"나 "어머니"로 정중하게 대했고, 아이를 "소년동무"라고 부르며 민심을 얻었다. 노인이 무거운 짐을 들고 가면 집이 어디냐고 물어보고 들어다주었다. 또 아주머니가 물동이를 이고 가면 도와주었다.

주민들이 반색했다.

"아이구, 인자 좋은 세상 만났네."

"이런 사람들 첨 봤어. 이렇게 좋은 사람들 있단 말도 못 들어봤고 보기도 첨이여!"

인민군이 낮에는 비행기의 폭격을 피해서 움직이지 않고 밤에만 행동했다.

어느 날 저녁 인민군이 동네 사람을 모아놓고 물었다.

"한문 공부 많이 한 사람 누구디?"

"학교 많이 다닌 사람 누구디?"

"똑똑한 사람이 누구디?"

이어서 그들의 입맛에 맞는 사람으로 인민위원회 위원장을, 젊은 사람 중에서 자위대장을, 여자 중에서 여성동맹위원장을, 아이 중에서 소년대장을 임명했다. 하루 만에 인민위원회 조직을 다 만들었다.

이후 인민군이나 내무서(경찰서), 부지서(경찰지서), 면당(면사무소) 등에서 나올 때 위원장을 찾았고 위원장이 없으면 자위대장을 찾았다. 아울러 지역 공산당원들을 데리고 다니면서 공산당 교육을 시켰다.

어느 날 저녁 인민군이 다른 때와 달리 집 지키는 사람도 남김없이 불러내더니 궐기대회를 열었다.

그들은 마을 주민 중에 국군에 입대한 사람이 있는지 파악했다. 후일 모 시장이 된 한인수, 그리고 김몽룡, 이경구 등 국군 입대자를 확인했다.

인민군은 군인가족을 앞에 세워놓고 주민들에게 물었다.

"죽여야 한다는 사람 손 들어보라우!"

손든 사람이 아무도 없었다.

"살려줘야 한다는 사람 손 들어보라우!"

역시 아무도 손을 들지 않았다. 질문에 가타부타 대답하지 않자 함께 우애 있게 살라고 훈시하고 떠났다. 그때까지만 해도 인민군이 민심 잃는 짓을 하지 않을 만큼 여유가 있었다.

9·28 서울 수복 이후 국군이 들어오기 전까지, 인민군이 두 달 동안 인심을 얻은 탓에 동네사람 몽땅 빨갱이가 돼 버렸다. 괴롭히고 때리던 대한민국 군경에 비해, 인민군은 주민에게 해를 끼치지

않았으니 당연한 결과였다.
 모두가 말했다.
 "공산당이 좋다."
 "인민군대가 낫네!"
 "인민군과 같이 살아야겠어."
 후일 빨치산이 순창지역에서 활발하게 활동했던 데에는 이런 배경도 작용했다.

 얼마 후 인민군이 모든 주민을 다시 집합시켰다. 이웃 동네 사람 이름을 대면서 아는 사람이냐고 물었다. 사람들이 모른다고 잡아떼었다. 왜냐하면 인민군에 대한 평판이 서서히 나빠졌기 때문이다.
 시간이 흐르면서 처음에 친절했던 인민군이 차츰 공포를 느끼게 하는 존재로 바뀌었다. 주민을 끌고 가면 해를 끼치리라는 사실을 깨닫게 되자, 모두 모르는 사람이라고 대답했던 것이다. 큰 잘못을 저지르지 않은 이웃이 끌려가서 고초 당하는 것을 바라지 않았다.
 모른다고 하자 "그 사람이 나쁜 짓을 했다는 소문도 듣지 못했냐"고 물었지만, 역시 "듣지 못했다"고 시치미를 떼었다.
 인민군이 진주했던 두 달 동안, 우리 마을과 인근 마을에서 인민재판으로 죽은 사람은 없었다.

낮엔 대한민국 밤엔 인민공화국

 북한군이 파죽지세로 밀고 내려갔다가 낙동강 전선에서 국군의 반격에 부딪쳤다. 이후 낙동강을 사이에 두고 남북한군이 밀고 밀리는 혈전을 벌였다.

전쟁 지휘권을 가진 맥아더 장군이 국면을 일거에 뒤집은 작전을 벌였으니 1950년 9월 15일 인천상륙작전이다. 국군이 9월 28일 서울을 수복하고 38선을 넘어 북으로 진격했다.

낙동강 전선에 몰려있던 북한군은 보급이 중단된 채 퇴로가 막히고 말았다. 그들은 사단별로 백두대간 험한 산을 따라 북상했다. 그 과정에서 낙오자가 발생했고 산으로 들어가서 빨치산이 되어 비정규전7)을 벌였다.

한국전쟁 이전에 미미하게 존재했던 구빨치에 더해서, 무장도 강력하고 인원도 많은 신빨치가 대거 등장했다. 몇 명씩 무리지어 약탈하던 집단이 아니었다. 군대 편제를 갖춘 강력한 비정규군이 대한민국 후방을 위협했다. 이른바 제2전선이 형성된 것이다.

인민군이 후퇴하고 인근 읍면에 국군이 들어왔다는 소문이 무성했다. 그러나 회문산에 인접한 산골 구림면에서는 한참 지난 후에야 국군을 보았다.

전방과 후방에서 치열한 전투가 연일 계속 되었다. 사상자가 속출하자 병력충원이 국가적 중대사로 떠올랐다.

어느 날 국군이 주민을 모아놓고 군 지원병을 뽑았다. 우리 가족 중에서 맏형, 둘째 형, 셋째 형이 모두 국군에 입대한 상태였다. 지원병 연령은 스무 살 이상이었다. 넷째 형은 한 살 모자란 열아홉이었다. 형이 지원했다.

"넌 나이가 어려서 군인이 될 수 없다!"

"형 셋이 모두 군대 갔으니까 인민군이 오면 나도 죽일 거 아닙

---

7) 적 지역이나 적 점령지역 내에서 현지 주민이나 침투한 정규군요원이 주로 외부의 지원과 지시를 받아 수행하는 군사 및 준군사활동으로서 유격전, 도피 및 탈출, 전복활동을 포함함. – 네이버 지식백과, 군사용어사전

니까?"

 넷째 형이 뜻을 굽히지 않았고 결국 허락받았다. 그렇게 해서 학도병으로 지원한 넷째 형은 종전 후 무사히 돌아왔다. 그러나 그 위로 형 셋은 영영 돌아오지 못했다.

 빨치산이 낮에는 잠잠했지만 밤이 되면 산에서 내려와 군경을 습격하거나 보급사업[8]에 나서 활개를 쳤다. 낮에는 대한민국 밤에는 인민공화국이었다.

 특히 순창·임실·정읍에 접한 회문산은 전북 빨치산 근거지였다. 게다가 회문산에 인접한 가마골은 전남 유격사령부 산하 노령병단을 비롯하여 전남북 일대의 전투부대가 근거지로 삼은 야전군 집결지였다. 대한민국 군경이 확실하게 장악한 곳은 읍면 중심부 등 일부였을 뿐이고, 산간 지역은 빨치산이 장악한 미수복 지역이었다. 1951년초 순창농림중학교에 주둔하고 있던 국군 제11사단 제20연대가 빨치산의 습격을 받아 피해를 보는 등 순창읍까지 그들의 영향권 아래 놓여 있었다[9].

 회문산은 북쪽과 동쪽으로 섬진강이, 남쪽과 서쪽으로 첩첩이 가로막은 막은 산이 있어 적은 병력으로도 방어에 유리했다.
 빨치산이 회문산 일대에서 얼마나 활발한 활동을 했던지,
 "군경 마음대로는 못해도 빨갱이 마음대로는 할 수 있다."
는 말이 나올 정도였을까?
 그들이 일부 지역을 이동할 때 지서장에게,

---

[8] 보급사업, 보급투쟁 : 빨치산이 생활에 필요한 식량과 의복 등 생활필수품을 주변에서 지원 받거나 약탈하는 행위. 보급투쟁은 보투로 줄여서 사용한다. 구술자는 시종일관 보급사업으로 표현했다.
[9] 디지털순창문화대전, 순창농림중학교 습격 사건.

4. 인민군이 들어오다 • 43

"우리가 지나갈 때 총 한 방이라도 쏘았다간 다 죽여 버릴 테니까 가만 있으라우!"
라고 엄포를 놓고 의기양양하게 지나가기도 했다.

국군은 모든 전력을 주전선에 쏟아 부어야 했다. 후방으로 돌릴 여력이 부족했으므로 한두 달 기간을 정해놓고 토벌작전을 벌였다. 국군이 철수하고 나면 인민군 편제와 무기를 갖춘 강력한 빨치산에 맞설 병력은 경찰뿐이었다. 게다가 일본군이 사용하던 구식무기로 겨우 무장하고 주요 지역을 경비하기에 급급했다. 그런 형편이었으니 회문산 기슭에 있는 우리 마을의 밤은 공산당 천하였다.

인민재판

어느 날 저녁 빨치산이 몰려와서 주민을 불러 모았다. 그리고 국군 가족을 불러냈다. 인민공화국 시절 이미 신상을 파악했으니 주민에 대해 잘 알고 있었다. 이어서 국군과 경찰이 주민에게 얼마나 많은 해악을 끼쳤는지 강조했다. 그리고 노골적으로 나왔다.

"이놈들이 국방군 가족인 끗발을 내세워서리 너희들을 핍박했디?"

"자식을 국방군에 보낸 이놈은 좋은 세상 많이 살았다우."

"도당 정치보위부에 보내서리 맛좀 보여줘야갔어."

그즈음 공산당에 대해 처음에 가졌던 호감이 완전히 사라졌다. 왜냐하면 빨치산이 들이닥쳐서 식량과 생필품을 약탈하는 보급사업에 시달려야 했고, 인민재판을 열어서 사람을 죽인다는 소문이 자자했기 때문이다.

인민재판은 죽이고 싶은 사람을 정해놓고, '십 원짜리 죄를 백

원짜리 죄로' 키워서 죽이는 절차에 불과했다. 사람을 모아놓고 그것을 정당화시키는 한편, 시범 케이스를 보임으로써 그들에게 협조하도록 만드는 게 목적이었다.

그들은 "죽여야 한다는 사람 손들어보라", "죽이지 말아야 한다는 사람 손들어보라"고 세 번 물었다. 처음에는 죽여야 한다는 물음에 손드는 사람이 적다. 두 번째 물어보면 늘어나고 세 번째 물으면 더 많아진다. 묻는 의도가 죽이려는 데 있다는 걸 깨달은 사람들이 눈치를 보다가 죽이는 쪽으로 손을 들게 돼 있다. 또한 물을 때마다 손든 사람 숫자를 적으면서 그들의 의도대로 몰아갔다.

국군에 입대한 마을 청년 중에 호만원이 있었는데, 어느 날 밤 빨치산이 호 씨의 아버지를 산으로 끌고 갔다. 그가 기회를 엿보다가 돌멩이를 주워서 멀리 던졌다. 소리 나는 곳으로 주의를 돌리는 사이에 내빼서 순창경찰서로 피신했다.

이후 한 모 씨도 끌려가다가 도망쳐서 간신히 죽음을 면했다.

어쨌든 우리 마을에서 빨치산에게 끌려가서 죽은 사람은 없었다. 그러나 다른 마을에서는 군인가족이나 일제 때 이장 또는 지주였으면서 평이 좋지 않았던 사람은 인민재판을 거쳐 죽음을 당했다.

할아버지와 인민군

빨치산은 네 명이나 입대한 군인가족인 우리에게 해를 끼치지 않았다. 넷째 형이 갓 입대했다는 사실은 모른다고 쳐도, 그 위로 형 셋이 국군이라는 상황을 알고 있었을 것이다. 입산한 상당수의 사람들이 이웃의 신상을 꿰뚫어보고 있었기 때문이다.

우리 가족에게 해를 끼치지 않은 이유는 동네에서 인심을 잃지 않았고 워낙 가난하게 사는 걸 불쌍하게 여긴 측면도 있겠지만, 할아버지 덕이었다고 짐작된다.

인민군 점령 시절 인민군 둘이 찾아와서 할아버지와 이야기하는 걸 엿들은 적 있었다. 할아버지께서 독립운동을 하실 때 연락부장 역할을 했다면서 도장만한 나무토막들을 인민군에게 보여주면서 말씀하셨다.

"내가 연락부장 할 때 이런 나무토막을 두 쪽으로 쪼개서 하나를 주면 그 사람들이 만주, 러시아 등 여러 곳으로 다녔어. 다른 사람이 올 때 그 조각을 갖고 오면 내가 갖고 있던 것과 맞추어보고 확인했지."

할아버지께서 그렇게 말하면서 그 중 하나를 들고 말씀하셨다.

"이거 한 쪽은 김일성이 갖고 있네. 아직 나한테 돌아오지 않았어."

인민군들이 그 말씀을 듣고 할아버지에게 경의를 표했다. 그리고 나서 조심스럽게 물었다.

"그런데 왜 손자들은 국방군에 보내셨습니까?"

"지금 내가 사는 모습을 보게! 사실 이 꼴난 집도 내 집이 아냐. 사는 게 힘든 데다가 전쟁통에 먹고 살 수가 있어야지. 군대 가면 먹여주고 재워주고 옷도 주지 않나! 그래서 군에 간 거야. 먹고 살기 위해서."

"할아버지께서 독립운동에 중요한 역할을 하셨는데도 이렇게 어렵게 사시다니! 나라에서 예우를 해주지 않습니까?"

"그 얘기를 하자면 긴데……."

할아버지께서 독립운동을 한 사실은 구림면 율북리에 사는 임씨만 알고 있었다. 지역의 독립운동을 관리하던 임씨가 명단에서 할아버지를 빼고 별도로 관리했다. 연락부장은 워낙 중요한 직책이므로 만약 독립운동 조직이 노출되더라도 할아버지는 체포되지 않도록 배려했던 것이다. 극비로 관리되던 문서에만 할아버지가 연락부장이란 사실이 기록되어 있었고, 그 문서를 안전하게 보관할 필요가 있어서 전혀 드러나지 않은 인물에게 맡겼다. 그가 항아리에 넣고 안전한 곳에 묻었는데 갑자기 죽는 바람에 잃어버렸다는 것이다.

"해방이 되었지만 그 명부를 찾지 못해서 내가 연락부장을 했다는 증거가 없네. 정부에서 나 같이 독립운동 기록이 없는 사람들을 조사하고 있어서 나도 신청했지. 그런데 그 답신이 오기 전에 자네들이 먼저 왔구만."

그들이 대화를 마치고 할아버지에게 큰절을 하고 돌아갔다. 잠시 후 한 명이 다시 왔는데 손에는 계란 한 꾸러미와 닭 한 마리가 들려 있었다. 전시에 귀한 닭과 계란을 대접할 만큼 할아버지를 존경했으니 그 가족에게 해를 끼치지 않았을 것이다.

넷이나 입대한 군인가족이었지만 인공 시절은 물론 빨치산 시절에도 무사할 수 있었던 건 할아버지 덕이었다. 그 나무토막 한 쪽을 정말로 김일성이 갖고 있는지 또는 할아버지께서 발휘한 순간적인 기지였는지는 모른다.

빨치산 짐꾼으로 끌려가다

전쟁의 포화 속에서도 1950년 가을이 어김없이 찾아왔다. 국토는 전쟁의 상흔으로 얼룩지고 있었으나 들녘은 황금빛으로 물들었고 농부들이 작물을 수확하기 시작했다.

때맞추어 보급사업이 격화되었다. 군경이 토벌작전을 강화하는 와중에도, 빨치산이 월동대비 식량을 마련하기 위해 수시로 들이닥쳤다. 그들은 낱알을 세어서 현물세를 걷어갔다.

그러던 어느 날 나는 동네 사람들과 함께 짐꾼으로 끌려갔다. 빨치산이 총을 들이대면서 짐을 지고 따라나서라고 명령하면 따르지 않을 도리가 없었다.

그리고 임실 일대의 산에서 지냈다. 낮에는 숨어서 공산당 교육을 받기도 했고 밤에는 참호를 파거나 짐을 지고 여기저기 끌려 다녔다. 만약 그때 대한민국 군경을 만났다면 영락없이 빨치산으로 오인 받았을 것이다.

하루 세 끼 주먹밥을 얻어먹으며 지내는 동안, 해가 바뀌어 1951년이 되었고 맹추위가 찾아왔다. 그해 겨울은 유난히 추웠다. 바로 '1·4후퇴'가 있었던 해로, 그 시절을 겪은 노인들은 그 혹독했던 추위를 잊지 못할 것이다.

짐꾼으로 끌려간 사람들이 도무지 도망갈 궁리를 하지 않았다. 돌아가 봐야 부역했다고 군경에게 혼날 걸 두려워했다. 그러나 나는,

'이렇게 살다 죽을 순 없다!'

는 생각이 들었다. 내가 좋아서 입산한 게 아니라 억지로 끌려갔으니 군경을 만나더라도 사실대로 말하면 괜찮을 성싶었다.

같이 끌려간 동네 친구 신병호에게 말했다.

"도저히 못 있겠어."

"그런 말 하지마. 죽어!"

그런데 새벽에 일어나보니 신병호가 없어졌다. 그래서 나도 용기를 내서 빠져나왔다.

도중에 빨치산을 만났다. 어디 가느냐고 물어보기에 심부름 간다고 대답하자 수고한다면서 길을 비켜주었다. 용무를 자세히 묻지 않는 게 그들의 원칙이었다.

고지를 지키는 국군도 있었다. 내게 총을 쏠 수 있었지만 양민으로 여겼는지 지켜보기만 했다.

빨치산과 국군의 위험을 피해서 무사히 동네에 도착했더니 황량한 광경이 펼쳐져 있었다. 집이란 집은 모두 불에 타버렸고 강아지 한 마리 돌아다니지 않는 폐허로 변했다.

당시에 토벌군이 견벽청야堅壁淸野 전술을 사용했다. 견벽청야란 "성벽을 단단히 하고 들판의 곡식을 없애다"라는 뜻이다. 국군이 이 고대 전술을 사용했다. 빨치산이 출몰하는 지역의 집을 소각하고 주민을 강제 이주시켰다. 즉 약탈한 물자에 의존하는 빨치산이 가져갈 게 없도록 만들었다. 그 결과 생활기반을 버리고 떠나게 된 주민들로부터 원성을 자아냈다. 뿐만 아니라 빨치산과 내통한다는 구실로 양민을 학살하는 사건이 도처에서 벌어졌다[10]. 비정규전 현장에서 벌어지던 참상이었다.

갈 곳 없는 사람들은 군경의 감시를 피해서 폐허에 숨어 살았다.

허술한 움막에서 동네 아저씨를 만났다.

"아까 병호 왔었는데 너도 같이 있었냐?"

---

10) 순창 지역은 1950년 11월경부터 쌍치면, 복흥면, 구림면 등 산악 지대를 제외한 일부 지역이 경찰과 국군에 의해 수복되기 시작하였다. 이에 빨치산도 적극적인 공세에 나서 국군을 공격했다. 또한 국군이 보복 공격에 나서 양민을 학살하기도 했다. 2008년에 '진실 화해를 위한 과거사 위원회'에서 발행한 보고서에 의하면, 순창읍 30여 명, 팔덕면 30여 명, 동계면 9명, 복흥면 30여 명, 쌍치면 180여 명 등 총 280여 명으로 추정된다. - 디지털순창문화대전, '군경 순창 양민 학살'에서 발췌

"예! 병호는 어디로 갔어요?"
"걔네 가족 있는 델 가르쳐줬더니 그리 갔어."
"우리 식구들은요?"
"니넨 외딴 집에 사니까 모르겠구나."
걱정을 안고 할아버지를 찾아갔더니 다행히 집이 불에 타지 않았고 할아버지가 계셨다.

토굴에서 지내다

할아버지께서 우리 가족이 토굴로 피신했다고 알려주셨다. 그 경위는 다음과 같았다.

두 달 전 내가 빨치산에게 끌려간 이후, 겨울에 접어들자 할아버지께서 가족에게 위험이 닥쳐왔다고 판단하셨다.

토벌작전은 겨울에 집중되었다. 추위는 빨치산에게 무서운 적이기도 했거니와, 군경이 눈 내린 산에서 그들을 추적하기 쉬웠다. 그 결과 겨울에는 토벌대와 빨치산의 접전이 늘어났다.

양민은 그 틈바구니에서 희생당했다. 빨치산은 빨치산대로 군경 가족 등을 학살했고 국군은 국군대로 빨치산에게 협조했다는 이유로 주민을 학살했다.

군경이 주민을 다른 곳으로 이주시킬 때, 피난 갈 곳이 없는 사람은 산에 토굴을 파고 숨었다. 때로는 이웃 토굴로 피신했다. 빨치산이나 군경, 어느 쪽을 만나도 위험하므로 숨어서 지냈다.

할아버지께서 아버지를 불러서 말씀하셨다.

"상황이 불리할 것 같으니 일단 피해라."

그리고 뒷산에 굴을 파라고 하셨다. 아버지는 가족이 지낼 만한 굴을 팠고 칡넝쿨과 소나무 가지로 위장했다. 그렇게 해서 아버지, 형수와 조카 셋, 다섯 식구가 숨어서 살게 되었다.

그날 밤 아버지께서 밥을 하러 오셔서 나도 토굴로 데려가셨다.

좁은 공간에서 최소한의 식사로 연명하자니 바깥에 나오면 힘이 없어서 넘어지기도 했다.

밤이 되면 집에 가서 숨겨놓은 쌀로 불빛이 새지 않도록 조심스럽게 밥을 해서 토굴로 갖고 오는 생활이 지속되었다.

한편 국군이 북한군을 압록강까지 몰아냈다가 중공군 참전으로 수세에 몰렸다. 중국대륙에서 국민당 정부를 대만으로 몰아낸 마오쩌뚱11)이 인민해방군을 한국전쟁에 대거 투입했다. 전시에 양성한 군대가 평화시에는 정권을 위협하는 골칫덩이로 전락한다. 마오쩌뚱에게 한국전쟁은 남아도는 불안요소를 처분할 기회였다.

낙동강 전선에서 후퇴한 북한군이 강원도 평강·철원 부근에 몰려있었다. 이들이 제2전선을 구축해서 협공했다. 국군과 유엔군은 흥남철수작전을 벌이는 등 고전 끝에 1951년 1월 4일 다시 서울을 내주고 경기도 남부까지 밀려났으니 1·4후퇴였다.

중공군 참전 소식은 빨치산에게 희소식이었으니 활동이 격화되었다. 이에 맞서 정부가 1950년 12월 16일 태백산지구 전투경찰사령부(태전사) 및 지리산지구 전투경찰사령부(지전사)를 창설하고 토벌작전을 강화했다.

이때 대한민국 최초로 전투경찰제도가 생겼다. 「전투경찰대 설치법」에 의한 전투경찰은 1971년 창설되어 2013년 폐지되었다. 그러나 우리나라 전투경찰은 1950년 지전사 및 태전사가 효시이다12).

---

11) 마오쩌뚱(毛澤東, Mao Zedong), 1893 ~ 1976

물론 제도상으로 차이가 있다. 한국전쟁 당시 의용경찰, 의경은 군 복무로 인정받지 못했다. 한국전쟁에서 병력이 부족했던 정부는 의용경찰을 채용해서 북한군 및 빨치산과 맞섰다.

피난생활

1월말쯤 아버지께서 국군이 접근한 기색을 알아채고 토굴 밖으로 나가셨다.

그때는 선량한 국민일지라도 산에서 발견되면 빨치산으로 간주되었으므로 매우 위험한 순간이었다. 군인이 양민을 쏘고도 빨치산을 쐈다고 하면 그만이었으며, 죽더라도 그 억울한 사정을 어디에도 하소연할 곳이 없었다. 위협에 의해 어쩔 수 없이 식량을 내놓았음에도 불구하고, 통비분자[13]로 몰려서 억울한 죽음을 당한 사람이 부지기수였다. 심지어 거창 양민학살사건[14]처럼 국군이 수백 명의 양민을 죽이는 일까지 벌어졌다.

군인이 아버지에게 총을 들이대고 대뜸,

"위원장이지!"

---

12) 정확하게 말하면 1948년 정부 출범과 함께 신설된 치안국이 한국전쟁 발발 직전에 지리산지구 특별경비대를 설치하고 시도 경찰국에 비상경비사령부를 설치했다. 지전사가 발족하면서 이 조직들이 전투경찰체제로 통합된 것이다.
13) 통비(通匪)분자: 공비, 즉 빨치산과 내통한 사람
14) 국군 11사단(사단장 최덕신) 제9연대 제3대대(대대장 한동석 소령)가 1951년 2월 9일~11일, 3일간 거창군 신원면 덕산리, 대현리, 과정리 등에서 남녀노소 주민 719명을 총검 등으로 학살하여 화장한 사건이다. 1951년 3월 29일 거창 출신 신중목 국회의원에 의해 국회에 폭로되어 1951년 4월 7일 합동진상조사단이 신원면 사건 현장으로 접근하자, 안내를 맡은 경남 계엄민사부장 김종원 대령은 부하를 공비로 위장 매복시켜서 조사단에 사격을 가해 조사를 못하고 돌아가게 했다.
거창사건 추모공원(http://www.geochang.go.kr/case/Index.do)에서 발췌

라고 소리쳤다.

　아버지 풍채가 예사 사람으로 보이지 않았기 때문이다. 빨치산을 피해 숨은 군인가족이라고 대답하자 총구를 내렸다. 가족이 어디 있냐고 물었고, 숨죽이고 있던 우리 가족이 토굴 밖으로 나갔다. 고생 많이 했다고 위로해주었는데 어떤 군인은 우리를 붙들고 울먹이기까지 했다.

　대위 계급의 장교가 산은 위험하므로 순창읍에 가서 살라고 지시했다. 그러나 소개疏開명령이 떨어진 지역에서 돌아다니다가 빨치산으로 오인 받을 수 있어서 읍으로 가는 길조차 위험했다.

　아버지는 우리 가족이 읍내까지 안심하고 갈 수 있는 증명서를 요청했다. 사령관이 발급했는데 힘들게 가야 만날 수 있는 곳에 있었으므로, 계속해서 작전을 수행해야 하는 장교가 난색을 표했다. 아버지가 거듭 요청하자 딱 한 장 갖고 있던 비상용 소개증을 꺼냈다. 거기에는 부대명과 장교 이름이 있었다. 누구누구 외 몇 명이라고 적고 아버지에게 주었다. 그리고 우리 군경에게 보여주더라도 절대로 주지 말고 잘 간수하라고 재삼 주의를 주었다.

　우리 가족과 옆 토굴에서 살던 아버지 친구 가족 일행 열 명은 증명서 덕에 순창읍까지 안전하게 갈 수 있었다.

　읍내에 도착해보니 피난민이 몰려서 북새통을 이루고 있었다. 많은 사람이 군경과 빨치산으로부터 받는 위험을 피해서 치안이 확보된 읍내로 몰렸다. 연고를 찾아온 피난민이 집집마다 열 가족, 스무 가족씩 사는 형편이었다. 처마 밑이나 눈비를 피할 수 있는 곳이라면 어디나 사람들로 북적였다.

　우리가 순창읍에서 기댈 수 있는 곳은 학도병으로 지원한 넷째 형이 묵던 하숙집뿐이었다. 읍내 복실리에 있는 그 집을 찾아갔더니 역시 피난민이 몰려 있었다.

그 집은 초등학생 한정주의 집이었다. 넷째 형이 개인교습을 해준 덕에 주인아주머니가 우리에게 호감을 갖고 있었다.

넷째 형이 묵던 방은 이미 다른 피난민이 살고 있었다. 주인아주머니가 그 방을 내줄 때 현명하게도 조건을 달아 놓은 상태였다.

"이 방은 학생 방이니까 걔네 식구가 오면 비워주소."

그 방에 머물던 사람들은 마당으로 나앉았고 우리 일행이 차지했다.

인심 좋은 과부 주인아주머니는 곡식이 귀한 시절에도 불구하고 열 명이나 되는 우리 일행에게 저녁밥을 해주었다.

그렇게 시작된 피난생활 첫날 저녁, 두 평 남짓한 방에 열 명이 누울 공간이 부족함은 물론 다리를 가운데로 모으고 둘러앉아도 모두 앉을 수 없을 만큼 비좁았다. 어린아이는 무릎에 올려놓아야 할 지경이었으니 옆 사람에게 기대고 잠을 자야 했다.

첫날 어쩔 수 없이 그렇게 잤지만 좁은 방에서 두 가족 열 명이 살기는 너무나 불편했다. 주인아주머니가 우리의 애로사항을 충분히 짐작했다. 다음날 친정 오빠를 통해 방 두 개 있는 외딴집을 구해주어서 그럭저럭 피난생활을 하게 되었다.

대발쌈

피난살이를 시작한 지 얼마 지나지 않은 1951년 2월, 할아버지께서 남들이 알지 못하는 사연을 간직하신 채 돌아가셨다.

할아버지가 계시지 않았다면, 나는 어릴 때 굶어 죽었을지도 모른다. 산속에 홀로 남겨둔 어린 손자에게 쌀 한 됫박을 갖다 주기 위해 얼마나 먼 길을 헤치고 오셨을까? 지금도 그 생각을 하면 눈시울이 붉어진다.

넷째 형 하숙집 주인아주머니가 호의를 베푼 덕에 피난생활을 할 때였으니 초상을 제대로 치를 수 있는 형편이 아니었다.

아버지께서 관 대용으로 쓸 대나무를 하러 산에 가셨을 때, 세 분이 문상 오셨다. 가장 연상인 한 씨가 내게 물었다.

"자네는 명자 관자 씨 손자인가?"

"예, 어르신."

"아버진 어디 계시는가?"

"대나무 하러 가셨어요."

"저런! 우리 집에 대나무가 있는데."

노인이 있는 집에서는 생전에 초상에 쓸 관이나 수의 등 장례물품을 준비했다. 생계가 어려운 사람은 나무 관을 마련하기 버거웠다. 그래서 대나무발로 시신을 둘둘 말아서 매장했고, 그것을 '대발 쌈'이라고 했다.

그런데 세 분이 마당에 무릎을 꿇고 앉아서 통곡을 하는 게 아닌가! 막바지 겨울 추위에 맨발로 그렇게 곡하는 모습을 보고 적잖이 놀랐다.

"아이고 어르신, 이제 찾아뵀으니 이런 죄가 없습니다."

알고 보니 함께 조문하러 온 한 씨, 제 씨 등 세 분의 아버지는 우리 할아버지와 함께 독립운동을 한 동지들이었다. 세 분은 할아버지께서 돌아가시기 며칠 전에 병문안을 왔다고 했다. 할아버지께서 전염병을 앓고 계셔서 뵙지 못하고 다음에 다시 오겠다며 돌아갔다가, 부음訃音을 듣고 부랴부랴 달려왔던 것이다.

아버지가 돌아오셔서 조문을 받고 대화를 나누었다.

"아버지께 관목을 세 번이나 해드렸는데 당신이 다 팔아 쓰시고 이제 대발쌈 해서 모시자니 기가 막힙니다. 평생 집 한 채 없이 사시다가 객사 당하셨으니 황망하기만 하고."

그렇게 말하는 아버지 눈에서 눈물이 흘러내렸다.

"울지 마시게! 핏자루에 싸여 밭 옆에 묻힌 우리 아버지와 비교하면 호상 아닌가."

"제 아버님을 아십니까?"

"알다마다! 쫓겨 다니실 적에 밤늦게 우리 집에 오셨다가 새벽에 가시기도 했는 걸."

한 씨 아버지도 할아버지처럼 독립운동을 하느라 오랫동안 집을 비웠다고 하면서,

"우리 아버지도 고인처럼 밖으로 다니시느라 자식 만들 시간이 없어서 나도 형제가 없다네."
라며 다음과 같은 사연을 들려주었다.

한 씨의 아버지와 제 씨의 아버지가 독립운동 혐의로 함께 체포되어 일본 순사에게 맞아죽었다.

한 씨가 갔더니 어찌나 가혹하게 매질을 했는지 누구인지 알아볼 수 없는 상태였다. 한 씨의 표현은 피가 줄줄 흘러내리는 '핏자루'가 두 개 있었다고 했다. 그 위에 이름표를 놓고 날아가지 않게 돌로 눌러놓았다. 그것을 보고서야 아버지 시신인 줄 알았다는 것이다.

업고 올 수도 들고 올 수도 없었다. 일단 집에 와서 동네 사람을 불러 모았다. 그리고 가마니와 막대기로 들것을 만들어 가지고 시신을 모셔서 밭 옆에 묻었다.

"그때 같이 잡혔다면 자네 아버님도 그렇게 장사 치렀을 거 아닌

가. 그러니 너무 슬퍼하지 말게."

당시는 "피난민도 사람이냐"라는 말이 나올 만큼 피난민의 살림이 궁색했다. 우리는 사실 초상을 치를 만한 형편이 아니었다. 그 세 분이 집에서 술과 음식을 장만해 왔고 할아버지 시신을 지고 장지에 갔다. 한 씨는 그의 아버지 묘에서 가까운 곳에 할아버지의 묘지까지 마련해주었다.

"우선 여기 모셨다가 세상이 좋아지면 모셔가십시오."

할아버지는 그렇게 독립운동을 함께 했던 동지들의 아들 덕에 영면에 드셨다.

아울러 의문에 쌓였던 젊은 날 할아버지 행적이 돌아가신 후에야 비로소 드러났다.

할아버지의 과거

할아버지 김명관金明寬은 1868년생이시다. 조선왕조 운명이 풍전등화였던 1900년 전후, 일본과 서구 열강이 우리나라를 침탈했을 때, 혈기왕성한 서른 살 내외 청년이셨다.

내가 어렸을 때는 할아버지 과거에 대해 말해준 사람이 없었다. 그러나 성장한 이후 주위에서 단편적으로 들은 사실에, 특히 초상을 치르면서 한 씨가 이야기해준 덕에 웬만큼 알 수 있게 되었다.

할아버지는 키가 크지 않았지만 힘이 장사였고 주먹이 강했다. 어줍잖은 건달은 한 주먹에 쓰러뜨렸고 발도 빨랐다. 그런가 하면 두뇌까지 좋아서 무슨 일이든지 주도면밀하게 처리하셨다.

해방 직후 할아버지 연배 노인 두 분이 말하기를, 할아버지께서 한창 의병활동을 할 때 영특하고 힘이 좋았으며 행동이 재빨라서 녹비 장군, 젊은 장군으로 불렸다. 두류 중에 가장 작은 녹두가 맛은 좋기에 녹비15)라는 말이 생겼다고 한다. 더구나 발이 빠른 할아버지께서 좀처럼 체포되지 않다보니 연락부장이 적임이었다. 전국 각지는 물론 외국으로 다니면서 연락부장으로 활동하시느라 몇 달 동안 집에 올 수 없었던 것이다.

구한말 일본이 국권을 침탈하고 우리나라에 군대를 진주시켰다. 일본군이 행패 부리자 각지에서 의병활동이 일어났다.

순창 성미산(589m)은 임실과 접해 있다. 예로부터 남원과 전주를 잇는 길목이었으며, 현재도 남원 전주간 17번 국도와 순천완주 고속도로가 그 옆을 지난다.

할아버지를 비롯한 지역 의병이 성미산 고개에 큰 돌을 쌓아놓고 길로 굴리는 연습을 했다. 그리고 일본군이 지나갈 때 기습해서 쫓아냈고 총 두 자루를 노획했다. 그 총을 사용하면 그 근방 주민이 일본군에게 해코지를 당할 수 있어서 충청도 의병에게 갖다 주었다.

한편 할아버지께서 살아계셨을 때 언제나 두툼한 방석을 깔고 앉으셨고 아무도 그걸 들추어본 적 없었다. 돌아가신 후에 보니까 방석 아래에 보자기가 하나 있었고 두 쪽으로 나뉜 나무토막이 두 됫박이나 들어 있었다. 아버지가 그걸 태우고 말았다. 만약 태우지 않고 간직했다가 맞는 짝이 다른 곳에서 나왔다면, 일제 시절 할아버지의 역할이나 행적을 밝힐 수 있었을 테니 안타까운 일이 되고 말았다.

한편 패망 후 일제가 숨긴 전과자, 독립운동가 명부가 부산 근처

---

15) 사전에는 녹비에 녹두라는 의미가 없다. 지역 방언으로 추측된다.

바다 밑 땅굴에서 발견되었다.

넷째 형이 할아버지의 독립운동 자취를 찾아 부산에 갔다. 할아버지 행적을 파악하고 싶다니까 땅굴에서 나온 문서에서 찾아보라고 했다. 넷째 형이 사흘이나 서류를 뒤졌지만 할아버지 성함을 찾을 수 없었다. 그래서 결국 독립운동 사실을 인정받지 못했다. 체포된 기록이 있어야 했던 것이다. 아무리 독립운동을 열심히 했어도 체포된 기록이 없으면 인정받지 못하는 현실이다.

나는 빨치산과의 전투에서 죽을 고비를 몇 차례 넘겼고 작전 수행 중 입은 부상으로 평생 고생하고 있지만, 국가보훈처에서 경찰병원 치료기록이 없다는 이유로 전상군경 등록신청을 외면했다.

우리 혈육은 국가에 아무리 큰 공헌을 해도 기록이 없다는 이유로 인정받지 못하는 운명인가 보다.

5. 회문산과 구림면

나는 태어난 이래 정읍시 산내면과 순창군 구림면에서 살았고 1950년 한국전쟁이 발발했다. 즉 열여섯 살까지 회문산 일대에서 자라다가 한국전쟁을 맞았다.

만약 내가 회문산 근처에서 살지 않았다면, 빨치산 짐꾼으로도 끌려가지 않았을 테고 보아라부대와도 인연을 맺지 못했을 것이다. 결국 내 인생 초반, 이십대까지 회문산과 떼려야 뗄 수 없는 삶이었고 그것이 현재의 나로 이어졌다.

그 회문산이 있는 곳이 전북 순창군 구림면이다.

회문산 남쪽 원경(위)과 서쪽 원경(아래). 내가 태어나서 자랐고 보아라부대 시절 수차례 토벌작전을 벌였던 회문산. 위쪽 사진 가운데가 회문산, 왼쪽이 장군봉(투구봉)이다.

회문산

해발 837m 회문산은 전북 순창, 정읍, 임실 경계에 있다. 문처럼 생긴 바위가 있다하여 회문回門, 또는 회문回文으로 표기한다. 주봉과, 동쪽 2.7km 떨어진 곳에 있는 551m 봉우리 이름이 모두 회문산이다. 작은 회문산은 천마봉으로 불렸다.

회문산은 동남쪽으로 50km 떨어진 지리산과 남쪽으로 35km 떨어진 백아산과 함께 빨치산 활동이 가장 활발했던 곳이다.

회문산과 장군봉(투구봉) 등 봉우리와 골짜기에서 흘러내린 물이 섬진강으로 흘러간다. 풍광 좋은 드라이브 코스이며 사진애호가들이 자주 찾는 옥정호가 북쪽에 있고, 무학대사가 조선 태조 이성계를 위해 기도했다는 만일사萬日寺가 남쪽에 있다.

회문산은 높이에 비해 산세가 험하고 강천산, 성미산, 여분산 등과 골짜기 및 개울을 두고 인접했다. 북쪽과 동쪽에 섬진강이 흐르고 남쪽에 구림천이 있다. 구림천은 폭이 넓지 않고 얕긴 하지만 주위에 있는 산과 함께 방어에 직접적인 도움을 준다. 이런 지형을 갖추고 있고, 보급사업을 할 수 있는 마을이 산재한 회문산은 빨치산 활동에 적합했다.

19세기부터 우리나라 근대사에 큰 획을 그은 사건이 발생했을 때, 쫓긴 사람들이 회문산으로 피신했다. 즉 동학혁명기의 농민, 조선말 국권상실기의 의병, 일제시대의 독립투사, 여수순천사건을 일으킨 국군 제14연대 반란군, 한국전쟁 시기의 공산당이 모두 회문산을 유격 활동 근거지로 삼았다. 1950년 9월 인천상륙작전으로 퇴로가 막힌 전북도당이 전주에서 이동하여 여분산을 거쳐 자리 잡은 곳도 회문산이었다.

회문산에서 가장 깊은 내안골에 회문산 전적비와 역사관이 있다.

내안골은 아래쪽부터 하내안골, 중내안골, 상내안골이 있으며, 빨치산 지휘부는 가장 위쪽인 상내안골, 현재 회문산 역사관 위에 들어앉았다.

1950년 한국전쟁 발발 이후 1954년 12월까지 토벌대와 빨치산의 전투 결과가 회문산 전적비에 적혀 있다. 그에 따르면 700여 회의 크고 작은 전투가 있었고, 이 과정에서 2,500명의 경찰 전상자가 발생했다고 기록되어 있다.

회문산전적비

아울러 경찰인재개발원에 그의 이름을 붙인 '차일혁홀'이 생길 정도로 활약했던 차일혁 경무관(1958년 총경으로 사망, 2011년 경무관으로 추서)도 회문산 자락에서 뛰어난 전공을 세웠다.

베틀마을(베트레)

　순창군 북쪽에 있는 구림면은 회문산 내안골 등 빨치산 근거지를 포함하고 있다. 그래서 한때 구림면 주민은 국군보다 빨치산 눈치를 보면서 살았다고 말해도 과언이 아니었다.

　군경은 구림면에 산다는 이유로 양민을 무작정 끌고 가서 바른대로 불라며 사정없이 두들겨 팼다. 그 매를 피하는 방법, 즉 죽거나 병신이 되지 않는 방법은 산으로 피하는 것뿐이었다. 그래서 본의 아니게 산山사람, 빨치산이 된 경우가 많을 수밖에 없었다. 군경이 빨치산을 잡은 게 아니라 만들었다고 말하는 까닭이 바로 여기에 있다.

　전북 빨치산 거점일 뿐만 아니라 가마골에 버티고 있는 전국 최강 빨치산부대가 왕성하게 활동했던 구림면은 빨치산이 된 주민이 많을 수밖에 없었다.

　빨치산 영향권에 있다 보니 그들이 보급사업을 나왔다가 민가에 머물기도 했다. 군경 입장에서 보면 빨치산과 통비분자들이 섞여서 사는 곳이었다. 즉 군경에 의한 양민 학살사건이 벌어질 환경이 조성되어 있었다.

　베틀마을은 회문산 기슭이 시작되는 곳이면서, 구림면에서 임실로 가는 도로와 장군봉 서쪽을 거쳐 정읍시 산내면 및 칠보면으로 통하는 도로가 만나는 교통요지에 있다. 산길을 통해서는 산안마을과 만일사를 거쳐 내안골로 가거나, 황계마을을 거쳐 장군봉으로 갈 수 있다. 따라서 베틀마을이 누구의 수중에 있느냐에 따라 회문산 일대의 영향력이 군경 또는 빨치산 어느 쪽에 치우치는지 알 수 있었다. 「남부군」에 베틀마을(베트레)을 두고 벌인 군경과 빨치산의 공방전이 실감나게 묘사되어 있다.

어떤 빨치산과의 인연

1950년 가을 인민군이 물러가고 빨치산이 회문산에 자리를 잡기 시작했을 무렵 있었던 일이다.

군경은 순창읍 소재지 등 중심지만 장악했고 회문산 근처는 빨치산 소굴이었다.

당시 나는 베틀마을에 살면서 어떤 집 사랑방에 머물렀다. 빨치산들이 와서 며칠 동안 같이 지내면서 안면을 익히게 되었는데 그 중에 김호철이라는 사람이 있었다. 그는 북한 황해도에서 살다가 반동으로 몰리자 월남했다. 인민군이 점령했던 시절에 북한 말투를 쓰는 그를 수상하게 여기고 조사했다. 김호철은 구림면에 있는 처가에 왔다가 38선이 막혀서 돌아가지 못했다고 둘러댔다. 인민군이 후퇴할 때 그에게 "동무, 같이 해방운동 하자우"라고 해서 입산하게 되었다.

그해 늦가을 국군이 빨치산 토벌작전의 일환으로 베틀마을에 소개명령을 내렸다. 할아버지는 집을 떠나지 않고 살았는데 가끔 빨치산이 와서 잠을 자고 가기도 했다.

국군이 무직산에 기관포를 걸어놓고 위협했다. 무직산은 높지 않지만 구림천을 앞에 두고 안시내와 베틀마을 일대를 내려다보고 있다. 빨치산 최강의 병단들이 지키던 안시내까지 들어가지 못하고 원거리에서 공격했던 것이다.

어느 날 국군이 베틀마을에서 움직이는 사람을 보고 기관포 시격을 가했고 때맞추어 비행기가 와서 폭격했다. 이미 주민에게 그곳을 떠나라고 명령했으므로 남은 사람은 모조리 빨치산으로 간주했던 것이다. 주민과 빨치산 모두 무차별 사격과 폭격을 피해 도망갔다. 그런데 김호철이 오른쪽 어깨에 총탄을 맞고 쓰러졌다. 그를

회문산 남측 지역 상황

그대로 놓아두면 살아남기 어려울 터였다.

내가 그에게 달려갔다. 주변에는 사람들이 급히 피하느라 떨어뜨리고 간 이불 등 살림살이가 흩어져 있었다. 김호철이 빨간 이불 옆에 엎어져 있었다. 빨간색은 눈에 잘 뜨이므로 사격이 집중될 것 같았다. 그를 밭두렁 사이로 옮기고 검은 이불을 찾아서 덮어주었다.

"여기 그대로 계세요. 움직이면 총 맞습니다!"

나는 그렇게 해놓고 피했다.

구림면과 빨치산

그 일이 있은 이후, 나는 빨치산의 짐꾼으로 끌려가서 임실에서 두 달 동안 지내다 빠져나왔다. 그리고 토굴에서 살기도 했고 읍내에서 지내는 한편 할아버지 초상을 치렀다.

1951년 늦여름, 우리 가족은 읍내 복실리에서 인계면 호계마을로 옮겨서 피난살이를 이어가고 있었다.

어느 날 나는 구림지서로 가서 일을 하라는 지시를 받았다. 낮에 무장 경찰의 호위를 받으면서 베틀마을을 지나 황계마을로 짐을 옮기는 작업이었다. 군경이 회문산 일대에서 지속적으로 토벌작전을 벌였지만 회문산으로 가는 길목에 있는 베틀마을은 여전히 빨치산 활동영역이었다.

전쟁은 전투부대만 하는 게 아니다. 전쟁에 필요한 물자를 지속적으로 공급해주는 병참 지원이 반드시 필요하다. 군경이나 빨치산 모두 전투병 뒤에 짐꾼이 따라다녔고 똑같이 위험했다.

베틀마을을 지나 황계마을쯤 갔을 때, 경찰이
"여기부터는 위험지대니까 짐을 놓고 돌아가시오."
라면서 주민들을 돌려보냈다.

나는 짐을 내려놓고 베틀마을로 가다가 빨치산 최영훈과 임종용을 만났다. 그런데 그들도 짐을 지고 따라오라고 명령하는 게 아닌가! 어쩔 수 없이 따라 가게 되었다.

그들을 따라 황계마을 조금 못 미친 곳에서 능선을 넘어 대심말을 지날 때, 탄약과 폭탄이 잔뜩 쌓여 있는 것을 보았다.

짐을 옮기고 나자 빨치산이 함께 끌려간 다른 사람은 보내주었지만 나와 고성훈을 보내주지 않았다. 최영훈이 우리를 붙잡아 놓고 빨치산으로 만들려고 작정했는지 중대장에게 데려갔다.

중대장이 나와 고성훈의 신상을 조사했다. 둘을 따로 조사했으므로 만약 거짓말 하면 들통 날 상황이었다. 내가 군인가족이라는 사실을 밝히자 중대장이 레포16)를 작성했다. 그리고 최영훈이 나를

---

16) 리포트(report)를 의미하는 것으로 생각된다. 빨치산은 주고받는 문서를

도당 정치보위부로 데려가게 되었다. 거기로 끌려간다는 것은 거의 죽음이었다.

가는 도중에 김호철이 나를 보고 반색했다. 알고 보니 그는 그 중대 문화부중대장이었다. 빨치산은 북한군처럼 작전을 수행하는 중대장과 사상교육을 맡은 문화부(정치부)중대장이 따로 있었다.

"네가 웬일이야!"

끌려가는 연유를 밝히자, 김호철이 최영훈의 발길을 막았다.

"정치보위부로 데려갈 수는 없소. 쟤는 내 생명의 은인이오."

"그래도 중대장 동무 지시를 어길 순 없습니다."

"그러면 일단 중대장 동무에게 갑시다. 내가 말하겠소."

일행이 중대장에게 갔고, 김호철이 중대장에게 말했다.

"내 이 팔에 총 맞았을 때 구해준 사람이 쟤요."

"김 동무 입장은 충분히 이해하겠소. 그렇지만 조사 결과 쟤는 국방군 가족이요."

"나도 아오. 국방군 가족이라도 반당행위한 건 아니고 내 목숨을 구해줬소."

"하지만 원칙은 원칙이오. 판단은 도당 정치보위부에서 하게 될 거요."

"박 동무! 데리고 가면 까버릴17) 거 아뇨? 내 목숨을 구해준 쟤를 죽게 내버려둘 순 없소. 나를 살려준다 생각하고 보내지 말아 주시오. 부탁합니다."

중대장 박윤순이 문화부중대장 김호철의 말을 무시할 수 없었다. 결국 중대장은 생각을 바꿔서 나를 정치보위부로 보내지 않았다.

레포라고 불렀다.
17) 빨치산은 사람을 데려가서 죽인라는 말을 '깐다' 고 표현했다.

절체절명 위기의 순간이 그렇게 지나갔다.

같이 끌려갔던 고성훈은 빨치산이 운영하던 어떤 학교로 보내졌다는 말을 들었는데 남부군으로 차출되었을지도 모른다. 당시 남부군은 전사 등으로 인원이 줄어들면 도당 및 군당에서 충원했다.

그때 나를 끌고 갔던 빨치산은 전북도당 100부대 27대대 5중대 소속이었다. 정치보위부 예하 첩보부대였으며 5중대는 구림면을 담당했는데 중대원은 네 명 뿐이었다. 위에 등장한 중대장 박윤순, 문화부중대장 김호철, 그리고 최영훈과 임종용 등 5중대원은 곧 보아라부대에 전부 생포되어 부대원이 되었다. 김호철과 최영훈은 이북에서 살다가 구림면으로 옮겨온 사람들이다. 이외에도 구림면 출신 빨치산으로 보아라부대원이 된 사람은 강희태, 이상만, 송태옥, 이용기, 강상열 등이 있었다.

회문산 아래 구림면에서 빨치산이 양산되었다. 그리고 그들 중에서 보아라부대원이 된 동료가 열 명 정도 된다. 나는 그들과 함께 수많은 전투를 치렀다.

40명에 불과한 보아라부대에 이처럼 많은 구림면 출신 빨치산이 있었다. 이는 구림면에 살다가 산으로 쫓겨간 사람이 그만큼 많았다는 의미 아닐까?

국군에게 탈취한 탄약

그때 대심말에 쌓여 있던 탄약과 폭탄에 대해 김호철과 중대장이 이야기하는 것을 들었다. 김호철이 중대장에게 탄약이 어디서 온 것이냐고 묻자, 중대장은 전북 빨치산 407연대[18]가 남원역 근처에

---

18) 1951년 중엽 빨치산 부대 편제가 남부군 중심으로 바뀔 때, 전북 남부지

서 탄약열차를 습격해서 탈취했다고 대답했다.

　당시 탄약수송은 극비사항이었지만 그 정보가 공산당에게 흘러들어가서 전방으로 가야할 탄약이 탈취 당하는 일이 발생하곤 했다. 그 결과 전방에서 탄약이 없어 전쟁을 못하겠다는 말이 나올 만큼 심각했다는 말을 들었다.

　탄약열차가 기습받자 군에서 묘안을 짜냈다. 객차 한 칸을 탄약 운반 전용열차로 이용했던 것이다. 겉으로 보면 객차인데 안은 탄약 창고였다. 부산에서 출발한 탄약열차를 대전에서 떼어내서 호남선 열차에 딸려 보내기도 했다.

　당시 남원을 경유하던 특급열차는 세 칸이었다. 그중 한 칸을 탄약열차로 사용할 때가 있었고 운행정보는 비밀이었다.

　그 시절 운행하던 증기기관차 종류는 소리형, 터우형, 미카형 등 세 가지였다. 소리형과 터우형은 힘이 약해서 무거운 탄약열차를 끌 수 없었다. 그래서 가장 힘이 좋은 미카형 기관차가 끌었다.

　탄약열차를 달고 대전역을 출발한 기차가 남원 근처에 이르렀을 때, 빨치산이 철로에 설치한 폭탄을 폭발시켰고 기관차가 탈선했다. 빨치산이 경비군인을 제압하고 총탄과 폭탄을 탈취했다. 그리고 승객을 위협하여 그들의 근거지로 운반했다[19]).

　　역은 46사단으로 개편되었는데, 회문산에 있던 전북 최강 기포병단이 46사단 예하의 407연대로 개칭되었다고 한다.
19) 인터넷에서 조사해보니 1950년 10월 16일 낮에 여수발 서울행 임시열차가 서도역 남쪽 4km 지점에서 빨치산이 철로에 설치한 폭탄으로 멈춘 사건이 있었다. 이때 미군을 비롯한 희생자가 발생했다고 한다. 매복했던 빨치산과 전투가 있었다고도 하고 많은 승객이 납치되었다고 하는데, 한 자료에 빨치산이 소총 실탄과 박격포탄 등을 약탈했다는 내용이 나와 있었다. 그런데 이 사건은 구술자가 전해 들은 사건보다 1년 먼저 일어났다.
　　한편 「전남 유격투쟁사」에 1951.9.13. 12:45 전북 빨치산이 남원시 사매면 서도리에서 열차를 폭파시켰다고 기록되어 있다. 저자는 또 다른 저서 「남도빨치산」에서 호송병 40명을 사살하고 실탄과 군수문자를 약탈했

운명의 만남

나는 김호철의 도움으로 도당 정치보위부로 끌려갈 뻔한 위기에서 벗어났다. 그런데 중대장과 최영훈이 나를 돌려보내지 않고 계속 일을 시켰다.

빨치산과 지내자니 고생도 고생이지만 토벌대를 만날 수 있으므로 대단히 위험해서 도망갈 기회를 찾고 있었다. 어느 날 식량을 마련하기 위해 돌팥[20] 따는 일을 시켰다. 일을 해보니 감시가 엄하지 않았는데 다음날 다시 돌팥을 많이 따오라며 일을 시키는 게 아닌가. 기회가 왔다. 나는 돌팥을 따다가 풀 속에 소쿠리를 감춰놓고 도망쳤다.

그 일대는 빨치산의 영역이었으므로 갈 곳이 없어서 구림지서를 찾아가 조찰록 지서장을 만났다. 지서장은 전부터 일을 시키곤 했으므로 나를 알고 있던 데다가, 며칠 전 경찰의 짐을 옮겨주고 나서 내가 사라졌으므로 크게 걱정하고 있었다.

지서장에게 빨치산에게 잡혀갔다가 탈출했다고 말하자, 그렇지 않아도 내 걱정을 많이 했다면서 반가워했다.

그런데 구림지서에 어떤 소대 규모의 전투경찰부대가 와 있었고 부대장이 나와 지서장의 대화를 듣고 있었다. 부대장은 그곳 상황에 대해 이것저것 물었고 대화 과정에서 막사에 있는 빨치산들이 총을 갖고 있지 않았다고 말하자 관심을 보이며 다시 물었다.

다고 기술했다. 바로 구술자가 말한 시점이다.
또한 네이버 지식백과의 '오수역' 정보에 '1951. 11. 9. 공비 습격으로 역사 소실'이란 내용이 있는 것으로 보아 열차습격이 빈번했다는 점을 알 수 있다.
20) 돌팥은 야생 팥을 말하는데, 여기서는 수확하고 난 후 농사를 짓지 않아 묵은 밭에 싹튼 팥이 열린 걸 말한다.

"총을 안갖구 있다구?"

"예! 총은 없었습니다."

내가 빨치산 막사의 상황과 지리를 잘 알고 있다는 사실을 안 부대장이 길을 안내해달라고 부탁했다. 거절할 입장이 아니었으니 그것은 명령이었다.

부대장은 그날 밤 바로 나를 안내원으로 삼고 전 부대원에게 출동명령을 내렸다.

이때 내가 만난 부대장이 바로 문순묵이었고, 그 부대가 빨치산 토벌 역사상 가장 뛰어난 전과를 올린 '보아라부대'였다. 나와 보아라부대의 인연은 그렇게 맺어졌다.

6. 피 묻은 군복 입고 '김삼차'로 살다

1950년 9월 15일 인천상륙작전으로 전세가 역전되자 북한군이 북으로 후퇴했다. 이때 북으로 올라가지 못한 잔존세력이 각지로 숨어들었다. 도당 위원장 겸 유격사령관 방준표가 이끌던 전북 빨치산은 여분산에 자리를 잡았다가 토벌작전이 전개되자 회문산 내안골로 옮겨갔다. 그들은 기관포까지 설치해놓고 위세를 부렸다. 보위병단, 기포병단, 번개병단, 벼락병단, 카츄샤병단 등과 군당부대를 합쳐 20여 개의 부대가 산재했으며 전체 병력이 수천에 이르렀다.

이후 국군 제11사단과 제8사단의 공격을 받은 전북도당은 1951년 3월 회문산을 떠나 임실 성수산을 거쳐 덕유산과 지리산 언저리를 전전했다. 이즈음 상황은 이태의 「남부군」에 잘 묘사되어 있다.

회문산 남쪽으로 약 1.5km 떨어진 만일사를 중심으로, 남동쪽에 안시내마을, 남서쪽에 산안마을(산내마을)이 있다. 그 아래로 구림천(치천)을 따라 동쪽에 미륵정이마을, 서쪽에 내가 살던 베틀마을이 있다. 이 마을들이 내안골 사령부를 호위하고 있었다.

토벌작전 완료 후 국군이 철수하자마자 빨치산이 다시 회문산으로 모여들어 강력한 세력을 형성했다.

보아라부대를 안내하다

1951년 초가을에 참으로 많은 일이 있었다. 경찰의 짐도 운반해 주었고 빨치산에게 짐꾼으로 끌려가기도 했다. 그리고 정치보위부로 끌려갈 뻔한 위기도 있었다. 이어서 구림지서에서 산안마을로 출동하는 보아라부대의 길 안내를 맡게 되었다.

꽤 쌀쌀했고 칠흑같이 어두운 밤이었다.
빨치산 막사로 쳐들어가기 위해서는 산안마을을 통과해야 하며 그 일대는 빨치산의 안방이었다. 마흔 명도 안 되는 전투경찰부대가 전북 빨치산의 거점인 그곳을 기습한다는 것은 대담한 정도가 아니라 무모한 작전이었다. 상식적으로는 상상하기조차 힘든 일이었다.

보아라부대는 나를 안내원으로 삼아 구림지서를 출발했다. 문순묵이 내 뒤에 바짝 따라왔다. 구림천(치천)을 따라 산안마을로 갈

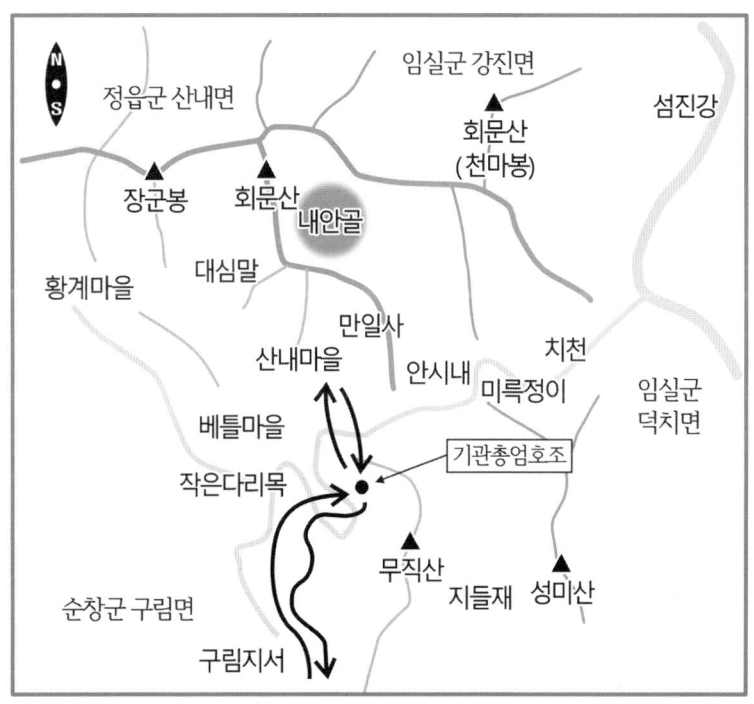

보아라부대 회문산 작전도

때, 갈림길이 나올 때마다 안전한 곳으로 안내했다.

산안마을로 진입하기 전에 안전한 철수를 위해 무직산 기슭에 기관총 엄호조 몇 명을 배치하고 구림천을 건넜다.

본대가 만일사 아래 산안마을로 조심스럽게 접근했다. 그 일대는 완전한 빨치산의 영역이었으므로 보초조차 없었다. 토벌대가 거기까지 쳐들어오리라고 상상하지 못한 그들은 깊은 잠에 빠져 있었다.

보아라부대원들이 막사를 포위한 다음, 자던 자들을 깨웠다.

"손들엇!"

"꼼짝마라!"

느닷없이 총을 들이대자, 그들은 맥없이 항복할 수밖에 없었다. 이어서 그 일대 막사에서 자던 빨치산들을 더 잡았는데 총 한 발 쏘지 20여 명을 잡았다.

포로 중에 전북도당 정치보위부 소속 첩보부대인 100부대 27대대 5중대원들이 있었다. 그들은 구림면 일대에서 활동하던 첩보원들로서, 내가 끌려갔을 때 본 구면이었다. 그리고 막사에서 자던 자를 깨워서 포로로 잡기도 했고 갓난아기를 데리고 있던 여자도 있었다.

그런데 60명이나 되는 부대원과 포로가 빠져나오는 것이 수월치 않았다. 포로를 데리고 교전할 수도 없는 노릇이니 은밀하게 철수하는 게 관건이었다. 일단 엄호조가 있는 무직산 아래로 철수하기로 했다.

그때 정찰대원 셋이 철수하던 쪽에서 총소리가 몇 방 들렸다. 단순한 안내원이던 나는 어떤 상황인지 알 수 없었다. 나중에 들었는데 아군의 오인사격으로 정찰대원 박 모 순경이 전사했다고 들었다. 보아라부대의 첫 전사자였다.

총소리가 났으므로 빨치산이 경계를 강화할 터였다. 진입했던 길로 철수하기에는 너무 위험해서 루트를 바꾸어야 했다.

문순묵 부대장과 부관 홍주승이 산안마을 안쪽을 가리키며 내게 물었다.

"저기가 어디냐!"

"고개를 넘으면 지도상에 죽림이고 대심말이라는 동네가 있는데 상당히 위험합니다."

"개울을 따라가는 건 어떻지?"

"저 앞에 작은다리목이 있는데 역시 위험합니다. 전쟁 전에 구빨치가 경찰을 기습하기도 했습니다."

"음……. 어디로 가야되지?"

"저기 노루목고개를 넘으면 안전한 길이 있습니다."

"그럼 앞서 가면서 길을 안내해."

구림천을 따라 나 있는 도로로 간다면, 그 일대를 장악하고 있는 빨치산에게 기습 받을 우려가 있었다. 나는 산기슭 논밭 사이에 농

앞에 보이는 능선에서 빨치산을 생포했다.
왼쪽은 작은다리목이고 오른쪽 구림천 너머 농로로 안내했다.

부들이 다니는 길로 안내했다.

약 3km의 위험한 길을 무사히 철수하여 구림지서에 도착했다. 긴가민가하면서 따라오던 부대원들이 경탄했다.

"이야! 이런 길이 있었다니!"

"꼬마야! 어떻게 그리 길을 잘 아냐?"

나는 빨치산이 첩첩이 진을 치고 있는 곳에서 보아라부대의 길안내 임무를 훌륭하게 수행했다. 이후 문순묵 부대장은 내가 쓸모가 많다고 여긴 것 같고 홍주승도 나를 각별히 아껴주었다.

보아라부대는 작전을 마치고 남원으로 귀대하면서 나와 포로를 트럭에 태워서 데리고 갔다.

전투경찰이 되다

일행이 남원 지리산지구 전투경찰사령부, 지전사에 도착했다.

며칠 후 보아라부대는 나를 거기에 둔 채 지리산으로 작전을 가서 나는 어쩔 수 없이 포로와 같이 지낼 수밖에 없었다.[21]

사령부에서 포로를 심문했다. 특히 정보를 많이 갖고 있던 첩보부대원을 잡았기 때문에 유용한 정보를 입수할 수 있었을 것이다.

하루는 서 모 경사가 와서 포로가 된 최영훈에게,

"너 같은 놈 때문에 이북에서 못 살고 부모형제 버리고 왔어!" 라고 소리치면서 마구 폭행을 가했다.

서 경사는 최영훈의 고향이 평북 창성이었기 때문에 분풀이를 한 것 같았다.

---

21) 어떤 글에 이때쯤 보아라부대가 지리산 뱀사골에서 이현상을 잡기 위한 작전을 벌였다는 내용이 있다. 내가 참여하지 않았으므로 이에 대해서는 듣지 못했다.

며칠 후 부대가 돌아왔다. 나를 보더니 잘 있었느냐고 반가워하며 담배를 주었다. 그리고 혹시 누가 때리지 않았느냐고 묻기에, 나는 맞지 않았고 최 씨가 맞았다고 알려주었다.

부대원이 얼굴에 맞은 자국이 선명한 최 씨를 살펴보더니 서 경사를 찾아 갔다. 그리고 "왜 당신은 사람을 때려서 빨갱이로 만드냐"면서 "빨갱이 하나 잡고 둘 만들면 안 된다"는 사령관 말씀도 못 들었느냐고 따졌다. 서 경사와 티격태격하고 있을 때 지나가던 간부가 서 경사를 질책하는 선에서 마무리되었다.

남원에서 지내던 며칠 동안 나를 남원으로 데리고 간 이유를 알 수 없어 궁금했던 차에, 어느 날 문순묵 부대장이 억센 북한 말투로 말했다.

"네래 우리 부대원 되라우!"

내가 동작이 빠르고 영리해서 쓸 만하다고 여기고 남원으로 데려간 것 같았다.

정부 수립 후 불과 2년 만에 발발한 한국전쟁. 그때까지 국가 기본 제도가 제대로 확립되지 않았다. 전사자가 속속 발생하는 전시에 충원이 여의치 않자 부대장 재량으로 충원했다.

총을 든 경찰을 무서워하던 시절이었으니 입대를 거절할 수 없었다. 당시의 분위기로 볼 때, 싫다고 고집을 부렸다가는 공산분자로 몰릴 수 있었다.

그렇게 해서 말단 계급인 의경으로 채용되었고 피가 말라 붙은 전투복을 지급받았다. 전투경찰의 보급사정이 얼마나 열악했는지 알 수 있는 사례로, 전사자 군복을 벗겨서 신병에게 입혔다.

피 묻은 군복이 마르면 나무껍질처럼 뻣뻣해진다. 입을 때 기분

나쁜 느낌은 둘째 치고, 비가 오면 핏물이 줄줄 흘러내리며 썩은 냄새가 풍겨서 역겹기 그지없었다. 내 전투경찰 생활은 그렇게 시작되었다.

전투경찰은 연대-대대-중대-소대 등 국군과 같은 편제를 유지했다. 일반적으로 대대급 이상의 병력이 작전에 투입되었지만, 보아라부대는 단독작전만 수행했다.

이름도 나이도 바뀌다

정작 문제는 내 나이였다. 전투경찰은 군인과 마찬가지로 스무 살부터 입대가 가능했다. 내 나이가 열일곱에 불과했으니 입대시키는 것이 불법이었다.

부대장이 방법을 찾아냈다. 부대 서무주임이 나이도 이름도 제멋대로 쓴 이력서가 내 이력서가 되고 말았다. 전사자인지 실종자인지 또는 실명인지 가명인지 모르겠다. 어쨌든 '김삼차'라는 이름을 사용하라고 하면서 나이는 스무 살이라고 주지시켰다.

"군장검사 할 때 '김삼차' 부르면 대답하라우! 나이는 스무 살! 열일곱이라고 하면 큰일나디."

이렇게 해서 서른아홉 번째 보아라부대원 김삼차가 탄생했고 이후 경찰 자료에 나 김옥규는 김삼차로 기록되었다. 민족의 비극 한국전쟁은 내 이름도 나이도 바꿔놓고 말았다.

이어서 US99식 소총[22]을 지급받고 사격 교육을 받았다. 담당 대

---

22) 1948년 창설된 대한민국 국군은 미군에게 M1소총을 지급받았지만 수량이 부족했다. 한국전쟁이 발발하자 총이 급하게 필요했다. 미국은 패망한 일본군에게서 압수한 99식소총을 개조해서 보급했다. 99식 소총은 7.7mm 탄환을 사용했는데 7.62mm M1 소총탄을 사용할 수 있도록 개조한 게

원이 이론 교육을 잠깐 시키고 나서 야산으로 데리고 갔다.

"저기 바위 보이지? 내가 흰 부분을 쏴 보겠다."

시범사격을 한번 하고 나서 교육받은 대로 쏘라고 했다. 군경이 갖고 다니던 총을 보기만 했지 쏴보긴 처음이었다.

"반동이 있으니까 어깨가 아플 수도 있어. 어깨에 단단히 밀착시키고 쏴봐."

배운 대로 목표물을 조준한 다음 긴장하면서 방아쇠를 천천히 당기는 순간, 굉음과 함께 총알이 발사되면서 엄청난 반동에 뒤로 나동그라졌다. US99식 소총은 M1소총보다 반동이 세다. 총알은 엉뚱한 곳으로 날아갔다.

"잘 쏘는데? 처음엔 누구나 그래! 잘 조준하고 다시 한번 쏴봐."

둘째 발이 발사되었다. 이번에는 목표물 쪽으로 날아갔다.

"좋았어! 한 발만 더!"

그렇게 총 세 발로 모든 군사훈련이 끝났다. 이론교육을 포함하여 잠깐만에 신병 교육을 마쳤다.

그렇게 탄생한 '김삼차'는 이후 부대가 해체될 때까지 3년 10개월 동안 사선을 넘나들면서 수많은 전장을 누비고 다녔다.

US99식 소총이다.

경 력 증 명 서

제1615호

인적사항	성명	한글	김삼차(옥규)	주민등록번호	341218-
		한자	金三次(玉圭)		
	주 소		경기도 수원시		

	근무기간		직급	직위	근 무 부 서
경력사항	부터	까지			
	51.11.1	56.10.13	순경		임. 순경.
					제205전투부대(51.11.1-52.9.29)
					전남광양서
					제858전투부대(529.17-53.5.7)
					서남지구전투경찰대(53.5.8-55.7.1)
					치안국기동대
					전남경비과, 내무부
					전북청 남원서
					면직.

근무년한	4년 11월	최종직위 또는 직급	순경
퇴직사유	면직.		

상벌사항	포 상			징 계		
	년월일	종 류	시행청	년월일	종 류	처 분 청
	.					

직위해제	년 월 일	사 유	처 분 청

용 도	보훈처 제출용

위와 같이 경력 증명합니다.

2005. 4. 2.

전 라 북 도 지 방 경 찰 청 장

제2부

보아라부대

1. 보아라부대

　북한군 낙오병이 대거 가세한 빨치산이 험한 산 곳곳에 터를 잡았다. 대한민국의 행정력이 미치지 못하는 지역에 '해방구[23]'를 설치하고 현물세를 걷는 등 작은 인민공화국을 다스렸다.
　이들은 철도 등 중요 시설을 파괴하고 관공서를 습격하는 등 막대한 피해를 입혔다. 또한 보급사업 명목으로 약탈을 일삼았다. 군경은 빨치산의 보급을 차단하기 위하여 주민을 다른 곳으로 소개시켰다. 그 결과 많은 주민이 생활기반을 잃고 떠돌게 되었다.
　주전선이 38선 근처에 머물며 일진일퇴하던 시기에, 국군이 간헐적으로 토벌에 투입될 때를 제외하면, 주로 경찰이 그들과 전투를 치렀다.
　빨치산 토벌이 국가적 과제로 떠올랐다.

　지리산지구 전투경찰사령부, 지전사는 현재 남원시청 자리에 있던 목조건물을 사용했다. 지전사는 203전투경찰연대와 205전투경찰연대로 구성된 여단급 전투경찰부대로, 지리산 인근 전라도 및 경상도 지역에 출몰하는 빨치산 토벌을 맡은 기동부대였다. 작

지전사 자리에 들어선 남원시청

---

23) 대한민국의 행정력이 미치지 못하고 빨치산이 장악한 지역. 구술자는 일관되게 '민주부락'이란 용어를 사용했다.

전지역의 일반 경찰까지 동원할 권한을 갖고 있었다.

1951년 7월 지전사 제2대 사령관 신상묵 경무관이 부임했다. 그는 1951년 9월 1일 귀순 빨치산 문순묵을 포함한 38명으로 구성된 부대를 창설하여 지전사 예하 205전투경찰연대 제10중대로 배속시켰다. 이 부대의 별칭이 '보아라부대'였다. 연대장의 지휘를 받지 않았으며 신 사령관의 명령만 수행하는 특수 유격대였다.

보아라부대가 경찰 소속이었고 소대 규모에 불과했으며 단독작전만 수행한 특성으로 인해 지금까지도 세상에 거의 알려지지 않았다는 사실이 안타깝다.

인터넷에서 '보아라부대'를 검색하면 사전에 수록된 내용과 함께 몇몇 자료가 출력된다. 그러나 창설일자와 해체일자 등 중요 내용이 사실과 다르다. 이는 최초 원전에 잘못 기록된 것을, 다른 사람이 인용하면서 퍼진 결과 사실처럼 굳어졌기 때문일 것이다.

잘못 알려진 내용 바로 알기

보아라부대에 대한 자료가 거의 없다보니 인터넷에도 몇 개 나오지 않는다. '한국향토문화전자대전'의 「보아라 부대 회문산 급습 사건」과 S씨의 블로그 「빨치산 토벌대 '지리산 보아라부대'」[24])에 간략하게 소개되어 있다. 두 자료가 유사하며 잘못 설명된 내용 또한 같은데, 보아라부대의 활약을 윤색해서 대외에 과시하려는 의도가 엿보이는 대목이 많다.

한편 빨치산 및 토벌대 관련 수기나 소설에 보아라부대가 간혹

---

24) 1988년 9월 발간된 학술지 '역사와 비평' 가을호에 실렸던 글이라고 소개되어 있다. 전체 6,500여 자의 글이다. 2017년에는 글을 볼 수 있었는데 최근에 검색해보니 볼 수 없었다.

거론된다. 전향 빨치산으로 구성된 부대로 묘사하고 있으며, 당시 일부 경찰서에서 운용하던 '사찰유격대'를 보아라부대로 통칭한 경우도 있다. 전향 빨치산으로 조직된 사찰유격대는 한국전쟁 이전에도 존재했다고 한다.

빨치산 출신 작가가 쓴 「전남 유격투쟁사」에서 전향 빨치산 부대를 몽땅 보아라부대로 묘사하면서 변절자로 폄하하고 매우 강한 논조로 적개심을 토로하고 있다[25].

보아라부대에 대해 시정되어야 할 내용에 대해서는 제14장 '복원되어야 할 보아라부대의 역사'에서 심도 깊게 이야기하겠지만, 우선 인터넷에 유포된 사항 중에서 정확하지 않은 것을 지적하겠다.

첫째, 보아라부대는 인민군 대좌 출신 문순묵 외에 귀순 빨치산으로 구성된 빨치산 토벌부대이다.
☞ 문순묵은 북한군 6사단 예하 남해여단 대열참모로 계급은 중좌였다. 보아라부대 초기에는 귀순 빨치산이 절반 정도였으나, 이들이 전사하거나 전출되어 계속 줄었고 일반대원으로 충원된 결과, 말기에는 10% 미만이었다. 그래서 빨치산으로 구성된 부대라는 말은 타당하지 않다.

둘째, 1951년 10월부터 1953년 4월까지 1년 6개월간 존속했다.
☞ 존속기간은 1951년 9월 1일부터 1955년 7월 1일까지, 3년 10개월이다. 국방부에서 편찬한 전사戰史와 부대원 경력증명서로 확인할 수 있다.

---

25) 전남 유격투쟁사, 도서출판 선인, 정관호 지음, 2008.6.16., pp 91

셋째, 1951년 10월 12일 지전사 광장에서 중앙에서 내려온 고관들이 참석한 가운데 보아라부대 발대식과 무기 수여식이 있었다. 새 제복을 입은 38명의 보아라부대원이 참석했다.
☞ 부대원 전원이 참석한 발대식과 무기수여식은 없었고 들은 바도 없다.

넷째, 보아라부대에 유일한 여성대원인 백인숙이 있었다.
☞ 보아라부대에 여자대원은 없었다.

다섯째, 동료를 배반한 부대원은 인민재판을 거쳐 총살했다.
☞ 대한민국 순경이 동료를 인민재판해서 총살한다는 것은 말이 되지 않는다. 다만 초기에 한번 위장자수자를 처형한 적 있다. 사실을 잘 알지 못하면서 소설가적 발상으로 부회附會한 것으로 보인다.

위와 같은 사항뿐만 아니라 다른 내용도 부정확하지만, 보아라부대의 존재를 알리는 데는 기여했다고 본다.

나는 부대 창설기부터 해체된 날까지 근무했으며, 처음부터 부대장 연락병이었고, 가장 위험한 정찰대로도 활약했으므로 보아라부대를 잘 아는 사람이다.

오랜 세월이 지나 기억은 희미해졌지만, 중요한 작전시기는 대략 기억이 나며 많은 부대원의 이름과 특징까지 알고 있다. 이 책으로 보아라부대가 세상에 널리 알려지고 성과가 재평가되기 바란다.

그리고 나의 후배 대한민국 경찰이 국가를 위해 충정을 바친 보아라부대의 정신을 이어받는다면 더 이상 바랄 게 없겠다.

창설 부대장 문순묵

문순묵은 10대에 만주에서 일본 관동군 상대로 맹위를 떨치던 중공 팔로군26) 소속 조선의용군으로 활약하다가, 해방 후 북한으로 돌아와 군에 입대했다.

한국전쟁이 발발했을 때 인민군 중좌로 낙동강 전선에 투입된 남해여단27)의 대열참모였다. 대열참모는 부대원 선발 및 배치와 부대의 안위를 위한 인사 및 정보를 관장하는 요직이었다. 이때 나이가 스물셋에 불과했다.

인천상륙작전으로 퇴로가 끊기자, 낙동강 전선에 있던 남해여단 병력 일부가 지리산으로 들어갈 때 문순묵도 입산했다.

그가 소속된 경남도당 유격사령부는 남부군에 합류한 57사단을 거느렸다. 경남도당의 위세가 얼마나 대단했는지 「대비정규전사對非正規戰史28)」에 기록된 걸 보면 알 수 있다. 대비정규전사는 국방부가 한국전쟁 전후 빨치산과의 전투를 종합 정리한 공식 발간물이므

---

26) 중국공산당의 대부 마오쩌둥(毛澤東)의 군대로 처음에는 홍군(紅軍)으로 불렸다. 청나라 멸망 후 정권을 잡은 장제스(蔣介石)의 국민정부에 대항하여 싸우다가, 1937년 중일전쟁 발발 후 국민당과 공산당이 힘을 합쳐(제2차 국공합작) 일본에 대항하면서 「국민혁명군 제8로군」으로 개칭되었다가 1947년에 인민해방군으로 다시 바뀌었다.
1940년 전후 중국에서 독립투쟁을 하던 공산주의 계열의 무장조직 '조선의용군'이 팔로군 소속으로 대일본전에 참전했다. 1945년 일본 패전 후 조선의용군 주력은 북한으로 들어가서 북한군 창설에 기여했으며 남한에 입국하여 국군, 경찰 등에 투신한 사람도 있었다. 북한군에서 '팔로군 출신'이라 함은 중국공산당 팔로군에 소속되었던 조선의용군 출신을 말하며 풍부한 실전 경험을 가진 그들은 북한군에서 고위 장교로 활동했다.
27) 남해여단은 한국전쟁이 발발한 이후 급조한 부대로 보인다. 전쟁 초기 서해안으로 남하한 북한군 제6사단(사단장 방호산)에 편입되어 낙동강 전선에 투입되었다가 후퇴 시 흩어졌다. 여단장 이청송은 북상하다가 노령산맥에서 국군의 차단선에 막혔다. 일부 부대원은 차단선을 뚫고 북상했지만 이청송 등은 북진을 포기하고 입산했다.
28) 대비정규전사, 국방부 전사편찬위원회, 1988.12.20.

로 매우 귀중한 사료이다.

문순묵이 귀순한 후인 1951년 11월 3일, 경남도당 소속 빨치산 300명이 경남 산청군 시천면 내대리에 나타나서 주민을 동원하여 추수하면서 현물세까지 걷어 갔다[29]. 이 시기는 보아라부대가 최대 전과를 올린 가마골 작전과 비슷한 때였다.

문순묵은 키가 작고 눈이 약간 튀어나온 편이며 눈빛이 강렬해서 첫인상부터 당차고 독하게 보였다. 직선적이며 급한 성격을 갖고 있어서 무섭다는 생각이 절로 들게 만드는 인물이었다. 나는 문순묵을 처음 보았을 때,

'공산당이 다 저렇게 무섭게 생겼나?'

라는 생각이 들 정도였다. 작전에 임하면 세밀한 분석으로 상황을 판단했으며 배짱을 갖고 행동하는 야전사령관 자질을 타고 났다.

문순묵이 자수할 때 경남 하동군 악양면에서 오발사고로 허벅지에 따발총 7발을 맞은 상태였다.

따발총(PPSh41, 슈파긴 기관단총 41년식)은 오발 위험이 무척 높다. 안전장치가 민감해서 작은 충격에도 벗겨지기 일쑤였고, 그 상태에서 방아쇠가 다른 곳에 살짝 걸리기라도 하면 바로 연발사격이 이루어지는 특징이 있다. 보아라부대에도 따발총으로 무장한 대원들이 있었는데 오발사고로 다치기도 했다. 사격을 준비할 때 왼손으로 안전장치를 붙잡고 있다가 푸는 것과 동시에 오른손으로 방아쇠를 당겼다.

1951년 여름 어느 날 문순묵은 친구로부터,

"여기 있다간 죽게 되니 행동을 개시하라우."

---

29) 대비정규전사 pp 184~185

라는 귀띔을 들었다. 목숨이 위험하니까 피하라는 우정 어린 경고였다. 문순묵에게는 선택의 여지가 없었으니 산을 내려가서 대한민국에 귀순하는 방법뿐이었다. 이미 남북한군 전투가 중부전선에 고착된 상태에서, 총알이 7발이나 박힌 성치 않은 다리로 백두대간을 통해 북으로 올라가기는 불가능했다. 또한 남한에 연고가 없었으니 숨을 곳이 없었다.

그는 할 말을 하고야 마는 성격을 가졌고, 그것이 위험을 자초했다. 도당위원장이 도당을 위해 희생하라고 말하자 이에 반발하여 다음과 같은 말을 공공연하게 했다.

"남조선을 해방시키기 위해 내려온 내래, 일개 도당위원장을 위해 희생할 수는 없디. 해방사업에는 실패했디만 도당에 목숨을 내놓고 충성을 바칠 수는 없디 않갔어?"

그래서 도당위원장에게 미운털이 박혔고 활로를 모색하지 않을 수 없게 되었다. 빨치산 상관은 밉보인 부하에게 위험한 임무만 골라서 부여해주면 쉽게 죽일 수 있었다.

물론 다리에 부상을 입은 몸으로 산 생활이 힘든 점도 작용했을 것으로 판단된다.

문순묵은 약 스무 명의 부하를 모아놓고 일장 연설을 했다.

"남해여단 대열참모 문순묵을 알디?"

이렇게 물은 다음 속내를 털어놓았다.

"내래 도당에 목숨 내놓고 충성을 바칠 수 없다고 말했다가서리 위험해졌다우. 기래서 이 길로 내려가갔어. 니들이 바라만 보구 있을지 막을지 모르겠디만 난 가갔어. 따라오구 싶으믄 따라오구 싶으믄 남으라우. 뭬라 안갔어."

부하들은 문순묵을 따라 나섰다.

일행이 지리산을 내려와서 산청군 시천면에 있는 시천지서로 향했다. 지리산으로 통하는 길목에 있는 요충지 시천지서는 최전선 요새였다.

지서 근처에 접근한 문순묵이 자수방법을 생각해야 했다. 20여 명이 총을 가진 채 접근하면 공격부대로 오인받기 십상이었다. 당시 경찰은 자수를 권하면서 총을 휴대하라고 권유했다. 문순묵이 주민 한 사람을 불러서 자수 의사를 밝혔다. 그리고 몇 명 더 불러오라고 부탁했다. 사람들이 오자 쪽지와 함께 일행이 갖고 있던 총과 수류탄을 전부 주었다. 실탄은 무거워서 고생할 테니까 한곳에 쌓아두고 경찰에게도 그렇게 말하라고 일러두었다.

빨치산토벌전시관에 전시된 전단. 자수할 때 무기를 등에 메고 오라는 내용이 있다.

마을 사람들이 지서로 찾아가서 말을 전했다. 북한 정규군 고위 장교를 역임한 빨치산 간부가 자수한 사례가 거의 없었으니, 지서장이 환호하지 않을 수 없었다. 쪽지를 읽고 나서 문순묵의 의도가 진실임을 알고 전투경찰 50여 명을 데리고 갔다. 의심을 완전히 거둘 수 없었던지라 멀찌감치 떨어져서 소리쳤다.

"문순묵 대장님 나오시오! 난 지서장이요 지서장!"

문순묵 일행은 지서장에게 다가갔고, 지서장은 문순묵을 부둥켜

안고 환대했다.

문순묵은 자수를 결심하면서 큰 부대를 찾아가야 살 수 있다고 판단했다. 지서장에게는 신분과 자수동기를 밝혔으니까 더 이상 할 말이 없다고 말을 아꼈다. 이야기를 하자면 사흘도 부족하니 사령관을 만나게 해달라고 요구했다.

그러나 지휘체계를 따라야 하는 지서장으로서는 바로 사령관에게 보고할 수 없었다. 경찰서장을 거쳐 도경에 보고되었고, 도경에서 지전사 신상묵 사령관에게 연락했다.

"귀순한 빨갱이 대장이 사령관님을 만나야 자세한 이야기를 하겠답니다."

전화를 받은 신 사령관이 흥분하지 않을 수 없었다. 그는 일대의 경찰까지 통솔할 권한을 갖고 있었다.

"당장 사령부로 데려오라고 해!"

"사람이 많답니다."

"다 데려와, 다!"

문순묵 일행은 즉시 트럭에 태워져 남원 지전사로 이송되었다.

신 사령관은 이들을 맞이하면서 특유의 처세술을 발휘했다. 그가 조선인 등용을 꺼리던 일본 헌병대에서 조장 계급으로 올라간 기지가 여지없이 드러났다.

"문순묵 동무, 어서 오시오!"

오랜 지기를 만난 듯 문순묵을 와락 끌어안은 신 사령관은,

"왜 이제 왔어 왜! 그동안 얼마나 고생 많았는가. 진작 오지 이 사람아."

라며 환대하여 문순묵의 마음을 사로잡았다. 이어서,

"우리 동무들은 어딨어?"
라고 큰 소리로 물었다.

부하들은 이미 신 사령관이 문순묵 대장을 대하는 광경을 보면서 자수에 따른 불안감을 씻어낼 수 있었을 것이다.

신 사령관이 한 사람씩 일일이 안아주며 고생했다고 위로한 다음 같이 식사했다. 이어서 사령부를 구경시켜주고 나서 심문했다.

지전사 취조실에 미美 고문관이 설치한 카메라가 있었다. 조사과정에서 비인간적 대우를 방지하기 위한 조치였다. 당시 우리나라 경찰에 미국 고문관이 파견되어 있었다. 미 고문관은 도경찰국과 지전사에 있었던 것으로 안다. 그들의 역할은 일본 경찰의 잔재가 농후한 우리나라 경찰에 미국식 교육을 시키는 것이었다.

신 사령관은 '지리산 빨치산의 전설' 이현상까지 들먹였다.

"난 익산사람이고 현상인 금산사람인데 우린 공부도 같이 한 친구야. 그런데 현상이가 이렇게 해놓고 있던가?"

금산이 지금은 충남이지만 전에는 전북에 속했다.

신 사령관과 문순묵의 대화가 이어졌다.

"내래 살 곳인 대한민국에 충성을 하고 싶습네다. 빨치산 잡을 부대를 만들면 좋갔시다."

"부대원은 어떤 사람이 좋겠소?"

"똘똘한 놈으루 열이든 스물이든 좋습네다. 백 명, 이백 명은 때려잡을 수 있습네다."

"빨치산 생활을 했던 사람은 어떻겠소?"

"기럼 더 좋디요."

문순묵의 말은 신 사령관의 마음에 쏙 드는 제안이 아닐 수 없었다. 빨치산과 싸우던 경찰서와 도경에서 전향 빨치산으로 구성된 사찰유격대를 운용하던 상황이었던 것이다.

유격대 잡는 유격대, 보아라부대의 탄생

신 사령관은 20세부터 30세 미만 청년 중에서 빨치산을 잘 알고 용감하게 싸울 수 있는 사람을 차출하도록 예하 경찰서에 지시했다. 빨치산 중에서 생포 또는 자수한 사람도 좋고 전경이 아니라도 상관없다고 덧붙였다.

이렇게 해서 지전사 205연대 10중대, 보아라부대가 만들어졌다. 명령을 내리는 사람은 단 한 사람, 신 사령관이었고 소속만 205연대였을 뿐 연대장 지휘를 받지 않았다. 아울러 다른 부대와의 연합작전에도 참여하지 않았다.

'보아라부대'는 이 부대의 별칭인데, 의미는 "나를 보아라. 자수해서 대한민국 경찰이 된 나를 보아라" 또는 "내가 빨치산 잡는 걸 보아라. 너희들은 아직 멀었다"라는 당찬 뜻이었다.

보아라부대 조직

신상묵 사령관은 각 경찰서에 가장 용감한 사람을 요구했다. 그러나 일선 경찰서장 입장에서는 뛰어난 부하를 내어주기 싫을 수밖에 없었을 것이다. 적임자가 없다는 핑계를 대면서 차일피일 보내지 않는 바람에 부대 구성에 애로가 많았다. 힘들게 모집한 대원이 38명이었고 빨치산 생활을 했던 대원이 절반 넘었던 것으로 기억난다. 부대원 발령일자가 1951.9.1.이었으므로 이 날을 보아라부대 창설일로 보는 게 타당하다.

부대원 계급은 모두 순경이었다. 창설 이후 합류한 나와 또 다른 한 명은, 두 달 후인 11월 1일자 순경으로 발령받았고, 이후 가세한 부대원도 모두 순경이었다.

창설 무렵 확정된 조직은 그림과 같다. 본부와 2개 소대로 구성되었다. 본부에는 부대장, 중대장, 부관, 연락병, 의무관, 서무주임과 서무보조, 문화부지도원과 문화부보조 등이 있었다. 2개 소대는 15명 내외로 구성되었으며, 일 개 소대는 5명 내외의 3개 분대로 편성되었다.

보아라부대는 빨치산처럼 여러 가지 총기로 무장했다. 소대장 등 간부는 칼빈소총을 휴대했고 일반 대원은 US99식, M1, 따발총, 소

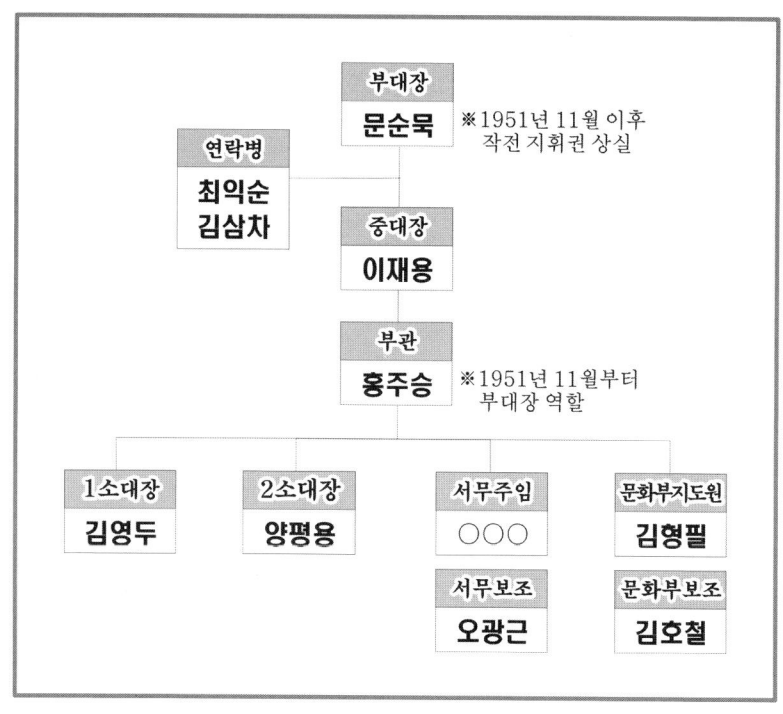

보아라부대 초기 조직도

식 기관단총 등 여러 가지 총을 소지했다. 총기 중에는 경찰에서 지급받은 것도 있고, 내 경우처럼 전투 중 노획한 것을 사령부의 허가를 받아 사용한 것도 있었다.

중화기는 로켓포 1문과 찌찌루프(데그챠레프) 경기관총 1정, 미식 자동소총(BAR: Browning Automatic Rifle) 2정을 보유했다.

기습 근접전을 수행하는 과정에서 중화기는 기동성을 저해하여 애로사항이 많았다. 로켓포와 포탄은 운반하면서 작전을 펴기가 곤란하여 몇 달 후 반납했다. 경기관총은 작전에 동원하기보다 화력 과시용으로 활용했다. 대부분의 전투는 몇 미터 정도로 가까이 접근해서 사격하기에 중화기가 불편했다.

- **부대장**

부대장 문순묵은 회문산 작전과 가마골 작전을 지휘하여 큰 성과를 올렸다. 그러나 부대를 지휘한 지 3개월도 채 지나지 않은 1951년 11월경, 다리에 박힌 총알 제거수술을 받기 위해 입원했다. 이후 완치되었지만 작전 현장에서 부대를 지휘하지 못했다. 그는 남원 지전사에 머물면서 부대 작전을 도왔다. 신 사령관 주변을 맴돌면서 형식적으로 보아라부대장 역할을 수행했다.

1952년 9월 지전사 해체 후 신 사령관이 전북도경으로 떠날 때 거기에 사찰유격대인 '전북 보아라부대'가 있었다. 신 사령관이 전북 보아라부대를 키우기 위해서 문순묵을 데려갔다.

문순묵이 총알 제거 수술을 받고 회복한 이후에도 부대장으로 복귀하지 못한 데에는, 빨치산 출신을 질시했던 분위기가 작용했을 수 있다. 문순묵에 대해서는 뒤에 다시 설명하겠다.

• 부관

  부관 홍주승은 전남 구례군 산동면 중동마을 태생이다. 국군이던 그는 휴가 나왔다가 한국전쟁 발발 후 이동해버린 자대를 찾을 수 없자 경찰서를 찾아가서 전투경찰을 자원했다.

  개전 초기 북한군에게 패전한 일부 국군부대는 지리멸렬 후퇴했고 연락체계가 미비된 탓에 부대원이 소속부대를 찾지 못하는 경우도 있었다. 그래서 본의 아니게 탈영한 군인도 있었다. 그렇다보니 복귀하고 싶어도 부대 위치를 모르는 군인이 경찰서를 찾아가서 전투경찰을 자원하기도 했다. 그런데 용감하게 싸우다가 탈영병으로 밝혀져 처벌을 받는 일도 있었다. 목숨을 걸고 전투경찰 생활을 했음에도 불구하고, 엉성한 군대체계로 인해 억울한 일이 발생하던 시절이었다.

  홍주승은 인물과 성품이 좋고 배짱도 있어서 인간적으로 괜찮다는 평을 들었다. '무서운 카리스마'를 가진 문순묵과는 대조적으로 부드러운 성격을 가졌으나 결정적일 때는 단호했다.

  창설할 때 문화부보조로 있다가 곧 부관이 되었으며, 11월경 문순묵이 입원하자 부대장을 맡았다. 1951년 12월 백아산 전남 유격사령부 기습작전을 지휘하여 병기과 시설과 요원을 괴멸시켰고, 그때 경사로 승진한 것으로 기억난다.

  1952년 9월 지전사가 해체되고 문순묵이 전북도경으로 떠난 이후, 홍주승이 정식으로 부대장에 임명되었다. 그리고 한국전쟁 종전 이후 빨치산 세력이 쇠잔한 1954년말까지 이끌었다. 그는 부대가 대대급으로 격상된 이후 '뺏지 경감'이 되었다. 뺏지 경감이란 공식 계급은 그 아래인데, 경감으로 호칭되는 것을 말한다.

  휴전 이후 부대원이 100명 이상으로 늘어났다. 그 무렵 전투경험이 적은 신대원이 많았고 초기 전향 빨치산 대원이 열 명 남짓으로 줄어들었다. 초기에 비해 성과도 신통치 않아 부대 분위기가 침체되었을 때, 홍주승은 부대를 떠나서 일반 경찰서로 갔다.

• **연락병**

문순묵은 내 이름과 나이를 바꾸고 부대원으로 발탁해서 연락병으로 삼고 가까이 두었다.

나는 부대 창설기인 1951년 9월 길 안내를 맡았다가 보아라부대에 합류하여 전투경찰이 되었고 회문산 전투에 투입되었다. 그리고 11월 1일 순경이 되면서 정식으로 보아라부대원이 되었다. 즉 38명의 창설요원 이후 서른아홉 번째 부대원이었다.

내 키는 174cm로 큰 편이지만 스무 살 넘어서야 많이 자랐기 때문에 보아라부대에 입대할 무렵에는 작았다. 그리고 열일곱 살로 가장 어렸기 때문에 "꼬마"라는 애칭으로 불렸다. 문순묵이 만주에서 조선의용군으로 활약할 때 내 나이와 비슷했으니 나를 보면서 그 시절을 떠올렸을지 모르겠다.

연락병은 부대장을 그림자처럼 따라다니면서 공적 사적으로 보좌했다. 그리고 작전 현장에서 부대장 명령을 각 소대에 전달했는데 이 역할이야말로 가장 위험했다. 왜냐하면 적

보아라부대 입대 무렵

지 한복판에서 임무를 수행했기 때문이다. 또한 부대장이 부대 밖에서 숙박할 때 보초를 서는 등 개인적인 경호업무까지 맡았다. 심부름 수행 과정에서 문순묵에 대해 개인적인 일을 많이 알게 되었

다. 부대 안팎에서 보좌하다보니 몇 가지 일화가 있다.

• 의무관

의무관은 인민군과 빨치산을 거친 최익순이었다. 의학에는 문외한이었으나 산 생활을 통해 익힌 응급구호조치 실력으로 의무관 역할을 했다. 그는 1951년 12월 백아산 전남 유격사령부 병기과 기습 작전에서 부상당한 나를 응급조치해 주었다. 전투경험이 풍부하고 용감해서 정찰대장으로도 활약했다.

그는 부대 창설시 혼자 연락병 역할을 수행하다가, 내가 연락병으로 추가되자 정찰 요령을 가르쳐주었다.

1953년 백운산에서 동료 두 명과 함께 정찰대로 잠입하던 중 빨치산 보초를 만났다. 보초가 수하30)하자 맨 앞에 가던 최 순경이 "아군이다"라고 대답하며 태연하게 접근했다. 그러나 의심을 산 보초의 사격을 받아 전사하고 말았다.

그의 고향이 38선 이북 강원도라 시신을 보낼 곳이 없어서 전남 광양군 다압면에 매장되었다. 이후 새로 조성된 북한 전사자 묘역으로 이장되었다.

• 서무주임과 서무 보조

순천 사람인 서무주임 이름은 기억나지 않고 서무 보조를 맡은 사람은 빨치산 생활을 했던 오광근이었다.

포로나 귀순자 등을 부대원으로 받아들일 때, 이들이 서류를 작

---

30) 수하(誰何): 보초 등 경계병이 접근하는 사람의 정체를 확인하기 위해 물어보는 것. 이어서 암호를 주고받게 된다.

성하여 사령부에 제출하면 순경으로 발령 났다. 평소에는 부대의 행정 업무를 맡다가도 작전이 벌어지면 다른 대원과 같이 전투에 투입되었다. 보아라부대는 행정요원들도 작전에 참여했다.

서무주임은 문순묵을 따라 전북 보아라부대로 전출되었다.

• **문화부지도원과 문화부 보조**

보아라부대는 여러모로 빨치산 조직과 같았는데 그 중 하나가 문화부지도원을 둔 점이었다.

북한군 등 공산당 군대의 특징은 정치 군관과 군사 군관을 따로 둔 점이었다. 정치 군관은 정훈장교 역할을 하며 군사 군관은 군사기술자였다. 당과 밀접한 정치부 군관의 권한이 더 컸다고 볼 수 있다. 초기에 사용하던 문화부라는 용어가 나중에 정치부로 바뀌었다.

빨치산 생활을 한 문화부지도원 김형필은 김일성대학을 졸업한 수재로 북한 정규군으로 참전했다가 입산했는데 인간성이 좋았고 나중에 김영수로 개명했다. 체력이 워낙 약해서 가장 가벼운 칼빈소총을 휴대했다. 칼빈은 소대장 등 간부만 사용했으나 체력이 약한 그에게도 지급되었다. 그나마 오래 메고 다니면 아프다면서 등에 매달고 손으로 받친 채 다니곤 했다. 1953년 부대를 떠났다. 후에 빨치산 수기를 출판한 바 있고 학원사업으로 성공했다는 말을 들었다.

문화부보조 김호철은 총상을 입은 오른쪽 팔을 자유롭게 사용하지 못했다. 베틀마을에서 국군의 공격을 받아 총상을 입고 내 도움을 받은 바로 그 사람이다. 오른손을 책상에 올려놓고 왼손으로 글씨를 썼으며 대단한 명필이었다. 불편한 몸에다가 행정요원도 전투에 동원된 보아라부대 특성을 감당할 수 없어 부대를 떠났다.

• **중대장과 소대장**

중대장은 여수가 고향인 이재용이었다. 그는 국군 제14연대 군인으로 여수순천사건 이후 입산한 구빨치였다. 초기에 잠깐 중대장으로 있다가 평대원으로 활약했다.

제1소대장은 구빨치 김영두였고 제2소대장은 빨치산 생활을 했던 양평용이었다.

여수 출신 김영두 순경은 국군 제14연대 일등상사였다. 1948년 여수순천사건 이후 입산했다가 인민군이 진주하자 하산했다. 그는 구빨치라고 해서 특별한 대우를 받지 못했고 다만 "이제 해방됐으니까 좋은 자리 주겠다"는 말에 기대를 걸었다. 그러나 9·28 수복 이후 입산 명령을 받고 다시 지리산으로 들어갔다. 기대와 달리 힘든 산 생활이 또 시작되자 회의가 들었다. 날마다 싸워야 하고 보급사업 나갔다가 죽을지도 모른다는 두려움에 사로잡혔다. 결국 그에게 좋은 세상이 오긴 틀렸다고 판단하고 자수했다. 그리고 의경으로 백아산 인근 주암면에서 복무하다가 보아라부대에 차출되어 제1소대장을 맡았다. 약 2년 동안 근무하다가 전에 복무하던 주암면으로 돌아갔다.

이런 일이 있었나. 어느 날 그가 제14연대 일등중사 출신 빨치산 김○옥이 다리에 부상을 입고 체포되었다는 말을 들었다. 즉시 작전참모에게 가서 친구니까 빼달라고 부탁해서 보아라부대원이 되도록 힘을 썼다.

내가 다리 부상으로 행동이 불편했던 김○옥에게 밥을 타서 갖다 주기도 했다. 그런데 노름을 좋아하고 여자를 밝힌다는 소문이 있는 등 행실이 좋지 않았다. 그의 태도를 더 이상 지켜볼 수 없던 홍주승 부대장이 감원시킬 때 퇴출시켰다.

제2소대장 양평용 순경은 보아라부대에서 경사로 승진해서 중대장까지 지내다가 부대를 떠나서 임실경찰서로 옮겼다.

• 기타

보아라부대는 내 경우처럼 필요한 부대원을 자체 모병했다. 지원자 또는 생포자 및 귀순자 중에서 필요하다고 판단되는 사람이 있으면, 한두 달 작전에 참여시켜서 자질을 검증하는 단계를 거쳤다. 이후 부대장이 본인 의사를 확인한 다음, 사령부에 이력서를 제출하면 부대원이 되면서 순경으로 발령 났다.

부대 규모를 실제보다 부풀렸으니, 소대를 중대, 분대를 소대로 불렀고 서너 명으로 이루어진 조의 선임을 분대장으로 호칭했다. 이는 빨치산과 같은 방식이었다. 빨치산 1개 연대는 보통 300명 정도에 불과했으며, 수십 명 심지어 몇 명에 불과한 부대를 중대로 호칭했다.

보아라부대에 여자대원은 없었다. 그런데 여자대원이 있었다는 말이 왜 나왔을까 숙고해보았더니 한 가지 가능성은 있다. 지전사에서 부대를 지원하는 업무, 즉 행정업무를 도와주던 여직원이 있을 수 있었다. 실체를 정확하게 알지 못한 사람을 통해 전달되는 과정에서 오류가 생기지 않았을까 추측된다.

한편 적은 인원이 단독작전만 수행한 특성으로 인해 서로 신뢰감이 높았다. 주변에 도와줄 우군이 없으므로 작전과정에서 어떤 곤경에 처할지라도 우리의 힘만으로 살아남아야 한다는 의식으로 똘똘 뭉쳤다. 그러다보니 누가 강조하지 않아도 단결해야 한다는 사실을 잘 알았다. 대원 간에 서로 듣기 싫은 말을 하지 않았으므로 다툼도 없었다. 모두 성격이 수수하고 마음도 너그러웠다. 신규대원도 무난한 성격을 가진 사람으로 선발했다.

그러나 사람이 모이면 별별 성격을 가진 사람이 있는 법이고 다른 사람의 눈살을 찌푸리게 하는 사람이 있을 수 있다. 대원을 충원하면서도 가끔 감원을 단행했다. 화합에 문제가 있는 대원을 퇴출시켰기 때문에 전체적으로 동지애가 강한 분위기를 유지할 수 있었다.

보아라부대의 전략

보아라부대는 빨치산 대부대의 한복판에 있는 중요 시설과 핵심 요원을 괴멸시켜서, 전투력을 와해시키는 목적으로 작전에 임했다. 그리고 전면 공격이 아니라 기습 공격이라는 점에서 그들의 전략과 같았다.

보아라부대의 전략은

'기습공격으로 빨치산 핵심을 무력화시키는 것'

이었다. 이는 문순묵 부대장 이하 많은 대원이 몸에 밴 경험을 실전에 활용한 결과였다.

일반적으로 전과는 사살 및 생포 인원수로 파악된다. 그러다 보니 전과 경쟁을 벌이게 되었고 지나치게 과장되었다. 토벌된 빨치산 수가 10만 명 넘는 통계를 본 적 있는데[31], 이는 전쟁 초기 남침했던 북한군보다 많다고 한다.

부풀린 전과 보고를 막기 위해서 사살한 빨치산의 귀를 베어서 확인하는 만행까지 있었다.

한시적으로 활동했던 '진실·화해를 위한 과거사 정리위원회'의 조사보고에서, 국군이 여성과 노약자 등 양민을 학살하고 귀를 베어간 사실이 드러났다. 전과를 중시한 결과 잔인한 행동이 강요된 것이다.

전과를 중시하면 사살한 적 숫자를 과장하게 되어 있다. 과장된 보고를 예방하기 위해서 또는 전과를 과시하기 위해서 신체의 일부를 요구하는 만행은 많은 전쟁에서 있어 왔다. 미군도 월남전에서 사살한 베트콩의 귀를 베어오라고 명령했다[32].

보아라부대의 작전목적은 사살이나 생포보다 전투력을 근본적으로 와해시키는 것이었다. 이점이 사찰유격대와 달랐다. 사찰유격대는 지역 경찰서에서 관내 빨치산을 소탕하기 위해서 운용했다. 사찰유격대에 대해서는 뒤에 자세하게 설명하겠다.

토벌작전은 대대 이상 수백 명이 동원되었고, 대규모 작전에는 국군 1~3개 사단과 전투경찰 수 개 연대가 동원되기도 했다. 보아라부대가 큰 성과를 올린 초기에는 합동작전에 참여하지 않았다.

보아라부대가 다른 부대와 합동작전을 하지 않은 이유는 부대 특성에 있었다. 빨치산으로 위장하고 적진 깊숙이 침투하다보니 다른 부대와 같이 투입되면 아군에게 오인사격을 받을 우려가 컸다. 그

---

31) 「지리산」의 저자 이병주는 사실을 철저하게 고증하여 집필했다. 7권 pp 344에 1953년 8월 6일 치안국에서 발표한 빨치산 토벌실적이 인용되어 있다. 이에 따르면 사살 73,379명, 생포 24,050명, 귀순 45,838명으로 모두 143,267명이다.
32) 미국의 베트남 전쟁, pp 125

래서 같은 지역에서 작전을 할 때, 시간을 정해 놓고 진입 및 철수했다. 군경합동작전 역시 국군과 경찰이 날짜를 정해놓고 교대로 투입되어, 오인으로 인한 충돌을 방지했다.

작전을 성공적으로 완수하고 보고할 때, 불과 40명이 빨치산 심장부를 강타하고 큰 손실 없이 철수했다는 사실을 믿지 못하는 사람도 있었다. 이는 기습 작전의 특성을 이해하지 못했기 때문이다. 자다가 기습을 받고 갓 깨어나면, 총을 찾아 대항할 겨를 없이 뿔뿔이 도망치기에 급급하다. 동서고금을 막론하고 전투는 기선제압이 가장 중요하다. 천하무적 정예부대도 기선을 제압당하면 물러나게 돼 있고, 약한 군대라도 기선을 제압하면 강력한 공격력을 발휘한다.

한편 보아라부대의 명령체계가 단순해서 보안이 철저하게 지켜진 점도 성공에 기여했다고 본다. 아군조차 보아라부대의 활약을 소문으로만 듣던 상황이었으니, 빨치산은 우리 부대에게 당한 줄도 몰랐다. 그런 면에서 보아라부대의 실적이 해당 지역 사찰유격대 실적으로 간주되었을 수도 있다.

빨치산측 기록에 보아라부대의 기습이 거론되는 걸 보았는데 우리 부대가 아니었고 사찰유격대였던 것 같다. 내부 사정을 잘 아는 전향 빨치산이 활약하면 무조건 보아라부대로 기술한 것으로 보인다.

공격 특징에 덧붙일 점은 조명탄의 용도였다. 소대 당 두 개, 부대에 다섯 개 보유한 휴대용 조명탄은 길이 15cm 정도이며 상당히 무겁다. 너무 어두워서 도저히 작전을 할 수 없을 때 사용하는 비상용이었다. 산 능선에 켜놓으면 사방 수 km의 시야를 확보할 수 있을 만큼 성능이 좋았다.

  우리는 노획한 무기를 모아놓고 터뜨려서 훼손시키는 용도로도 조명탄을 사용했다. 그렇게 하면 강력한 열에 녹아서 사용할 수 없게 된다. 몸만 빠져나오기도 벅찬 상황에서 노획한 무기까지 운반할 수 없어서 그렇게 하는 게 최선이었다.

  또한 문서는 철수할 때 반드시 갖고 나와야할 노획물이었다. 지휘부에는 전체 동향을 파악할 수 있는 서류가 있었기 때문이다. 회문산 내안골에서 기습한 집단의 정체가 항미연대라는 사실은 노획한 문서를 보고 알았다. 아마 우리가 노획한 문서에서 알아낸 정보로 다른 작전이 벌어진 경우도 있었을 것이다.

  위와 같은 기습 작전은 빨치산이 많던 초기에 유효했다. 1953년 말에 이르자 기습할 만한 대부대가 사라졌다. 그래서 우리도 수색 작전으로 전환했다.

보아라부대의 전술

  앞에서 살펴본 바와 같이 보아라부대의 전략은 기습공격으로 빨치산 중요 시설과 핵심 요원을 제거하는 것이었다.

  실전 경험이 쌓이면서 위와 같은 전략을 달성하기 위한 전술이 구체화되었다. 빨치산 생리를 잘 아는 대원들이 효과적인 공격방법을 채택했고, 그것이 상황에 맞게 응용되면서 몇 가지 전술로 정형화 되었다.

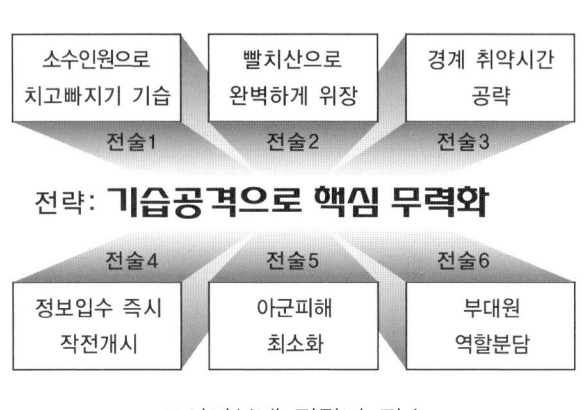

보아라부대 전략과 전술

- **소수인원으로 치고 빠지기 기습**

　기습공격으로 핵심을 무력화시키기 위한 첫 번째 전술은 '치고 빠지기'였다. 전투에서 기습이 반드시 유리한 것만은 아니다. 야간 기습 역시 마찬가지여서 침투 중에 발각되면 공격 측 희생이 더 커질 수 있다. 인원이 적은 우리가 공격을 성공시킬 수 있는 방법은 완벽한 기습뿐이었다.

　'치는 공격'과 '빠지는 철수' 작전을 성공시키기 위해서는, 공격에 필요한 요소와 철수에 필요한 요소를 빠짐없이 갖추어야 한다.

　공격을 위해서 정확한 사전 정보와 현지 입수정보, 그리고 상대를 능가하는 체력과 밤새 맹추위를 견디는 인내가 필요했다.

　그리고 철수 루트는 정찰할 때부터 반드시 챙겨야할 사항이었다. 공격받아 혼란에 빠진 상대가 전열을 정비하기 전에 신속하고 안전하게 빠져 나올 수 있도록 퇴로 요소요소에 미리 경계병을 배치하는 등 철수에 만전을 기했다. 아울러 위험지역을 벗어날 때까지 한두 시간 뛰어서 빠져나옴으로써 추격을 허용하지 않았다.

전투시간은 5분이 채 넘지 않았다. 지원을 기대할 수 없고 빨치산이 곳곳에 포진한 위험지대에서 재빨리 노획물을 챙겨서 나왔다.

이런 공격 특징으로 인해 상대가 입은 피해를 확인할 수 없어서 공격한 막사 숫자를 가늠하여 전과를 보고했다.

• **빨치산으로 완벽하게 위장**

보아라부대의 작전은 빨치산 근거지 한 복판에서 벌어지므로 침투에 성패가 달려 있었다. 작전지역은 빨치산이 몰려 있는 적지로, 요처에 보초를 배치했을 뿐만 아니라 정찰대가 수시로 활동하며 산재한 부대가 호위하는 경우도 있었다. 대략 목표지점으로부터 반경 5~6km가 그들의 영역이었다. 몇 겹에 걸친 경계선을 넘어야 해서 완벽하게 위장할 필요가 있었다. 특히 정찰에 투입되는 대원은 의심을 받지 않도록 빨치산과 똑같이 위장했다.

무기, 모자, 복장은 물론 말투와 행동까지 그들과 똑 같았다. 일반 대원은 산山 생활을 했던 대원에게 지속적으로 교육 받았다. 말투를 완벽하게 흉내 낼 수 있도록 수없이 반복훈련을 했고 기회가 있을 때마다 빨치산 노래를 익혔다. 한번은 민가에 투숙해서 빨치산 노래를 부르자, 집주인이 놀라서 "경찰 맞습니까"라고 물어본 적도 있었다.

특히 비누냄새에 주의해야 했다. 산에서 지내는 사람은 동물적 감각이 발달해서 화장품이나 비누냄새에 대단히 민감했다. 따라서 세수할 때 비누를 사용하지 않았고 옷도 잿물로 빠는 등 세심한 부분까지 신경 썼다.

복장은 빨치산으로부터 노획한 옷을 입었는데 깨끗할 리 없었다. 물로 빨면 변색되므로 아무리 더러운 옷이라도 빨지 않고 증기로 쪄서 살균했다. 평소에 배낭에 넣고 다니다가 작전에 임할 때 위에 덧입는 방한복 구실도 했다.

또한 작전을 앞두면 손도 오랫동안 씻지 못한 것처럼 지저분하게 만들었다.

완벽한 위장을 위한 조치는 이에 그치지 않았다. 정찰대를 투입할 때 어린 대원과 나이가 들어 보이는 대원으로 조를 편성하여 경찰이라고 생각하기 힘들도록 만전을 기했다.

다만 신발이 문제였다. 빨치산은 신발이 없어서 고생했는데 우리 신발은 상태가 좋아서 의심을 받기도 했다.

아울러 근접전에 유리한 총만 보유하다보니 빨치산이 흔히 갖고 있는 아카보총(아식소총, 아카보 소총의 북한식 용어)을 보유하지 않았다. 우리의 총을 유심히 살피고 나서 그들과 다르다는 점을 눈치 채는 빨치산도 있었다.

• 경계 취약시간 공략

기습작전에서 성공률을 높이려면 상대의 경계가 가장 취약한 시간을 선택해야 한다. 지극히 당연한 말인데 상대가 방심하는 시간은 공격 측에서도 힘든 시간이다. 그래서 우리에게는 상대를 능가하는 뛰어난 체력과 인내심, 그리고 그들의 사상무장을 능가할 수 있는 강한 정신력, 즉 애국심이 요구되었다.

겨울은 산에서 지내기에 힘겨운 계절이다. 생필품이 절대적으로 부족한 빨치산은 생존도 벅찬 겨울에는 경계가 취약할 수밖에 없었다.

빨치산은 세 번 죽는다고 했는데,

"맞아 죽고, 굶어 죽고, 얼어 죽는다."
는 말이었다. 그만큼 겨울을 지내기 힘들었다.

그리고 하루 일과 중 가장 경계가 허술한 때는 깊은 잠에 빠졌을 때와 식사시간이다. 그들의 생활 패턴은 낮에 자고 저녁부터 활동하는 것이었다. 그래서 먼동 트기 직전에 가장 취약했다. 그 시간에는 깊은 잠에 들었거나 새벽밥을 짓느라고 일어난 사람도 있었지만, 대개 한 곳에 몰려서 서로의 체온으로 추위를 견디고 있었다. 즉 밀집된 상태에서 경계가 가장 허술하고 효과적인 공격이 가능한 시간이었다. 결국 보아라부대가 큰 전과를 올린 작전은 겨울철 깊은 밤에 이루어진 경우가 많았다.

● **정보입수 즉시 작전개시**

지전사 신 사령관은 생포자 또는 귀순자로부터 정보가 입수되면 즉시 사령부에 보고하라는 명령을 일선 경찰서에 시달했다. 보고가 한 시간 이상 지체되면 책임자를 가차 없이 문책했다. 따라서 일선 지서에 중요한 정보가 입수되면 바로 보고되었다.

신 사령관은 정보를 분석해서 보아라부대가 출동할 가치가 있다고 판단되면, 즉시 사령부 주요 참모와 보아라부대장을 소집했고 회의를 거친 후 그 자리에서 출동명령을 내렸다.

신속한 작전개시와 관련지어 빨치산 최정예 요원인 '정찰대'와 '선요원(연락원)'에 대해 설명할 필요가 있다. 정찰대는 근거지의 안전을 위해서 또는 작전에 앞서 적정, 즉 우리 군경의 접근이나 경계상태를 파악하는 임무를 수행했다. 선요원은 수시로 이합집산하는 빨치산 명령체계를 유지하고 부대를 연결시키는 핵심 통신요원이었다. 따라서 정찰대와 선요원에게는 뛰어난 체력과 담력, 그리고 남다른 당성이 요구되었다. 빨치산 중에서도 최정예이므로 아무나 될 수 없었을 뿐만 아니라 빨치산부대와 바꿀 수 없을 만큼 '절대 전력'이라고 할 수 있었다.

그런 정찰대나 선요원도 시간을 엄수하지 못하거나 우리 군경에 잠시라도 생포되면 즉결처분을 했다. 부대의 안위가 위협받으면 귀중한 요원도 총살하는 게 그들의 규율이었다.

따라서 이들이나 이들에 준하는 핵심 요원이 생포되거나 자수한 사실을 알게 되면, 빨치산은 즉시 위치를 옮기거나 경계태세를 강화하는 조치를 단행했다. 기습을 주로 한 보아라부대가 정보입수 즉시 작전에 착수한 이유가 바로 여기에 있었다.

1953년 이후 쇠퇴기에 접어들었을 때는 대규모 부대가 없었으니 중요한 정보도 적었다. 그 무렵에는 빨치산이 있으리라고 예상되는 곳에 가서 현지 정보를 수집하면서 작전을 전개했다. 이때는 보초 등을 사로잡아서 알아낸 정보를 활용했다. 이 방법은 뛰어난 정찰 및 수색 요령을 숙지하고 있는 대원이 있었기에 가능했다. 또한 빨치산 생리를 잘 알고 있어서 포로로부터 솔직한 진술을 받는 재주가 탁월했다.

• 아군피해 최소화

소수 부대는 득성상 아군 피해를 최소화해야 부대가 유지될 수 있다. 보아라부대는 영화에서 보듯이 단 일격으로 전세를 뒤집고 장렬하게 전사하는 특공작전을 수행하는 부대가 아니었다.

산 생활을 경험한 대원이 많았기에 빨치산과 비슷한 전술을 많이 채택했다는 점에서, 피해를 최소화하는 게 저들과 비슷했다. 그 결과 엄청난 전과에 비해 피해는 믿을 수 없을 만큼 적었다.

보아라부대가 가장 큰 전과를 올린 가마골 작전에서, '가시에 찔린' 사람조차 없을 정도로 완벽하게 귀환했다. 몇몇 작전에서 전사자나 부상자가 발생하긴 했지만, 대부분의 작전에서 단 한 명의 인명피해도 입지 않았다.

이런 측면에서 남부군은 유격전의 기본 전술을 무시한 중대한 과오를 저질렀다. 정규군 흉내를 내어 토벌 군경과 전면전을 곧잘 구사한 결과, 한때 위세를 과시하긴 했지만 시간이 갈수록 규모가 줄어들어 전체가 소멸할 수밖에 없었던 것이다.

• 부대원 역할분담

이 글을 읽는 독자 중에 보아라부대의 활약을 과장으로 여기는 분도 있을 듯하다. 단 40여 명의 전투경찰이 빨치산부대 한 복판을 기습하고 사상자나 낙오자 없이 귀대하는 게 가능하겠냐는 의문을 갖는 분도 있음직하다.

작전지역은 아군이 쳐들어가리라고 상상하기 어려운 빨치산 거점이었다. 그런 곳은 전투부대와 보급사업에 나선 부대가 수시로 드나드는 등 병력 이동이 잦으므로, 서로 얼굴을 모를 수밖에 없다. 그리고 경계선만 통과하면 그 안에서는 군호(국군은 '암호'라고 했고 북한군은 '군호'라고 했음)를 묻는 사람이 없었다. 그래서 지나가는 자들과 태연하게 인사를 나누면서 활보할 수 있었다.

기습을 위해 침투할 때 퇴로 요소요소에 배치된 대원은, 어떤 일이 있을지라도 그 자리를 벗어나서는 안 되며 작전을 마친 대원들이 돌아올 때까지 사수했다. 실전에서 단 한번도 이들이 자리를 이탈한 경우가 발생하지 않아서 차질 없이 철수할 수 있었다.

개별 작전에서 설명하겠지만, 정찰대의 활약으로 전 부대원이 경계선을 돌파하면 작전시간까지 잠복했다. 작전시간이 되면 부대장이 현지사정에 밝은 생포자 및 자수자 또는 안내원의 도움을 받아서 대원을 공격위치에 배치했다.

대원들은 보통 수류탄을 세 개 갖고 있었으며, 하나는 비상용이었고 두 개를 첫 공격에 던졌다. 이어서 각자 가진 150~250발의 실탄을 사격했다. 그쯤 되면 상대는 몇 명이 쳐들어온 지도 모르고 총을 찾아 대항할 의지조차 갖지 못한 채 허둥댔다.

한편 부대원끼리 2인 1조로 조편성을 했다. 즉 짝을 정해두는 것이다. 모든 부대원이 모인 가운데 가장 친한 사람과 둘이 손을 잡게 했다. 그렇게 스스로 선택한 동료와 조를 이루었다. 작전에 임할 때 조원은 행동을 같이 하면서 서로 아껴주고 찾도록 해서 어두운 밤 위험한 작전에서 다치거나 낙오되지 않도록 협조했다.

이상과 같은 보아라부대의 전술은 교과서적인 것도 아니고 군사이론에 기반을 둔 것도 아니었다. 적은 인원이 빨치산 핵심 거점을 기습하고 안전하게 귀환하기 위해 모든 방법을 결집한 결과였다. 이는 경험을 바탕으로 실전에서 쌓인 노하우가 굳어진 것이다. 또한 아군 도움을 받을 수 없는 곳에서 우리의 생존을 위해 지혜를 모은 결과였다.

부대 생활

지전사 사령부 직속인 보아라부대는 일정한 자대가 없었다. 즉

작전지역을 따라 이동하는 기동부대였다. 출동하지 않고 남원에 머물 때는 지전사 앞에 있는 이흥여관을 숙소로 이용했고 사령부 식당에서 식사를 해결했다.

　작전을 위해 출동할 때는 여관이나 민가에 투숙했다. 당시 보급품으로 지급된 쌀은 한 끼에 두 홉 정도였던 것 같다. 그런대로 먹을 양은 되었지만 부식이 따로 지급되지 않았다. 쌀을 작전지역 이장 등에게 주면 주민들이 잡곡과 반찬을 추렴해서 식사를 마련해주었다.

　작전에 나갈 때는 주먹밥을 갖고 다녔다. 그런데 겨울에는 주먹밥이 얼어서 여간 곤란하지 않았다. 끼니를 거르며 긴 겨울밤에 잠복할 때는 생쌀을 씹어먹기도 했다.

　식사를 주민들에게 의존했다니, 요즘 관점에서 보면 민폐의 소지가 다분하지만, 당시는 주민들이 빨치산의 약탈에 시달리던 시대였다. 식량은 물론 의류 등 생필품 전체를 털어가 아무 것도 남지 않았으니, 약탈당하지 않도록 지켜주는 보아라부대에 그 정도 협조해 주는 것을 당연하게 여겼다. 심지어 주민들의 요구로 보아라부대가 출동하기도 했으니 약탈당하지 않도록 보호해주는 부대원들에게 잡곡과 반찬을 마련해서 식사를 해주는 게 통용되던 시절이었다.

　보아라부대원은 전원 신분이 보장된 순경이었으므로 쌀이 지급되었지만, 사찰유격대는 해당 경찰서에서 자체로 비용을 충당해야 했으므로 지역 유지들의 도움이 절대적이었다.

　「또 하나의 전쟁」에 빨치산으로부터 노획한 쌀로 전투경찰이 식사를 해결했으며, 부족할 경우 지역 유지들에게 지원받았다는 사실이 기록되어 있어 당시 상황을 알 수 있다.

2. 전북도당 첩보중대장 체포 작전

낙동강부터 압록강까지 오르내리던 한국전쟁 전선이 중부지역에 머물렀다. 우리 민족의 소망을 외면한 채 제3국에 의하여 휴전협상이 거론되고 있었다.

열일곱 어린 나이에 전투경찰이 되어 피 묻은 군복을 입고 나선 첫 작전지역은 내가 자란 고향 회문산이었다. 보아라부대원은 모두 순경이었지만 나는 정식 부대원이 되기 전이라 의경이었다.

포로가 정보를 제공하다

1951년 10월 남원 지전사 사령부.

회문산에서 체포한 전북도당 100부대 27대대 5중대원 등 포로를 심문하던 지전사 조사관이 나를 불렀다. 내가 그들에게 끌려간 적 있다는 사실을 알고 그들의 역할과 행적을 물었다.

개인적으로 중대장 박윤순에 대한 감정은 좋지 않았다. 그가 나를 도당 정치보위부로 보내려했기 때문이다. 그로서는 직무에 충실했지만 나는 죽을 뻔하지 않았는가.

최영훈과 박윤순은 물론, 나를 위기에서 구해주었던 김호철도 내 입을 주목했다.

"저 사람이 나를 산으로 끌고 갔습니다."

"저 사람이 나를 정치보위부로 보내려고 했습니다."

만약 이처럼 내가 사실대로 말하면, 그들은 큰 고초를 겪을 게 틀림없었다.

그러나 나는 산에서 그들을 보기만 했을 뿐 아는 게 없다고 사실을 감추어주었다.

나중에 부대원들이 그 상황을 이야기한 적 있었다. 김호철은 내가 그들에게 끌려간 상황을 발설할까봐 조마조마했다고 털어놓았고, 박윤순과 최영훈은 내게 무척 고마웠다고 말했다.

5중대장 박윤순은 스물두 살이었으며 점잖은 성격에 한문에 대한 지식이 풍부했다. 그는 공산당이 좋아서 산 사람이 된 게 아니었으며 철모르던 시절에 입산했다고 털어놓았다.

그런데 그가 같은 100부대 소속 1중대장을 만나면 귀순시킬 수 있다고 진술했다. 소문과 달리 포로를 학대하지 않고 인간적으로 다루자, 공산주의를 버리고 전향함은 물론 적극적으로 협조하겠다고 마음을 바꾸었던 것이다. 포로를 관대하게 대하라는 신 사령관의 명령과 진심으로 대해준 우리의 태도가 이루어낸 결과였다.

박윤순은 미륵정이에서 살다가 입산한 1중대장 강희태와 절친하다고 말했다. 5중대는 구림면을 담당했고, 1중대는 임실 지역에서 첩보활동을 하고 있었다. 그는 강희태를 자수시키기에 어려움이 없을 것이라고 장담했다. 아울러 자기는 첩보활동만 했으므로 무기를 다룰 줄 모르며, 믿지 못하겠으면 포박해서 데려가도 상관없다고까지 말했다.

지전사에서 보아라부대에 출동명령을 내렸다. 박윤순을 데리고 회문산에 침투해서 100부대 27대대 1중대장 강희태 등을 체포하는 임무였다. 전북도당의 핵심, 정치보위부 소속 첩보부대 중대장을 잡는 전과는 일반 빨치산 수십 명 잡는 것보다 뛰어난 전과였다. 그들이 가진 정보는 그만큼 유용했다.

2. 전북도당 첩보중대장 체포 작전

체포작전

10월 중순 전북도당 첩보부대 5중대장 출신 박윤순의 진술을 바탕으로 1중대장을 체포하기 위한 작전에 나섰다.

일단 정찰대를 들여보내 1중대 막사에 강희태가 머물고 있는지 확인해야 했다. 정찰대는 오기준, 박윤순, 최영훈 세 명. 박윤순과 최영훈은 불과 며칠 전 전향하였으므로 신뢰가 가지 않을 수 있었으나, 문순묵 대장은 그들이 보여준 태도를 보고 변심하지 않으리라 확신했다.

다만 믿을 수 있는 기존 대원 오기준 순경이 정찰대에 포함되었다. 비무장 상태인 박윤순과 최영훈을 앞세워 따발총을 든 오기준 순경이 산안마을로 침투하여 막사에 1중대장 강희태와 중대원이 있는 것을 확인하고 잠시 협의했다.

박윤순이 당장 강희태 등을 데리고 가자고 했으나, 오기준 순경은 일단 정찰만 하고 복귀하여 보고한 다음 행동하기로 했다.

정찰대가 복귀했다. 보고를 받은 문순묵 부대장은 다음날 모든 부대원을 인솔하고 산안마을로 침투했다.

부대원들이 인근에 잠복하고 만일의 사태에 대비했다.

"나야! 나와."

박윤순이 강희태를 불러냈다.

"나 잡혀갔다가 강 동무 데리러 왔어. 여기서 듣는 거와 달라. 죽이기는커녕 따귀 한 대도 맞지 않았어. 아주 대우를 잘 해준다구. 가보면 알아."

중대장 강희태와 중대원 이상만이 순순히 박윤순을 따라 나섰다. 그렇게 해서 총 한 발 쏘지 않고 작전목표를 달성했다.

철수길에 안시내에서 빨치산 열 명 정도가 모닥불을 쬐고 있었는데, 박윤순이 순창군당 소속 빨치산임을 알아보았다.

우리가 총을 들이댔다.

"손들엇!"

그러자 한 명이 기관단총을 쏘며 저항했지만 우리가 일제히 사격을 가하여 그 자는 다리에 총탄을 맞고 쓰러졌으며 나머지도 제압했다. 나는 신음하는 그에게 다가가서 재빨리 총을 발로 차서 빼앗았다. 그때 한 부대원이

"확인사살한 다음에 총을 빼앗아야지 총부터 빼앗으려다간 위험하다."

라고 주의를 주었다.

이 접전에서 여섯 명을 사살하고 세 명을 생포했으며 소식 기관단총과 칼빈소총을 한 정씩 노획했다.

귀환길에 개울을 건너기 위해 다리를 통과하는 순간, 포로 셋이 넘어지는 척 뛰어내려 도주했다. 그곳에서 총소리를 내면 주변에

산안마을에서 만일사로 넘어가는 길. 사진 가운데쯤에 전북도당 100부대 27대대 1중대의 막사가 있었고, 바로 너머 안시내이다. 오른쪽에 무직산이 있고 멀리 성미산이 보인다.

있는 빨치산이 몰려들 터라 사격을 할 수 없었다.

작전 목표였던 강희태를 생포했으므로 빨치산 몇 명 더 잡겠다고 위험을 감수할 필요가 없었다.

우리는 지들재를 넘어서 철수했다. 이날 생포한 강희태와 이상만은 보아라부대원이 되었다. 강희태는 후일 문순묵을 따라 전북 보아라부대로 갔다가 서울로 옮겼다고 들었다.

기관단총을 가진 서른아홉 번째 보아라부대원

부관 홍주승이 나를 데리고 다니면서 여러모로 쓸모가 많다는 걸 알자, 문순묵 부대장에게 정식 부대원 겸 연락병으로 추천했다.

"대장님 요 꼬마, 똑똑하고 보통 애가 아닙니다. 길도 잘 아니까 연락병 시키죠! 최익순 하나로는 모자라니까."

부대장 문순묵도 처음부터 나를 눈여겨보고 의경으로 채용했으므로 망설이지 않고 정식 부대원으로 받아들였다. 이렇게 해서 나는 11월 1일부로 순경이 되면서 정식 부대원이 되었는데 가장 어린 막내였다.

나는 처음에 US99식 소총을 지급받았다.

북한군 개인화기는 소련제였다. 소련제 무기는 구조가 간단해서 보기엔 조잡해보여도 성능이 우수했다. 또한 총탄의 구조상 고장이 적었다. 즉 탄피 뒤쪽 뇌관보다 총알 쪽이 약간 작은 쐐기형이라 발사 후 탄피가 잘 빠져나갔다. 그리고 탄피의 길이가 짧아서 연사할 때 총탄이 더 많이 발사되었다.

남침 당시 북한군 대부분이 따발총으로 무장한 것으로 알고 있지만, 따발총을 가진 병력은 20%에 불과했고 나머지는 단발식 소총 등 다양한 무기를 보유했다.

빨치산은 미제, 소련제, 일본제 등 온갖 총으로 무장했다.

회문산 작전에서 노획한 소식 기관단총(PPSh-43형)을 만져보니까 가볍고 사용하기 편해서 내가 사용하기로 했다. 무기는 노획한 사람이 사용할 수 있었다. 이후 US99식 소총을 반납하고 소식 기관단총을 사용하게 되었다. 기습공격용으로 최고 무기였고 이후 2년 동안 내 분신처럼 함께 했다.

소련제 PPSh-43형 기관단총

인터넷에서 본 자료에 이 소식 기관단총을 소지했던 빨치산 실명을 거론하며 순창 아이들에게 '기관단총의 사나이'라는 별명을 갖고 있었다는데 나는 모르는 일이다.

PPSh-43형 소식 기관단총은 제2차 세계대전 때 소련이 개발한 총기로 35발 탄창에 따발총 총탄을 사용했다33). 1960년대 북한 무장간첩들도 소지할 만큼 성능이 좋았다.

한편 이날 소식 기관단총과 함께 노획한 칼빈소총은 최대근 순경이 소지하게 되었다. 그는 남해가 고향인 사람으로 전향한 빨치산이었다.

---

33) PPSh-41(따발총), PPSh-43(기관단총), 그리고 TT-33(떼떼권총)은 모두 7.62×25mm '토카레프탄'을 사용했다. 총알의 규격은 탄두의 직경과 탄피의 길이로 표기한다.

3. 빨치산 모스크바, 가마골 작전

　1951년 10월말 보아라부대가 남원에서 대기하고 있을 때, 전남 곡성에서 자수한 빨치산 이갑두가 지전사로 이송되었다. 사령부에서 그를 조사한 결과 광양 백운산 황죽골 골짜기에 대부대가 있다는 정보를 알게 되었고 보아라부대에 출동명령을 내렸다. 이 작전 내용은 백운산 편에 쓰겠다.
　문순묵 부대장은 백운산에서 지전사가 기대한 전과를 올리지 못하자 조계산, 모후산, 통명산, 백아산 등에서 성과를 올리고자 했다. 전향한 대원들로부터 그 지역 빨치산의 동태를 파악하고 침투를 시도하여 접전을 벌이기도 했지만, 예상보다 경계가 삼엄하고 적이 강하여 소수의 우리 부대만으로는 작전을 펼 수 없었다.
　우리는 야간에만 이동했으므로 부대원들은 식사도 제대로 하지 못하고 잠도 부족해서 피로가 누적되었다. 야간에 곡성군 석곡면을 행군해서 담양 삼거리에 도달했을 때 날이 밝아서 더 이상 이동하기 곤란했다. 낮에 이동하면 빨치산이 우리의 동향을 알게 되므로 그 근처에서는 기습작전을 시도할 수 없었기 때문이다.
　부대장이 고심 끝에 광주경찰서로 이동했다.
　"애들이 며칠 동안 잠도 못자고 먹지도 못해 다 죽게 생겼습네다."
　광주경찰서에서는 여경의 숙소를 내주고 여경을 통해 식사를 해주는 등 특별대우를 해주었다. 그 덕에 며칠 만에 잠도 푹 자고 체력도 회복할 수 있었다.
　다음날 광주경찰서에서 문순묵 부대장에게 가마골에 빨치산이 많이 있다고 알려주면서 담양 금성지서에 가서 알아보라고 권유했다. 그러나 일개 소대에 불과한 우리가 '빨치산의 모스크바' 가마골에서 성과를 낼 수 있는지에 대해서는 회의를 품는 눈치였다.

지전사에서 기대하는 성과를 올려야 한다는 강박관념에 시달린 문순묵 부대장이 위험을 무릅쓰고 가마골로 쳐들어가기로 결심했다.

가마골 작전은 창설 후 소소한 전과를 올리던 보아라부대가 최대 전과를 올린 전투였고, 내가 11월 1일 순경으로 진급하여 정식 보아라부대원이 된 이후 참여한 첫 작전이었다.

가마골 작전을 이해하기 위해서는 가마골이 어떤 곳이고 어떤 의미가 있는지 알아둘 필요가 있다.

빨치산 야전군사령부 가마골

가마골은 회문산 서남쪽 10km 지점에 있다. 전북 순창군 구림면, 팔덕면, 쌍치면, 복흥면에 있는 해발 500~700m 대의 강천산, 추월산, 치재산 등이 세 방향에서 둘러싸고 있으며 북동쪽 여분산(774m) 너머 회문산이 있다. 가마골에 이르는 유일한 통로는 남쪽으로 10km 이상 길게 나있는 계곡길이다. 전남 담양군 용면에 속한 그 구간은 현재 담양호[34])에 잠겨 있다. 가마골 일대에 원시림이 무성했지만 토벌작전 중 전부 불에 탔다.

빨치산 관련 소설이나 기록에 단골로 등장하는 가마골은 남한 빨치산을 지휘한 남로당 정치위원 여운철이 반드시 사수해야 할 곳으

---

34) 영산강 유역 개발사업의 일환으로 1972년 착공하여 1976년 장성호·광주호·나주호 등과 함께 준공되었다. 면적 약 $4km^2$이다.

로 손꼽은 요충지였다. 지리산 등 다른 근거지와 쉽게 연락이 닿을 뿐만 아니라 서해안을 통해서 접근할 수 있는 장점을 갖고 있다.

가마골은 주위에 산재한 병단을 지휘하는 야전군사령부 역할을 했다. 전남도당 산하 노령병단을 주축으로 전남북 빨치산부대가 주위에 터를 잡고 있었다. 또한 가마골은 전남도당 6개 유격지구[35] 중 하나로 치열한 전투가 수시로 벌어졌다. 적어도 1개 사단의 군경을 동원하지 않으면 토벌하기 힘든 '모스크바'였다.

가마골 전적비

현재는 담양군에서 가마골생태공원을 조성해놓았다. 입구에 있는 전적비에 1951년 8월에 있었던 국군 제8사단 토벌작전이 기록되어 있다. 그 기록에 따르면 국군과 빨치산 양측 사망자 445명, 부상자 800여 명이 발생할 만큼 치열했다. 차일혁 경무관도 예하 전투경찰 부대를 이끌고 참전해서 큰 전과를 올렸다[36].

군경합동작전이 벌어졌을 때 다른 곳으로 피했던 빨치산이 살금살금 돌아와서 곧 예전 위세를 회복했다.

가마골에 진치고 있는 빨치산이 그 일대에서 마음대로 활개 치면

---

35) 전남도당 6개 지구는 광주지구(무등산), 노령지구(담양), 유치지구(화순, 장흥), 불갑산지구(영광), 모후산지구(화순), 백운산지구(광양)이었다.

36) 또 하나의 전쟁, pp 224~232

서 군경을 골탕 먹이기도 했다.

  국군이 마을에 식사를 주문해서 먹을 때가 있다. 그 정보를 알아낸 빨치산이, 군경이 시킨 식사를 그들이 있는 곳으로 갖고 오게 한다. 국군으로 위장했으므로 주문한 부대로 알고 갖다 주면, 정작 주문한 군경은 쫄쫄 굶는다. 나중에 군경이 이 사실을 알고 적에게 밥을 주었다고 혼내며 조사한다. 출동해도 빨치산은 이미 다른 곳으로 피하고 없다. 결국 군경과 주민 간의 불신과 반감만 커지는 결과가 되었으니 심리전에 말려든 꼴이었다.

철옹성 요새 금성지서

  석 달 전 있었던 국군 제8사단 토벌작전은 일시적으로 휩쓸고 지나간 바람일 뿐이었다. 군경이 지속적으로 주둔하지 않는 한, 가마골 빨치산은 건재했다.

  가마골 작전의 베이스캠프는 담양군 금성면에 있는 금성지서, 250여 전투경찰이 주둔했고 평지에 있어 방어가 취약했다. 이를 보완하기 위해 4중, 5중으로 방어선을 구축하여 가히 철옹성으로 불러도 손색없었다.

  지서 담장 밖에 대나무 울타리를 3중으로 설치하여 외부 침투를 어렵게 만들었다. 그리고 울타리 밖에 빙 둘러 해자를 파고 물을 채운 다음, 228전화기와 연결된 전선을 넣어 두었다. 발을 들여놓으면 전기를 흘려보내 감전시키려는 목적이었다. 그 정도 대비로도 부족하여 외곽에 10~15미터 간격으로 박격포탄을 설치하고 전선을 지서 안에 있는 컨트롤박스에 연결했다. 포탄의 위치를 표시해놓아서 빨치산이 접근하는 곳의 포탄을 폭발시킬 수 있도록 만반의 태세를 갖추었다. 뿐만 아니라 가마골 방향에 용연초소를 운용하여 1차 저지선으로 삼았다. 금성지서는 어떤 공격도 물리칠 수 있는 견고한 방어진지요 요새였다.

옛 자취가 조금도 남아있지 않은 금성지서

문순묵 부대장이 금성지서장을 만났다. 지서장은 광주경찰서의 연락을 받고 우리가 간다는 사실을 알고 있었다.

"가마골을 치고 싶은데 정보가 있습네까?"

"거기 끌려가서 두 달간 부역했던 이발사가 쓸 만하던데."

"기래요? 지리를 잘 압네까?"

"돌아다니면서 이발을 해주었다니까 아주 잘 알 겁니다."

"안내를 맡아주면 좋갔시다."

이발사가 위험한 부탁을 흔쾌히 들어주었고 작전 내내 안내를 맡았다.

그는 가마골 본부에 있는 빨치산이 천 명은 족히 될 것 같다고 말했다. 막사는 골짜기를 따라 수십 개가 있으며, 부대가 출동해서 빈 막사도 있고 다른 부대가 와서 잠자고 가기도 한다는 정보를 제공했다. 또한 가마골을 중심으로 수 km에 걸쳐 철저히 경계하고 있지만 내부에는 보초가 없다고 알려주었다.

모스크바 침공작전

낮에 금성여관에서 쉬고 밤에 나섰다. 우리가 작전 지역에 도착하면 낮에는 여관 등에서 꼼짝하지 않고 지내다가 밤에만 나섰다. 그래야 빨치산이 우리가 출동한 사실을 눈치 채지 못했기 때문이다.

가마골 지형을 잘 아는 안내원의 도움을 받아 침투를 시도했다. 그러나 10km나 되는 골짜기를 통해 접근하기가 용이하지 않았다. 곳곳에 빨치산이 포진하고 있어 번번이 후퇴했다.

빨치산은 일반적으로 낮에는 근거지에서 잠을 자거나 쉬다가 저녁에 어두워지면 활동에 나섰다. 그래서 낮에는 연락병이나 정찰병만 돌아다니다가 어두워지면 초소근무 등 경계를 강화했다. 그렇기 때문에 정찰 결과 적정이 없다고 판단된 지역에 밤에 출동해보면 경계가 삼엄해지기도 했다. 그렇다고 해서 적정이 강한 지역에서 함부로 전투를 감행할 수도 없었다. 들키지 않고 침투하는 한편 철수 길을 확보해야 했는데 여의치 않았다.

주변에 우군이라곤 단 한 명도 없었다. 우리의 힘만으로 임무를 완수해야 했다. 그야말로 죽기 아니면 살기였다.

네 번째 침입을 시도했을 때였다. 밤에 총격전이 벌어졌다. 상대가 많지 않았기에 쉽게 제압하고 포로를 둘 잡았다. 시신 네 구를 확인했고 총을 한 자루 노획했다.

주위에 있는 빨치산이 몰려들 터라 빠르게 철수했다. 그런데 포로가 도망가고 말았다. 포로에게 신경 쓸 겨를이 없었다. 적정이 강한 지역에서 사격하다가 위치가 탄로 나서 공격당하는 위험을 피하는 게 나았다. 이미 총격전이 벌어졌으므로 어디서 빨치산부대가 나타날지 알 수 없었다. 계곡을 빠르게 빠져나왔다.

다음날 아침, 금성지서 직원과 함께 전날 전투가 벌어졌던 장소로 갔다.

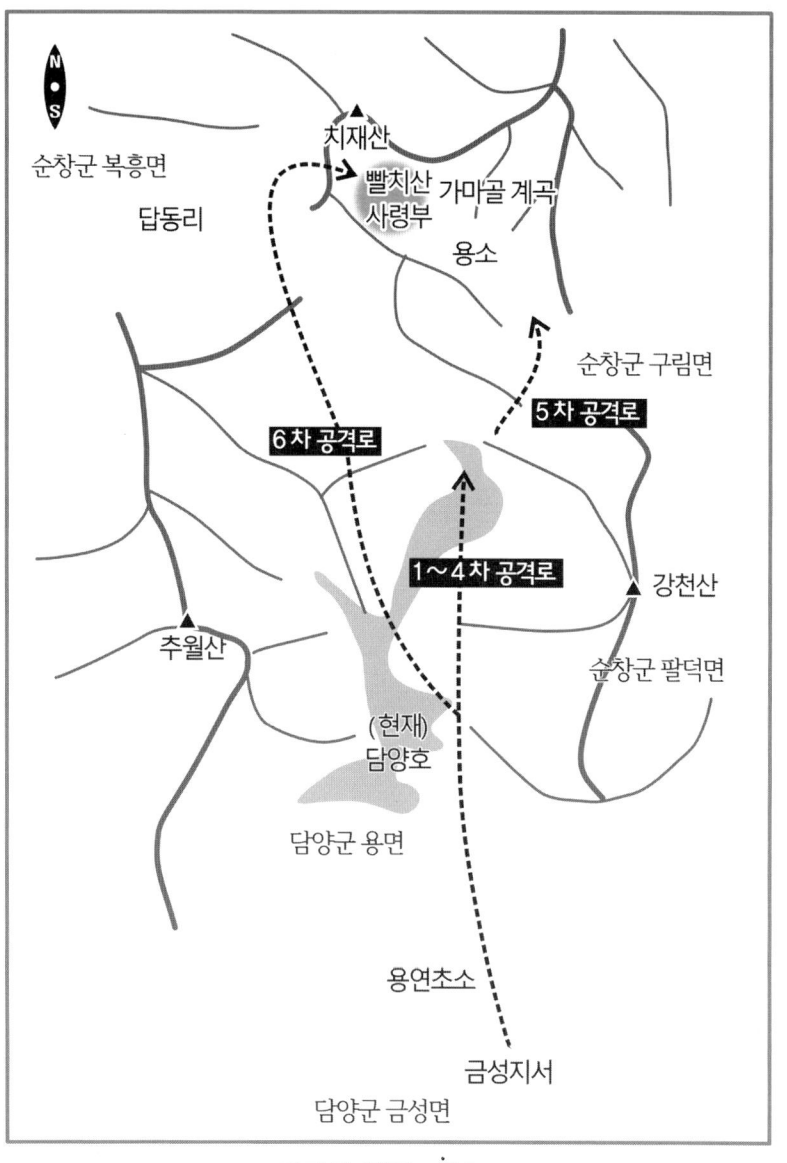

가마골 작전 개념도

"이상하네? 분명히 시체가 있었는데."
"놈들이 가져갔겠죠. 핏자국까지 싹 없애고 갑니다."
"그래요?"
"저기 바가지 보세요. 저걸로 물 떠다가 핏자국 닦았나보네."
과연 풀에 묻은 핏자국까지 없앴다.

이어서 다섯 번째 침투를 시도했다. 네 번의 경험으로 더욱 깊숙이 들어가서 가마골에 불이 켜진 것을 확인했다. 그러나 거기서 공격에 나섰다가는 철수길이 막힐 게 뻔했다. 결국 계곡을 통한 침투를 포기하고 돌아왔다.

안내원이 계곡을 통하지 않고 가마골에 들어가는 길을 알려주었다. 복흥면 답동쪽으로 우회하여 능선을 넘는 방법이 있었는데, 사령부를 바로 들이칠 수 있었다.

밤에 침투하다보니 경계가 삼엄했다. 그래서 낮에 침투해서 잠복했다가 밤에 공격하는 작전으로 바꾸었다.

오후에 금성지서를 나섰다. 여섯 번째 가마골 침투 시도였다. 답동은 경계가 허술해서 어려움 없이 능선 아래까지 접근했다.

어떤 빨치산부대가 가마골로 들어가고 있었다. 어두워지기 전에

답동 침투로. 멀리 보이는 능선 너머에 빨치산 사령부가 있었다.

능선에 올라가서 정찰해야 하는데, 대부대를 만나 시간이 지체되자 마음이 급해졌다. 그들은 대오를 맞추어 행군하는 게 아니라 산책하듯 가다보니까 용변을 보거나 딴 짓을 하는 사람이 있었다. 숨어서 기다리다보니 대열이 중간에 끊겼다.

그 틈을 타서 재빨리 길을 건너 능선으로 접근했다. 다소 평탄한 길이 나왔고 논밭이 있었다. 그런데 조금 전에 행군하던 부대의 선두가 올라오는 광경이 보였다. 우리들은 수확하고 난 후 밭에 버려져 있던 콩대 더미 등을 짊어지고 농부인 척해서 그들의 관심을 돌렸다.

빨치산은 이동할 때 앞 사람 발자국을 밟고 가므로 발자국만 봐서는 몇 명이 지나갔는지 알 수 없다. 또한 산을 탈 때 눈에 뜨이지 않도록 9부 능선 비탈길로 다녔다. 우리 역시 산에서 똑같은 방법으로 이동했다.

문순묵 부대장은 선두에 서기도 하다가 후미로 빠져서 전진을 독려했다. 권총을 빼들고 눈을 부라리며

"날래 날래 가라우!"

라고 독촉하는 모습에서 카리스마가 뿜어져 나왔다. 당장 권총 자루로 머리를 내리칠 듯했다. 그 기세에 질린 대원들이 알아서 발걸음을 서두르는데도 빨리 가라고 몰아붙였다.

퇴로 확보를 위한 경계병을 배치하고 능선 부근에 이르렀다. 안내원은 빨치산 사령부가 능선 너머에 있다고 알려주었다.

안내원이 능선에 있는 초소를 알려주었는데 보초가 있었다. 그런데 보초가 총을 삐딱하게 맨 채 주머니에 손을 넣고 노래를 부르고 있었다. 여러 부대가 주위를 철저하게 경계하다보니 보초가 노래를 부를 만큼 안심하는 상황이었다.

조심스럽게 능선에 올랐다. 드디어 가마골 전체가 한눈에 들어왔다.

사령관계곡에서 내려다본 가마골. 지금은 나무가 무성하지만 작전 당시는 계곡이 훤히 내려다 보였다.

왜 빨치산이 가마골을 모스크바라고 큰소리치는지 이해가 갔다. 그 깊은 산속에 그런 대병력이 진을 치고 있으리라고는 상상할 수 없었다. 계곡 중앙에 난 도로는 돌을 치우고 잘 정비해놓아서 마차가 다닐 만했고 중간에 수없이 많은 오솔길이 연결되어 있었다. 그리고 개울을 따라 막사가 빼곡히 자리 잡고 있었다.

어두워지자 놀랍게도 높은 나무에 매달린 전등이 켜졌다. 그때만 해도 전등이 설치된 마을이 흔치 않기도 했지만, 전쟁통에 전력사정이 최악이어서 웬만한 도시에서도 가로등을 켜지 못했다. 그런데 그 첩첩산중 산골에 가로등이 켜있다니!

지꺼덕 떠꺽 지꺼덕 떠꺽……

낯선 기계소리가 들렸다.

"저거이 무슨 소리디?"

"발동기가 두 대 있지요. 하나는 정미에 쓰고 하나는 전등을 켜기 위한 겁니다."

"전등은 언제 끄디?"

"10시에도 끄고 12시에도 끕니다. 높은 사람이 있는 데는 늦게까지 켜기도 합니다."

"기름은 어드메서 나서 발전기를 돌리나……."

"예? 없는 게 없어요. 사오기도 하고 빼앗아오기도 하고."

문순묵 부대장이 빨치산 간부를 지내긴 했어도 경남도당 소속이었으므로 가마골은 처음이었다.

빨치산은 근거지 안에서 활동했다. 경남도당은 경남, 전남도당은 전남 안에서 활동했다. 다만 빨치산 사령부 격인 남부군은 도 경계를 넘나들며 활동했다.

가을이 무르익은 11월초, 깊은 산골에 때 이른 추위가 찾아왔다. 우리들은 낙엽이 쌓인 곳에 잠복했다. 허리까지 찼던 낙엽이 바람에 쓸려와 차츰 높아졌다. 목까지 차올라서 답답했지만 그대로 있어야 했다.

전적지 답사 때 갔더니 당시 침투했던 곳에 '사령관계곡'이라는 팻말을 세워놓았다. 또한 백아산에는 총사령부를 뜻하는 '총사고지'가 있다. 전투가 치열했던 곳에 빨치산과 관련된 지명이 남아 있는 것을 볼 수 있으니, 우리나라 땅에 지워지지 않을 자취를 남겨 놓았다.

토벌대가 뒤쪽으로 돌아서 들어오리라고 상상하지 못한 그들은 평온한 밤을 맞고 있었다.

10시쯤 되자 큰 막사 한 곳만 남기고 전등이 꺼졌다. 부대장이 이동명령을 내렸다. 큰 막사 위아래로 수십 개의 막사가 있었다.

전 대원이 숨을 죽이며 계곡으로 접근했다. 안내원의 말대로 내부에 보초가 없어서 행동하기 용이했다. 부대장이 손짓할 때마다 대원들이 공격준비에 들어갔다. 막사에 바짝 접근해서 총을 팔에 끼고 수류탄을 꺼내들었다. 막사 안에서는 닥쳐온 위험을 전혀 눈치 채지 못하고 코고는 소리가 들렸다.

연락병인 나는 대원 배치를 마칠 때까지 부대장을 따라다녔다. 부대장이 대원배치를 마치고 큰 막사로 접근했다.

벌써 겨울준비를 해놓고 있었다. 나무에 천을 걸치고 그 위에 솜이불을 덮어서 막사를 만들어놓았다. 안이 훤히 들여다보였다. 전등불 아래에서 몇 명이 회의를 하고 있었고 벽에는 작은 가방이 잔뜩 걸려 있었다.

부대장이 속삭였다.

"여긴 둘이 맡아서리 수류탄 대여섯 개 까라우!"

나는 양손에 수류탄을 들고 공격준비를 마쳤다. 부대장이 공격신호를 하기 전에 돌발사태가 발생하면 일제히 공격하기로 되어 있었다. 돌발사태는 발생하지 않았으며 작전대로 준비가 끝났다.

자정쯤 되었을까? 드디어 역사적인 가마골 작전이 개시되었다.

탕! 탕! 탕!

부대장이 공격명령을 내렸다. 보아라부대의 신호는 총소리 세 방, '돈, 돈, 쓰'였다.

나는 곧바로 수류탄을 던졌다. 첫 발이 터지며 막사가 날아갔다. 기습에 놀라 당황하던 자들을 향해 제2탄, 제3탄을 연이어 투척했다. 동시에 전 대원이 각자 맡은 막사를 향해 일제히 공격을 개시했다.

"꽝! 꽈과광! 꽝꽝! 꽈광 꽝 꽈과광!"

수십 개의 수류탄이 동시에 터졌다. 지축이 흔들리는 듯한 폭음이 조용한 계곡에 울려 퍼졌다.

느닷없는 폭음에 잠에서 깨어난 자들이 우왕좌왕하다가 쓰러졌다. 그야말로 혼비백산했다. 어둠 속에서 이리 뛰고 저리 뛰면서 엎어지고 넘어지고 난리가 났다. 모스크바보다 안전하다고 믿던 가마골이 그렇게 허무하게 기습받을 줄은 꿈에도 상상하지 못했을 터였다. 무기를 찾아 대항할 엄두도 내지 못하고 피하기에 급급했다.

수류탄 폭발 때문이었는지 저들이 껐는지, 지휘부 막사의 등이 꺼졌다. 수류탄 섬광 아래 허둥대는 그들의 모습이 드러났다.

"땅! 땅! 따땅!"

"따다다다다다!"

사령관계곡 입구, 표지판 일대에 빨치산 막사가 있었다. 지금은 평탄하게 정리되어 있지만 우리가 기습할 당시에는 돌과 바위로 된 계곡이었다.

"탕! 탕! 탕!"

우리가 소지한 총의 종류가 다양하다보니 소리 역시 다양했다. 부대원이 갖고 있는 실탄은 총의 종류에 따라 150~250발, 도망가는 자들을 향해 가차 없이 사격했다.

빨치산이 어지간히 도망갔다. 총소리가 뜸해졌고 막사가 날아간 곳에서 신음소리가 흘러나왔다.

그들이 전열을 정비하고 몰려들기 전에 노획물을 챙기고 안전하게 철수해야 했다. 만약 상대방이 사태를 파악하고 반격을 꾀하거나 주변에서 지원군이 온다면, 보아라부대는 전멸을 면하기 어려울 것이다.

부대원들이 막사로 달려갔다. 움직이는 자를 확인 사살하면서 막사를 뒤져서 종이 뭉치를 닥치는 대로 배낭에 쑤셔 넣고 발에 걸리는 총을 주워들었다. 그때까지 공격에 소요된 시간이 5분이나 될까?

이어서 철수명령이 떨어졌다. 총기는 가져갈 수 있을 만큼만 챙겼다. 나머지 총기를 한 곳에 모아놓고 그 아래에 조명탄을 터뜨렸다.

들어갔던 능선으로 철수하면서 돌아보았다. 조명탄 불빛 아래 불의의 기습을 받고 초토화된 빨치산 사령부의 모습이 적나라하게 드러났다. 무차별 폭격을 당한 듯 부서지고 쓰러진 처참한 광경이 펼쳐져 있었다.

저들이 대책을 논의하느라 모였는지 추격에 나서지 못했다. 철수하면서 세 군데 길목을 지키던 대원들이 속속 합류했다.

귀순자를 통해 밝혀진 전과

우리는 10여 km 산길을 쉬지 않고 달려서 용연초소 아래에 이르렀다. 일단 추격권에서 벗어났다.

초소는 봉우리에 참호를 파고 주변 초목을 제거하여 시계를 확보한 후 견고한 대나무 울타리로 접근을 차단했다.

"누구냐!"

"아군이다!"

"아군 누구냐!"

"보아라! 바로 지서로 간다."

"알았다. 연락해주겠다."

금성지서장은 가마골 쪽에서 나는 총성을 듣고 작전이 개시된 걸 알았고 용연초소의 연락을 받고 마중 나왔다.

1개 사단을 동원해도 쳐들어가기 힘들다는 빨치산의 성역, 전국 빨치산 중에서 가장 강력한 모스크바, 가마골을 박살낸 우리 부대원이 귀환하자 지서장이 놀라움을 금치 못했다.

그때가 밤 두세 시쯤이었다. 지서 바로 뒤 금성여관으로 안내되었다. 거기서는 밥과 국을 해놓고 기다리고 있었다. 오후부터 숨막히는 작전과 계속된 강행군으로 녹초가 된 우리들은 식사를 하자마자 잠에 빠져들었다.

가마골 작전에서 단 한 명의 사상자 없이 부대원 전원이 무시히 귀환한 점은 기적이었다. 게다가 맨 몸으로 빠져나오기도 힘든 산길을 헤치고 노획물까지 지고 나왔다.

금성지서 앞에 노획물이 전시되었다. 기관총 3정과 개인화기 16정으로 기억나고 많은 서류와 서너 상자나 되는 현금이 가지런히 놓였다.

오전에 지전사 작전참모와 전남도경 국장 등 경찰 간부들이 달려왔다. 가마골 본부가 기습 받았더라도 담양군 금성면 일대는 여전히 빨치산이 출몰하는 위험지역이었으므로 도로경비에 상당수의 경찰이 동원되었다.

토벌작전에서 중요한 것은 전과였다. 사령관을 대신하여 그곳까지 찾아온 작전참모가 전과를 물었다. 부대장이 공격한 막사 숫자를 가늠하여 사살 120명, 부상자 100명이라고 보고했다.

"아니, 평양은 내줄 수 있어도 가마골은 못 내준다고 했다던데 정말 거길 공격한거야?"

작전참모가 노획물을 보고서도 믿지 못하겠다는 듯이 말했다. 불과 40명의 보아라부대가 빨치산 거점 한복판에 쳐들어갔다니 도저히 믿기지 않는 모양이었다. 계속해서 물었다.

"어떻게 그 많은 적을 죽였나!"

"수십 명 자는 막사에 수류탄 하나 까면 다 뒈집네다."

"그래도 그렇지!"

"추우니까 빠글빠글 몰려서 자고 있었습네다."

이렇게 보고한 내용이 공식 전과로 기록되어, 지금까지도 가마골에서 120명을 사살했다고 나온 자료를 보았다.

당시 토벌군경은 전과를 부풀려서 보고하는 게 일반적이었으니, 작전참모가 믿지 못한 것도 당연했다.

사흘 후 뜻밖에도 가마골 의무과장이 자수했다.

그의 말에 따르면 그날 보고한 숫자보다 두 배의 사상자가 발생했다. 아마 대對빨치산 작전에서 이렇게 전과가 축소된 경우는, 이

3. 빨치산 모스크바, 가마골 작전 • *135*

전에도 없었고 이후에도 없었을 것이다.

가마골에서 치료를 담당했던 의무과장은 피해상황을 소상하게 알고 있었다. 당일 공격에서 100명이 넘는 사망자와 200~300명의 부상자가 발생했다. 살릴 수 있는 부상자를 치료할 약품도 부족한 상황에서 죽어가는 부상자까지 손쓸 수 없었다.

빨치산 사령부는 고통만 당하다가 죽어가는 부상자를 차마 지켜보기만 할 수 없었다. 회복할 가능성이 없는 사람들을 하나씩, 또는 여러 명씩 조용한 곳으로 데리고 갔다.

"어차피 죽을 거 인민공화국 만세나 부르고 죽으라우! 그게 고통 덜 받는 길 아니네?"

그렇게 '안락사 통보'를 받은 부상자가 "인민공화국 만세"를 부르면 바로 머리에 총알이 박혔다. 의무과장은 수시로 총성이 났다면서 그렇게 죽은 사람만 100명은 될 것이라고 진술했다.

의무과장은 부상자를 그렇게 보내야하는 현실에서 허탈감과 무력감을 느끼지 않을 수 없었을 것이다. 게다가 약품도 없는데 살려내라는 상관 지시가 야속하여 자수를 선택했는지 모르겠다. 그는 비장秘藏한 의약품을 가지러 간다는 핑계로 산을 내려오고 말았던 것이다.

가마골 작전에서 공격받은 막사가 60여 개였고 죽거나 부상당한 사람이 무려 400명에 이르렀다. 전과가 상대편에 의해 밝혀졌다. 이는 의무과장뿐만 아니라 그즈음 귀순한 보위중대장의 진술과도 일치했다.

의무과장이 자세한 내용은 사령부에 가서 밝히겠다고 말했다. 지전사 신 사령관은, 문순묵에게 그랬듯이, 그가 호송되어 오자 뛰어나와 얼싸안고 환대했다. 그리고 밥부터 먹인 다음 이발을 시키고 옷을 갈아입힌 후 진술을 받았다.

보아라부대의 가마골 작전과 비슷한 시기에 있었던 국군 토벌작전 전과가 「대비정규전사」에 기록되어 있다. '백야전 전투사령부'의 '호남·지리산 지구 작전' 중 제1기 작전(1951.12.2.~12.14.) 기간 중 수도사단의 전과는, 사살 505명, 생포 969명 이었고 아군 29명의 사상자가 발생했다37). 수도사단이 13일간 작전에서 올린 전과가 이 만큼이었다38).

빨치산 토벌전과

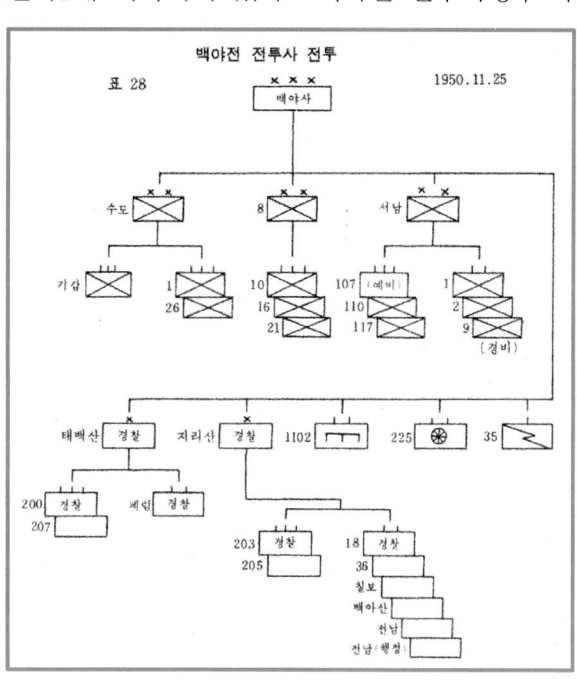

백야전 전투사의 구성
출처: 대비정규전사, pp 187.

---

37) 대비정규전사, pp 196
38) 총 4차에 걸친 백야전 전투사령부의 토벌작전(1951.11.30.~1952.3.15.)은 사단급 국군 3개 부대(수도사단, 8사단, 서남전투사령부)와 전경 4개 연대(지전사 2개 연대, 태전사 2개 연대) 및 7개 대대가 동원되었다. 군단 병력 이상 동원된 대작전이었다. 백야전 전투사령부의 종합 전과는 사살 5,009명, 생포 3,968명, 귀순 45명이었고, 아군 피해는 전사 33명, 부상 72명이었다. 백선엽 중장이 지휘한 이 토벌작전은 한국전쟁 기간 중 빨치산의 위세가 꺾인 결정적인 토벌작전으로 평가받는다. 이로 인해 전성기를 구가하던 이현상의 남부군은 결정적인 타격을 입었고, 이후 대병력을 동원한 빨치산작전을 구사하기 힘들어졌다.

3. 빨치산 모스크바, 가마골 작전 • *137*

가 과장되던 상황을 감안한다면, 일 개 소대 병력에 불과한 부대가 단 한 명의 인명피해 없이 하룻밤에 400명의 사상자를 발생시킨 전과가 얼마나 대단했는지 알 수 있다.

보아라부대는 지전사 사령관 직속이었고 인원이 워낙 적어서 국군 고위 간부조차 그 존재를 잘 몰랐다. 그리고 경찰이 세운 전과를 간과하는 전사戰史에 제대로 기록되지 못했다.

월급 받는 빨치산

현금이 가마골 빨치산 은거지에 많이 있던 이유가 노획한 문서에 나와 있었다. 정읍 고부면에 있는 은행을 털어서 현금을 트럭 째 챙겼던 것이다39). 그리고 일부 빨치산에게 매달 월급을 지급한 사실을 알 수 있었고, 성과가 좋은 부대에 보너스까지 지급해서 소를 사다가 회식했다는 기록까지 있었다.

석 달 전 국군 제8사단의 대대적인 토벌작전이 벌어졌을 때, 현금을 깊이 감추어두었는지 갖고 다녔는지는 모르지만, 아무튼 그때까지도 많은 현금이 가마골에 있었다.

빨치산은 돈이 있다한들 쓸 수 없었다. 세수도 못하고 때에 찌든 넝마로 버티는 자들이, 총을 들고 가게에 들어가서 돈을 내고 물건 사는 장면은 상상이 되지 않는다. 그들이 가마골에서 받은 월급을 어떻게 사용했는지는 모르겠다. 하여튼 가마골은 여러 가지로 특별한 곳이었다.

---

39) 구술자는 빨치산이 털었다고 말했으나 전북도당이 입산할 때 챙긴 현금일 수도 있다. 이태는 「남부군」에서 전북도당이 전주에서 회문산으로 피신할 때 트럭을 이용했다고 증언하고 있으니 현금도 트럭으로 수송할 수 있었을 것이다.「또 하나의 전쟁」에 '51년 8월 가마골 전투 당시 자동차가 4대 있었다고 기록되어 있다.

신 사령관이 남원 지전사에서 가마골 작전을 마친 부대원을 맞이했다. 당분간 작전에 나서지 말고 모두 쉬라는 특명을 내렸다. 보아라부대 숙소는 지전사 건너 이흥여관 2층이었다.

작전참모가 노획한 돈 중에서 한 다발을 꺼내주면서 노고를 치하했다. 우리는 그 돈으로 돼지고기와 술을 사서 회식으로 피로를 씻었다. 그리고 사령부에서 마련한 위문 공연도 관람했다.

가마골 작전은 믿을 수 없을 만큼 많은 전과를 올린 보아라부대가 최고의 성과를 낸 전투였다. 이로 인해 보아라부대의 존재가 부각되었으며, 작전 직후 부대원들에게 휴가를 보내면서 적당한 부대원을 추천하라는 지시가 있었다.

4. 백아산 전투, 부상을 입다

가마골 작전을 마치고 쉴 때, 나는 보아라부대에 복무한 4년 동안 딱 두 번 있었던 휴가를 다녀왔다. 두 번째 휴가는 보아라부대 복무를 마치고 경찰 퇴직 직전에 갔다.

보아라부대가 기대 이상의 성과를 올리자, 지전사는 부대원을 증원할 필요성을 느꼈다. 휴가를 주면서 적당한 사람을 부대원으로 추천하라는 지시가 있었다.

회문산에서 생포된 박윤순 등이 이때 합류해서 부대원이 약 50명으로 늘어났다. 본부소대와 3개 전투소대, 총 4개 소대로 재편되었다. 신규대원들도 전투경험을 갖고 있어서 실전에 투입되었다.

제1, 제2 소대장 김영두 순경과 양평용 순경은 변함없었고, 신설된 제3소대장은 인물이 출중했던 안재엽 순경이 맡았고, 본부 소대장은 북한군으로 입산했다가 귀순한 이선무 순경이 맡았다.

그즈음 문순묵 부대장은 다리에 박힌 총알 제거수술을 받기 위해 입원했고 부관이던 홍주승 순경이 부대장 역할을 대행했다.

소대장 전사

1951년 12월 중순 보아라부대가 조계산 송광사 아래 현재 주암호에 잠긴 계곡으로 출동했다. 그곳은 백아산 및 모후산, 그리고 조계산의 교통로로 빨치산이 자주 건너다닌다는 정보가 있어서였다. 밤에 개울 옆에 잠복했고 약간 떨어진 곳에 로켓포 지원을 나온 순천경찰서 아군이 있었다.

과연 저쪽에서 몇 명이 건너오고 있었고 이쪽에서도 두어 명이 건너가고 있었다. 그런데 부대장 사격명령이 떨어지기 전에, 한 부대원이 먼저 사격을 하자 바로 총격전이 벌어졌다. 그러자 지원 나온 순천경찰서 아군이 총소리 나는 곳으로 로켓포를 쏘았는데 어두워서 목표물을 정확히 볼 수 없었다.

불행하게도 로켓포탄이 안재엽 소대장 머리 뒤에서 폭발하는 바람에 전사하고 말았다. 보아라부대의 두 번째 희생자는 그렇게 어이없게 발생했다.

후임 제3소대장은 엄금동 순경이 맡았다. 그는 전향한 대원이었는데 모후산 지리를 잘 아는 것으로 봐서 그 근처에서 생활했던 것으로 보인다. 후에 폐결핵이 악화되어 부대를 떠났다.

이후 전남 유격사령부 병기과를 공격하기 위하여 백아산 아래에 있는 승주군(현재 순천시) 주암면 광천리로 이동했다.

백아산

전남 화순군 북면에 있는 높이 810m 백아산白鴉山은 석회석으로 된 봉우리가 흰 거위 무리처럼 보인다는 뜻이라고 한다. 높이에 비해 폭이 넓고 깊다. 지리산 및 회문산과 함께 빨치산 3대 거점이었다. 백아산 주위에 무등산(1,187m), 모후산(919m), 조계산(884m), 통명산(764m) 등 험한 산이 많다. 동쪽 45km 떨어진 광양 백운산(1,218m)과 함께 전남 빨치산 근거지였다. 전남 유격사령부가 백아산에 자리 잡고 있었다. 전남도당은 백아산에 있다가 토벌활동이 강화되자 백운산으로 피했다.

주암면은 백아산 동남방 10km 아래 보성강변에 있다. 지전사는 주암초등학교에 전방 CP40)를 두었다.

우리 부대는 광천부락에 숙소를 구하고 백아산 공략에 나섰다.

빨치산은 높고 험한 산에 자리 잡았지만 본거지는 보급사업에 불리한 첩첩산중에 두지 않았다. 백아산과 총사고지 사이는 전남 유격사령부 예하 여러 부대가 산재한 '민주부락'이었다. 백아산 줄기 남쪽 끝에 불쑥 솟은 총사고지는 사방을 관측할 수 있어서 전방 관측소 겸 초소 구실을 했다.

뜻밖의 우군

신 사령관이 부대장을 찾는다는 전갈이 CP에서 왔다. 숙소에 전화가 없어서 통화를 하려면 약 600m 떨어진 CP로 가야했다. 홍주승 부대장이 가서 전화가 연결되자 신 사령관이 말했다.

"자수한 병기과 요원을 그리 보내겠소."

전남 화순에서 열아홉 살 김홍섭이 자수했다. 그는 전남 유격사령부 병기과 소속으로 화약 보급담당이었다. 매서운 바람이 부는 겨울밤에 전남 보성으로 화약을 가지러가다가 회의에 **빠졌다**.

'날씨는 추워졌는데 이렇게 살다간 얼어 죽든지 총 맞아 죽지!'

그는 고민 끝에 산 생활을 포기하고 화순경찰서로 자수했다.

탄약 담당이라면 핵심 중에서도 핵심 요원이었다. 지전사 신 사령관은 중요한 임무를 띤 **빨치산**이 자수하거나 생포되면 즉시 보고하라는 명령을 일선 경찰서에 시달한 바 있었다.

---

40) CP(Command Post, 지휘소): 지휘관과 참모가 작전 임무를 수행하는 부대의 본부. 부대 유지를 위한 요구와 전투 지시에 관계되는 사항을 분류하고 정리하는 기능을 수행한다. 통상 지휘소는 주 지휘소, 후방 지휘소 및 예비 지휘소로 구분된다. - 네이버 지식백과

그의 진술은 막강한 전남 빨치산을 단번에 무력화시킬 수 있는 대단한 정보였다. 김홍섭은 작전 이후 보아라부대원이 되었다.

병기과는 각종 무기를 수리하고 수류탄과 총탄을 만들며 화약을 보관하는 시설과 기술자가 있는 곳이었다. 그러므로 전남 유격사령부 병기과 파괴는 곧 전남 일대 빨치산의 전투력 약화를 의미했다.
 빨치산은 폭탄과 탄약을 노획품으로 충당하다보니 항상 부족할 수밖에 없었다. 그들 중에는 만주에서 일본 관동군과 유격전을 전개하던 시절부터 폭탄과 총탄을 만든 경험을 가진 자와 북한군 기술자가 있을 터였다. 그건 아무나 할 수 있는 일이 아닌지라 병기과 요원은 대단히 중요했다.

병기과는 총사고지 약 300미터 아래 계곡에 있었다.
 운룡리로 침투하던 도중에 위에서 내려오던 빨치산 셋이 우리를 보고 달아났다. 그곳에서 총소리를 낼 수 있는 상황이 아니었다. 우리가 침투하는 걸 눈치 챘으니 작전 실패였다.
 이날 마주쳤던 셋 중 하나가 후일 화순경찰서에 생포되어 지전사로 보내졌다. 신 사령관이 그를 우리에게 보내서 작전에 참고할만한 점이 있는지 알아보도록 조치했다. 이야기하다가 그가 그날 도망쳤던 자라는 사실을 알게 되어 묘한 인연이라는 후일담을 나눈 바 있었다.
 보성에 화약을 가지러 갔던 김홍섭이 백아산에 도착해야 할 시간이 다가왔다. 만약 그가 귀대하지 않는다면 병기과가 위치를 옮기거나 경계를 강화할 가능성이 있으므로 시간이 촉박했다.

운룡리. 왼쪽 능선을 통해 병기과로 침투했다.   가운데 멀리 있는 산이 총사고지이다.

탄약고 폭파, 평생 괴롭히는 부상을 입다

12월 24일 크리스마스 전날에 병기과 공략에 나섰다. 운룡리까지 접근해서 왼쪽 능선으로 올라갔다. 그 길로 얼마나 많은 빨치산이 지나다녔는지 반들반들하다고 표현할 만큼 상태가 양호했다. 초소에 드나드는 보초와 보급사업에 나선 부대가 다니는 길이었던 것이다.

"뒤쪽으로 20리만 돌아가면 보초를 피해서 들어갈 수 있습니다."
"얼마나 걸리나."
"두 시간 더 걸릴 겁니다."
"그럼 됐어! 그쪽으로 가자."

안내원 덕에 계곡 깊숙이 자리 잡은 병기과로 어려움 없이 침투할 수 있었다.

백아산과 총사고지 사이는 전남도당이 장악하고 있었다. 토벌대가 그들 영역으로 우회해서 총사고지 쪽으로 들어가리라고 생각하기 힘든 여건이었다. 항상 허를 찌르며 침투했던 우리는 이번에도 예상하기 힘든 경로로 들어갔다.

병기과에 도착한 시간은 밤 한 두 시쯤, 기습하기 좋은 시간이었다.

부대장이 분대장을 소집해서 작전회의를 했다. 개울을 따라 배치된 막사별로 대원을 배치하고, 맨 위에 있는 탄약고 폭파를 신호로 공격을 개시하기로 했다.

맹추위가 몰아

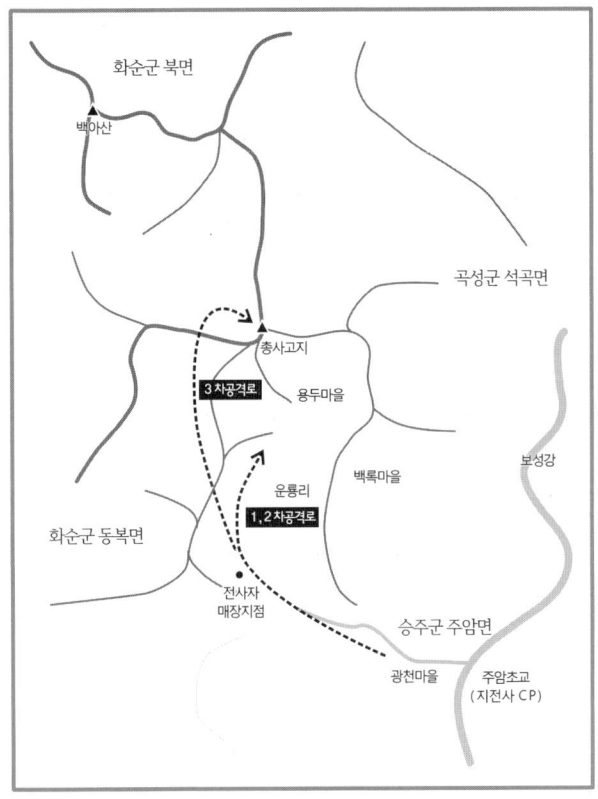

백아산 작전도

친 겨울, 쌓인 눈이 얼고 녹기를 반복해서 단단하게 얼어붙었다. 수십 미터 아래로 미끄러질 위험마저 있었다.

계곡에 병기과 요원 약 60명이 기거하는 막사 겸 작업장이 있었다. 문은 풀을 두껍게 엮어서 만들었다. 안내원이 막사 위치를 가리킬 때마다 공격준비에 들어갔다.

배치가 끝나고 맨 위에 있는 탄약고까지 접근한 사람은 홍주승 부대장, 안내원 김홍섭, 최익순 의무관, 차근동 순경 그리고 나, 모두 다섯이었다.

"두 사람은 탄약고를 폭파하고, 최 의무관은 요 아래에서 폭파조를 엄호하도록."

　탄약고 위치를 확인한 부대장이 최종 지시를 내린 후 안내원과 함께 내려갔다.

　나는 차근동 순경과 함께 가장 위험한 탄약고 폭파 임무를 부여받았다. 시한폭탄을 설치하는 게 아니라 수류탄을 던져 넣어야 하므로 매우 위험했다. 그때까지만 해도 나는 화약이 성냥처럼 불만 붙는 줄 알았지 엄청난 위력으로 폭발한다는 사실을 몰랐다. 산골에만 살았으니 화약에 대해 들은 적 없었고 누가 교육을 시킨 적도 없었다.

　안내원의 설명에 의하면, 탄약고는 수평으로 굴을 팠고 습기 방지를 위해 위쪽에 환기구가 있었다. 우물만한 환기구는 통나무를 약 1미터 높이로 쌓고 나뭇가지로 위장해 놓았다.

　비탈면에 얼어붙은 눈은 밟아도 깨지지 않을 만큼 단단해서 나뭇가지를 붙잡고 올라갔다.

　충분히 각오했지만 조마조마했다. 환기구에서 수류탄을 아래로 떨어뜨리자마자 최대한 멀리 벗어나야 했다.

　나는 2차 투척을 준비했고 차 순경이 먼저 환기구로 다가가서 수류탄을 집어넣었다.

　쿵!

　땅 속에서 수류탄이 터졌지만 대폭발은 일어나지 않았다.

　그런데 수류탄을 투척하고 피하던 차 순경이 미끄러져 내려가고 있었다. '어! 어!' 하는 사이에 계속 내려가서 급기야 보이지 않았다.

　나도 환기구에 접근해서 수류탄을 던져 넣었다. 그 순간 '슈우욱'

소리와 함께 엄청난 불길이 하늘로 치솟으면서 대낮처럼 환해지더니 곧이어 대폭발이 일어났다.

쿠구궁!

지진이 일어난 것처럼 땅이 흔들렸다. 실로 어마어마한 폭발 위력에 엎드려 있던 내 몸이 공중으로 펄쩍 튕겨 올랐다.

1차 수류탄이 폭발할 때 자루가 터져서 바닥에 흩어진 화약이, 2차 수류탄이 터질 때 폭발했던 것이다. 탄약고 윗부분이 날아가면서 흙과 돌은 물론 쌀 가마니만한 바위까지 하늘로 치솟았다.

폭발 충격으로 공중에 떠올랐던 내 몸이 땅바닥에 떨어졌다. 정신을 차릴 수 없었다. 그리고 아래로 미끄러지며 굴러 내려가다가 나무에 걸려 가까스로 멈추었다.

이어서 폭발할 때 튀어 올랐던 돌이 우박처럼 떨어졌고 위에 떨어진 돌덩이가 굴러 내려왔다. 만약 큰 돌이 덮친다면 살아남기 어려울 터였다. 떨어지는 돌 피하랴 굴러 내려오는 돌 피하랴 정신이 없는 와중에도 미끄러지지 않기 위해서 나무를 꽉 붙잡고 있었다.

순식간에 일어난 일이었지만 그 과정이 한참 진행된 것 같았고 살아야 한다는 집념으로 정신을 차리려 애를 썼지만 어찌된 일인지 영문을 알 수 없었다.

큰 충격을 받은 허리가 너무 아팠고 전혀 움직일 수 없었으며 가슴과 어깨도 심한 충격을 받았다. 이어서 극심한 통증이 전신에 퍼졌다. 폭발 충격으로 공중에 떴다가 떨어지면서 몸이 만신창이가 되고 말았던 것이다. 아울러 뒷머리와 턱에서는 피가 흘러 나왔다.

그와 동시에 부대원이 일제히 공격을 시작했다. 조용했던 총사고지 일대에 수류탄 폭발음과 총소리가 울려 퍼졌다. 나는 서서히 정신을 가다듬고 어떻게 행동해야 하는지 생각해보았다.

　부대원은 몇 분 후에 철수하게 돼 있었다. 빨리 빠져나가야 한다는 생각에 통증을 느낄 겨를이 없었다. 서둘러 몸을 일으키려다 엎어졌다. 일어나려고 하면 또 엎어졌다. 말로 표현할 수 없는 통증을 참고 일어나려고 했지만 몸이 말을 듣지 않았다. 그때서야 허리를 크게 다쳤다는 사실을 깨달았다. 그대로 있다가는 홀로 남겨질 테고 그 후에 벌어질 일은 상상하기 싫었다.

　폭파조가 내려가지 않자 최 의무관이 올라왔다.

　"어디를 다쳤나!"

　"온몸이 아픈데 허리를 크게 다친 것 같습니다. 일어날 수가 없습니다."

　"다른 곳은?"

　"눈이 보였다 안보였다 합니다."

　"폭발할 때 다쳤나!"

　"모르겠습니다."

　매우 추운 날씨에 뒷머리와 턱에서 흐르던 피가 쉽게 엉겼고 손으로 문지르자 눈에 달라붙은 탓에 보였다 안보였다 했던 것이다.

　최 의무관이 압박붕대를 꺼내 출혈이 있는 머리와 턱을 동이고 나서 붕대가 보이지 않게 탄띠를 두르고 응급조치를 마쳤다.

　"차 순경은 어디 있나!"

　"저리 미끄러져 내려갔습니다."

　최 순경은 차 순경이 미끄러진 곳으로 가더니 오지 않았다. 잠시 후 총성이 멈출 때까지도 돌아오지 않았다.

　'나를 버리고 전부 가버렸을까? 조금 있으면 공산당이 몰려들 텐데 움직이지도 못하는 난 이대로 잡히는 게 아닐까?'

일어나야 한다는 의지는 강했지만 몸이 말을 듣지 않았다.

두려움이 엄습하면서 온갖 생각이 다 들었다. 총성과 폭음이 난무하는 전투를 몇 번 치르면서도 부상을 당하진 않았다. 고통을 참고 일어나려고 했지만 전혀 움직일 수 없었다. 빨리 빠져나가야 한다는 생각뿐이었는데 몸이 꼼짝달싹 하지 않았다. 참으로 답답한 순간이었다.

몇 분이나 지나갔을까? 그 짧은 시간이 몇 시간은 되는 듯했다.

최 순경이 동료들을 불러왔다. 미끄러져 내려간 차 순경을 찾아서 조치하느라 시간이 소요됐던 것이다.

내가 전혀 움직일 수 없으니 미끄러운 산비탈을 부축해서 내려갈 수도 없었다. 동료들이 싸리나무로 들것을 만들어서 거기에 태우고 묶다시피 해서 썰매처럼 끌고 내려갔다.

공격이 시작되자 병기과 요원들은 죽었는지 도망갔는지 대항하지 못했다. 이날 공격에서 병기과 요원 50명을 사살했다고 보고했다.

차 순경은 굴러 내려가다가 바위에 부딪혔는지 하늘로 치솟았다가 떨어진 바위에 맞았든지 심하게 다쳐서 즉사하고 말았다. 나와 친했기에 함께 폭파조로 선정되었는데 순식간에 운명을 달리하고 말았다.

한편 이날 작전에서 오발사고로 두 명이 다쳤다. 종씨라고 친근함을 보이던 우양우 순경이 우점준 순경의 따발총을 받아서 그의 총과 같이 어깨에 메고 하산했다. 따발총의 안전장치를 확인하지 않았던 게 우양우 순경의 불찰. 어깨에서 흘러내리는 멜빵을 추키다가 따발총 방아쇠가 그의 M1소총에 걸려 연발사격이 이루어졌다. 한 발은 우점준 순경의 팔에 맞았고, 한 발은 우양우 순경의 발을 관통했다.

결국 이날 백아산 작전에서 한 명이 전사하고 세 명이 부상당하는 인명피해가 발생하고 말았다.

전사한 차 순경의 시신은 고사목과 칡넝쿨로 만든 들것으로 후송했다.

나는 들것에 묶인 채 끌려 내려가다보니 몸이 흔들릴 때마다 극심한 통증이 허리는 물론 전신에 찾아왔다. 실로 참기 힘든 고통이었지만 이를 악물고 식은땀을 흘리며 참을 수밖에 없었다. 태어나서 그때처럼 고통에 시달린 적은 없었다.

부대원들이 한두 시간 뛰다시피 내려와 운룡리에 이르렀다. 추격권에서 벗어났으므로 안심할 수 있었다. 부상자 후송에 지친 대원들이 숨을 고르는 사이에, 다른 대원들이 차 순경의 시신을 숲에 감추었다. 산짐승이 훼손하지 못하도록 나뭇가지를 모아 야무지게 덮은 다음 숙소로 돌아온 때는 새벽녘이었다.

잠시 잠을 자고나서 이장에게 연장을 빌렸다. 부상자를 제외하고 전부 차 순경을 매장하러 갔다 왔다.

우리들 마음 같아서는 동료의 장례를 후하게 치러주고 싶었지만 그럴 상황이 아니었다. 관도 없이 차디찬 구덩이에 차 순경의 시신을 밀어 넣다시피 매장했다니! 내 눈에서 눈물이 핑 돌았다. 차 순경은 불과 몇 시간 전만 하더라도 씩씩한 모습으로 출전했다가 저 세상으로 떠나고 말았다.

그는 무주 장수에서 근무하던 의경이었다. 가마골 작전 이후 증원할 때, 순경으로 승진하고 싶어서 들어온 신대원이었다. 원하던 순경이 됐지만 안타깝게도 전사하고 말았다.

열악한 의료환경

나와 총상을 입은 둘, 부상자 셋을 병원으로 후송해야 하는데 문제가 있었다.

그때 지전사는 남원역 인부들이 쓰던 방 하나를 빌려서 병원으로 사용하던 실정이었다. 밖에 천막 세 개를 세워서 진료실과 식당, 부식창고로 사용하고 있었다. 그런 열악한 시설과 작은 규모로 여단 병력의 지전사 소속 부상자를 치료하기엔 어림없었다.

"총상은 그나마 치료해주겠지만, 자네같이 겉으로 봐서 큰 부상이 아닌 사람은 엄살 부린다고 구박이나 하고 한데에 방치해서 얼어 죽고 말 거야."

CP에 나와 있던 사령부 작전지도관이 자대치료를 권했다. 그는 야전병원장도 겸하고 있었다. 그의 말이 한없이 야속했다. 큰 충격으로 온몸의 뼈가 뒤틀렸고 특히 허리를 심하게 다쳤다. 표현할 수 없이 심한 고통 속에서 몸을 가누기조차 버거웠는데도 큰 부상이 아니라는 식으로 말하다니! 그가 자대치료를 권한 이면에는 가급적 아군 피해를 줄이려는 의도가 있었을 지도 모른다.

입원했던 두 사람의 후일담이다.

우양우 순경은 발에 관통상을 입었지만 운 좋게도 큰 부상은 아니었다. 회복되어 보행이 가능했는데도 집에 눌러 있었다. 그러자 병원에서 탈영신고를 해버렸다. 그가 다시 전투경찰을 지원하여 구림지서에서 근무한 걸 보면, 보아라부대 근무가 큰 부담이었다는 사실을 알 수 있다.

그때는 전투경찰이라고 해서 병역의무를 면제해주지 않았다. 즉 전투경찰은 군인이 아니라 공무원 신분이었다. 그래서 아무리 위험한 전투경찰 생활을 했어도 군대에 가야했다. 다만 입대를 연기해 주었기 때문에, 지원한 병역 미필자가 많았다. 그런 이들은 빨치산이 쳐들어오면 피할 궁리만 했다. 부대를 이탈해도 탈영이 아니었고, 힘들다고 그만두고 집에 가도 막을 방법이 없었다. 이 점 때문에 당시 전투경찰 부대장은 많은 어려움을 토로했다.

우점준 순경은 총 맞은 팔을 굽힐 수 없는 후유증이 남아서 부대에 복귀하지 못했다.

나는 자대치료를 받게 되었다. 그런데 우리 부대는 일정한 곳에 머물지 않았으므로 치료받을 자대조차 없었다. 지전사 앞에 있는 여관에 머물다가 전장으로 출동하는 상황이었기 때문이다. 심각한 허리부상으로 움직이지도 못하는 나를 돌봐줄 장소도 동료도 마땅치 않았다.

뒷머리와 턱의 상처는 시간이 지나면 아물 터여서 심각하지 않았다. 그러나 허리는 물론 가슴과 어깨에 통증이 심해서 꼼짝달싹 할 수 없었다.

처음에는 다른 사람의 도움을 받지 않고는 대소변도 해결하지 못했다. 최 의무관이 해준 치료라곤 '빨간 약' 두 번 발라주고 작은 단추만한 알약 두개 준 게 전부였다.

사나흘 후 경남 산청군 덕산으로 출동 명령이 떨어졌고 트럭이 도착했다. 보아라부대는 인원이 적기 때문에 트럭 한 대로 이동할 수 있다는 점에서 기동성이 있었다.

그런데 나는 움직이지 못할 만큼 심각했기 때문에 후송할 수도 없었다. 몸을 살짝만 건드려도 허리가 끊어질 듯 아팠으니 비포장길을 덜덜거리며 달리는 트럭에 태울 수 없었다. 만약 그렇게 한다면 도중에 죽을 지도 모를 일이었다.

부대장이 나의 신병 처리로 고심하다가 광천마을 이장에게 부탁했다.

"부대 사정이 이렇게 밖에 할 수 없어 죄송합니다. 김 순경을 부탁합니다. 인명은 재천이니 죽는다고 해서 이장님을 탓하진 않겠습니다."

부대장은 이장에게 내가 먹을 쌀 한 가마를 맡겼다. 그리고 나서 모든 부대원이 떠났고 나 홀로 남았다.

인근 백록부락에서 피난 온 이인수 가족이 광천부락에 살고 있었다. 나는 그 집에 있는 방을 사용하게 되었다. 이인수의 어머니는 피난민이었지만 동네 부녀회장을 맡고 있었으며 성심을 다해서 보살펴주었다. 특히 내가 동성동본인 김해 김씨라며 잘 대해 주었다.

문제는 백아산이 가까워서 언제든 빨치산이 보급사업을 나올 수 있는 동네라는 점이었다. 만약 그들이 들이닥친다면 경찰인 나는 물론이고 나를 도와준 분들까지 가만둘 리 없었다. 치료해주는 분에게도 피해가 갈 판이었다. 어떤 주민은 부상당한 경찰을 치료해주면 "산사람이 동네 사람 다 죽인다"며 반대했다.

실제로 보아라부대가 광천마을에 주둔했을 때, 빨치산이 지서에서 가까운 외딴집에 보급사업을 나와서 소를 끌고 갔다. 신고를 받고 우리 부대가 추격에 나서서 소를 찾아준 일도 있었다.

이장이 궁여지책으로 방문에 '홍역환자'라고 써 붙였고 동네에도 홍역환자가 있다는 소문을 퍼뜨렸다. 빨치산은 전염병에 취약했는데 특히 홍역을 무서워했으므로 그런 묘안을 짜냈다. 그런데 그 일이 후일 내가 입은 부상을 국가에서 인정하지 못하게 할 줄이야!

4. 백아산 전투, 부상을 입다

광천마을. 내가 치료받던 집은
신축되었다.(오른쪽 이층집)

부대원 숙소로 쓰이던 집이
2016년에도 그대로 있었다.

주민들의 도움으로 회복은 했지만…

 탄약고 폭파라는 위험한 임무를 수행하다가 다친 전투원을 주민에게 맡긴 건 너무 심한 처사였다. 고작 쌀 한 가마 주고 갔을 뿐이었다. 그대신 나를 보살펴 준 사람들은 주민들이었다.

 쌀 한 가마를 맡겼지만, 한 가마라고 해봐야 20kg 남짓한 배급용 가마였으니 장정이 한 달 먹기에도 빠듯한 양이었다.

 보아라부대는 지전사 소속이었다. 그렇다면 지전사에서 부상병을 챙겨야하지 않았을까? 전향한 빨치산으로 구성된 특수 유격대가 이만저만한 성과를 냈다며 기회가 있는 대로 생색내기에 골몰했다. 사실 부대원은 그런 말을 들으면 기분이 좋지 않았고 이용당한다는 생각마저 들었다. 과시에 열을 올리며 자랑이나 늘어놓았을 뿐, 작전 과정에서 발생한 부상병의 존재는 안중에도 없었다. 보아라부대의 기록을 챙기지 못한 것도 그렇고, 지전사는 보아라부대에 대한 배려가 크게 부족했다.

 그 부상 후유증으로 인해 평생 고통 받고 있다. 불편한 허리로 가족을 부양하느라 고생하다가, 늦은 후에 전상군경 신청을 했더니 경찰병원 진료기록이 없다는 이유로 거절당했다. 참으로 억울한 일이 아닐 수 없다. 탄약고 폭파라는 위험한 임무를 수행하다가 다친 나를 외면하다니! 제대로 치료나 해주었다면 모르되 쌀 한 가마 얹어서 살아오면 다행이고 죽는다한들 알 바 아니라는 태도로 주민에게 떠넘긴 게 전부였지 않은가!

또 하나 기가 막힌 점은 동네사람들이 홍역환자로 알고 있었으므로, 내가 전투 중에 부상당했다는 증언을 해줄 수도 없게 되었다는 것이다. 이장과 이인수 어머니만 내가 전투 중에 부상당한 경찰이라는 사실을 알고 있었다.

처음에는 할머니들이 대소변을 받아낼 만큼 상태가 좋지 않았다. 나의 강인한 의지와 동네 분들의 지극한 정성 덕에 점차 호전되었다. 아들과 손자를 전쟁터로 보낸 부녀회원들이 피붙이 대하듯 성심껏 치료해주었으니 평생 큰 은혜를 입었다고 감사드리지 않을 수 없다. 더구나 땔감도 귀한 겨울에 내 방에 불까지 때주느라 모두 큰 고생을 했다.

보름쯤 지나서 벽을 붙잡고 겨우 움직일 수 있게 되자 방문 밖에 놓아둔 소변 그릇을 사용할 수 있었다. 한 달 후에는 변소까지는 천천히 다닐 수 있을 만큼 회복했다.

몇몇 사람은 내가 부상당한 전투경찰임을 눈치 챘지만 개의치 않았다. 혹시 경찰을 도와주었다가 해를 받을지 모른다고 걱정한 분은 하나도 없었다. 나중에는 부녀회원들이 내 방에 와서 길쌈하면서 돌봐주기도 했다.

부대장이 주고 간 쌀 한 가마를 아껴 먹었지만 한 달 반만에 떨어지자, 이장이 반별로 일주일씩 돌아가면서 끼니를 해결해주도록 주선했다.

"미안하지만 전쟁하다가 다친 불쌍한 사람에게 밥은 먹여줘야 하지 않겠습니까."

곡식이 귀하던 시절이었으니 감자죽이라 해봐야 고작 밤톨만한 감자 두어 개에 풀을 썰어 넣고 끓인 것이었다. 그리고 시래기국, 나물국을 끓여주었다. 다섯 그릇 정도는 먹어야 양에 찰까? 동네 분들로서는 최선을 다해 마련한 식사였지만 겨우 목숨을 지탱할 수 있을 만한 양이었다.

부대에서는 이장과 편지를 통해 내 상태를 체크했다.

"아직까지 대소변을 받아주고 있습니다."

"이제 겨우 걷기 시작했습니다."

"움직일 만큼 회복했습니다."

석 달이 지난 1952년 3월 의무관 최익순 순경이 찾아왔다. 그는 고생 했다고 위로하고 나서 내 상태가 부대 복귀에 무리라고 판단했다. 수시로 운동을 해야 회복에 도움이 된다고 조언해주었다. 그리고 산청군 시천면에 머물고 있는 보아라부대로 찾아가는 방법을 자세하게 일러주고 돌아갔다.

4월초 겨우 발걸음을 뗄 만큼 몸이 회복되었다.

이장은 내 끼니를 마련하는 게 여간 부담스럽지 않았던지,

"이렇게 먹다간 몸만 더 약해질 거네. 그래도 부대에 가면 제대로 먹여주긴 할 것 아닌가."

라며 눈치를 주었다.

그런 상황에서 마을에 계속 머물러 있을 수 없었다. 나는 기어서

라도 복귀하기로 작정했다. 그동안 정성껏 보살펴준 이장과 이인수 어머니, 그리고 돌아가면서 조석으로 끼니를 챙겨주던 마을 주민들과 헤어졌다.

이후 출동하다가 광천마을을 지날 때 인사했다.

"빈손으로 찾아오는 건 도리가 아닌데 죄송합니다."

"경찰이 무슨 돈 있겠어, 빨갱이 잡아주면 되얐네."

동네 분들이 회복한 나를 반겨주었고 이인수 아버지도 뵌 적 있었다. 지금 생각해도 참으로 고마운 분들이다.

부대 복귀

최 순경이 일러준 대로 순천으로 갔다. 순천경찰서의 협조를 얻어 경남 하동까지, 하동에서 진주로 간 다음 진주경찰서에서 하루 묵었다. 버스가 진주에서 산청군 단성면까지는 운행되지만 단성에서 시천면은 들어가지 못할 수 있다는 말을 들었다.

다음날 아침 시천행 버스를 탔다. 과연 단성검문소에서 더 이상 들어갈 수 없다면서 승객을 전부 하차시켰다.

단성에서 시천은 약 20km 떨어져 있다. 도로가 정비되지 않았던 1970년대까지만 해도 버스로 한 시간 이상 걸렸으며, 마주 오는 차가 있으면 뒤로 수십 미터 물러나서 겨우 비켜야 할 정도로 길이 험했다. 지리산 끝자락의 수많은 계곡을 누비는 그 길은 빨치산이 매복하기에 안성맞춤이었다. 그래서 도로경비가 가능할 때만 버스가 운행되었다. 그날 단성검문소에서 잤다.

이튿날 오전에 버스가 왔고, 상황이 바뀌어서 시천까지 운행할 수 있게 됐다. 전날 빨치산 수백 명이 도로 옆 개울에서 소와 돼지를 잡고 오락회를 하는 통에 버스가 운행되지 못했다는 말이었다.

그 즈음 토벌기록에는 빨치산이 급감했다고 나와 있다. 「남부군」의 저자 이태가 생포된 직후로, 남부군 사령부가 궤멸되고 삼삼오오 남아서 쫓기던 시기였다. 그러나 토벌대의 표적이 된 남부군 사령부가 그런 지경에 처했을 뿐이다. 그 즈음에도 빨치산이 백주에 대로 옆에서 소와 돼지를 잡고 파티를 할 만큼 왕성하게 활동했다.

가다보니까 어떤 봉우리에서 태극기가 휘날리고 있었다. 시천지서 경찰이 보내는 통행 허락 신호였다. 단성에서 시천까지는 수시로 상황이 바뀌는 최전선이었던 것이다.

드디어 시천지서에 도착했다. 지서장에게 신분을 밝히고 안내를 부탁했다. 우리 부대는 약 500m 떨어진 곳에서 작전 중이었지만 혼자 보낼 수 없다며 만류했다.

"지금은 호위할 병력이 없습니다. 하루 자고 내일 가예."

가까운 거리도 일개 소대의 호위를 받고 가야 할 만큼 적정이 강했다. 빨치산이 대낮에 경찰을 공격하거나 주민을 납치하므로 지서 바깥으로 나가면 안 된다는 말이었다.

시천지서는 전투경찰이 500명이나 근무하여, 내가 본 지서 중에서 가장 많았다. 순경은 몇 되지 않았고 전부 의경이었다. 시천지서에 그렇게 많은 병력이 주둔한 이유는 시천에서 단성까지 도로 경비까지 맡았기 때문이다.

빨치산이 출몰하는 지역의 지서는 보통 전투경찰 100명이 지켰고 적정이 강한 곳은 더 많았다. 가마골 앞에 있는 금성지서에는 250명, 순창 구림지서에는 150명 정도 주둔했다.

다음날 지서장이 호송 책임자에게 나를 인계해주고 인수증을 받아오라고 지시했다. 내가 무슨 물건도 아닌데 인수증을 받아오라니! 그만큼 안전하지 않다는 뜻이었다. 겨우 500m 이동하는데 1개 소대가 호위했다.

지금은 주암에서 덕산까지 승용차로 한 시간 남짓 소요되지만, 그때는 사흘이나 묵으면서 어렵게 합류했다.

우리 부대는 전해 12월말 백아산에서 덕산으로 이동했고, 이후 다른 곳에 출동했다가 다시 덕산으로 돌아와서 작전에 투입되었다. 부대장은 여전히 홍주승이었고 부대원도 그대로였으며 특별한 전투도 없었다.

부대장이 나를 보자마자 꽉 껴안았다.

"나도 너 같은 동생이 있는데 정말 미안하다……"

울먹이는 그의 모습에서 전우애를 느꼈다. 쌀 한 가마와 함께 적지에 팽개쳤으니 어찌 미안한 생각이 들지 않았겠는가.

잠시 후 감정을 추스르고 나서 말했다.

"밥은 어떻게 먹었나."

"부대장님이 주고 간 쌀, 이집 저집에 부탁해서 지어먹다가, 떨어진 다음엔 감자죽 같은 걸 얻어먹고 살았습니다."

"내가 할 말이 없어."

부대장은 내가 작전에 나설 만큼 회복하지 못했다고 판단했다. 특별히 할 일이 없다면서 부대가 출동할 때 잔류병으로 남아서 본부를 지키도록 했다.

이후 부대가 출동할 때 혼자 남았다. 밤에는 지서에서 나온 전투경찰 1개 소대가 경계근무를 서주었다.

부대장은 포로를 사령부로 호송하는 업무를 내게 맡기면서, 그때

4. 백아산 전투, 부상을 입다 • *159*

마다 남원에서 쉴 수 있도록 배려하는 등 여러모로 챙겨주었다.

그때 문순묵은 총탄 제거수술을 받고 남원에 머물렀고, 내가 남원에 있을 때는 문순묵의 지시를 받았다.

이후 우리 부대는 임실, 순창 등에서 작전을 벌이다가 지리산으로 출동한 적도 있지만 특별한 성과를 내지 못했다. 빨치산은 많지만 부대원이 적은 관계로 작전을 펴는데 제한이 많은 탓이었다.

백아산 작전은 전남 유격사령부 본거지에 침투해서 화약고를 폭파하고 병기과 요원을 제거한 중요한 전투였다. 이로 인하여 전남 빨치산의 전투력이 근본적으로 약화되었다.

탄약고 폭파조라는 가장 중요한 임무를 띠고 작전에 임한 나는 평생 치유되지 못하는 큰 부상을 입었으니 개인적으로는 불행한 작전이었다.

5. 백운산의 덫

1952년 9월 지전사가 해체되었다. 보아라부대는 광양경찰서 산하 제858전투경찰부대 제10중대로 소속이 바뀌었다. 홍주승 부대장 이하 대원은 여전했다.

항간에 나도는 자료 중에 지전사가 해체되고 신상묵 사령관이 떠날 때, 보아라부대가 해체되었다고 나와 있는데 얼토당토않다.

이후 서남지구전투경찰대가 신설되어 다시 소속이 바뀐 1953년 5월까지, 8개월 동안 주로 백운산 주위에서 작전을 벌였다.

강력한 전투부대가 지키던 백운산

전남 광양시에 있는 백운산(1,218m)은 동쪽을 제외한 세 방향으로 뻗친 산줄기가 10km를 넘을 만큼 산세가 넓다. 북동쪽으로 5km만 내려가면 섬진강에 닿고 강을 건너면 경남 하동군 악양면이다. 악양면은 지리산 빨치산이 소멸될 때까지 보급사업을 다니던 지역이었다.

백운산은 백아산, 조계산, 모후산 등 전남 일대의 산과, 섬진강 건너 지리산을 연결하는 전략적 요충지였다. 이런 백운산의 특징으로 인해 최강 빨치산 부대가 돌아가면서 지키고 있었다. 백운산은 강력한 전투부대가 지키는 군사 거점이라는 점에서 특별했다.

곡성이나 화순 쪽에서 곧바로 섬진강 중류를 건너면 지리산이다. 그러나 거기는 군경의 경계가 삼엄했고 강폭은 좁지만 물살이 거세서 쉽게 건널 수 없었다. 한두 사람은 위험을 무릅쓰고 건너다녔지만 대부대가 이동하기에는 적당하지 않았다. 그래서 사람이 적게 사는 산악지역을 이동해서 섬진강 하류인 백운산 쪽에서 건너다녔다.

지리산, 회문산, 백아산 등에서 혁혁한 전과

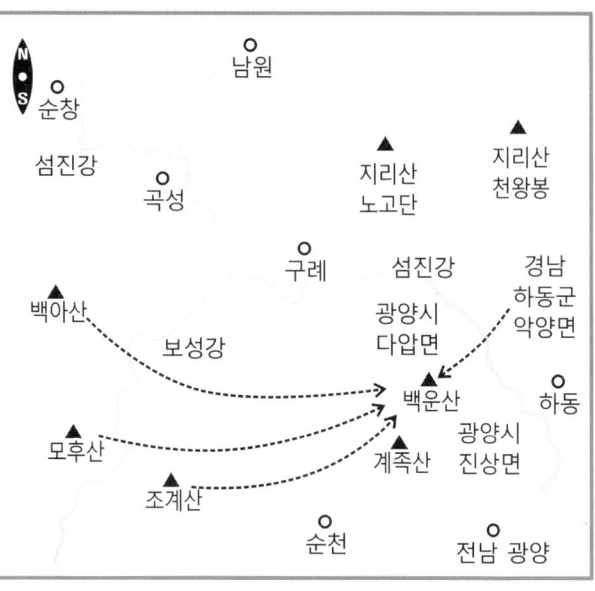

빨치산 교통로 백운산

를 올린 보아라부대가, 백운산으로 수차례 출동하여 작전을 폈지만 큰 성과를 내지 못하고 희생자만 계속 발생하여 아픔을 주었다.

위장자수자를 따라 사지死地로 들어가다

보아라부대는 초창기 회문산에서 두 차례 작전을 벌인 직후 백운산에 가서 작전을 펼쳤지만 성과를 올리지 못하고 가마골로 이동한 바 있었다. 이때의 일을 먼저 기술하겠다.

다른 작전은 시간 순서로 기록했지만, 백운산은 1951년부터 1954년까지 지속적으로 출동했으므로 이 장에서 종합 설명하고자 한다.

1951년 11월 신 사령관이 전남 곡성에서 자수한 이갑두를 안내원으로 삼아 백운산 빨치산을 공격하라고 문순묵 부대장에게 명령했다.

우리는 즉시 광양시 진상면 황죽리로 이동하여 현지 사정에 밝은 순천경찰서 출장소 경찰들과 합동작전을 벌이게 되었다.

황죽리는 진상면 소재지와 거리가 떨어져 있어서 광양경찰서 황죽출장소가 있었다. 출장소임에도 불구하고 약 100명의 전투경찰이 주둔했다.

그곳은 백운산에 접한 산간지역인데도 널찍했고 물레방아로 발전기를 돌려서 밤새 전등을 켰다.

출장소 직원 2명이 로켓포 1문을 갖고 와서 지원했다.

최익순, 박윤순, 오기준 등 세 명의 대원이 안내원 이갑두를 앞세우고 정찰에 나섰다.

도중에 '칼바위 능선'이 200여 미터에 걸쳐 있었다. 전선을 꼬아 만든 줄을 잡고 한 사람씩 겨우 갈 수 있는 험한 길이었다. 안내원의 말로는 그 길 뿐이었다.

정찰대가 거기를 통과해서 빨치산 막사가 있는 계곡 위쪽 능선으로 접근했다. 안내원이 앞에 있는 봉우리에 초소가 있다고 알려주었다.

조심스럽게 접근하던 정찰대가 인기척과 함께 수군거리는 소리를 들었다.

"잘 지키라우."

"수고 많았수다."

보초가 없다던 곳에서 근무교대를 하고 있지 않은가. 최익순 정찰대장이 뒤로 물러나서 이갑두를 다그쳤다.

"보초가 저기 없다고 하지 않았나!"

"저……. 위치가 옮겨진 거 같습니다."

"부대가 위치를 옮긴 건 같지 않으니까, 아직 네가 자수한 건 모르는 것 같다."

최익순 순경은 일단 그를 안심시키고 본대로 귀환했다. 그리고 문순묵 부대장에게 정찰결과를 보고했다. 잠시 귓속말을 했고 부대장이 고개를 끄덕였다.

이어서 한밤중에 작전지역에 진입했다. 정찰대를 앞세우고 부대원이 일렬로 험한 바위구간을 통과해서 막사 위쪽에 이르렀다. 막사에 불이 켜져 있고 웃고 떠드는 소리가 들렸다.

정찰대가 확인한 초소로 다가갔다. 보초를 은밀하게 제압하고 그쪽에서 골짜기를 타고 내려가서 기습할 예정이었다. 그런데 대열의 중간에 있던 이갑두가 흰 수건을 슬쩍 들어서 흔들었다. 뒤에 따라가던 대원이 제지했다.

"너 뭐하는 거야!"

거리가 너무 가까웠던 탓에, 빨치산 보초가 인기척을 느끼고 사격을 가했다. 돌발사태였다.

총성이 울렸으므로 계획이 틀어지고 말았다. 어쩔 수 없이 초소를 공격하는 한편 막사를 향하여 무차별 사격을 개시했다. 밤중이라 목표물이 잘 보이지 않았다.

처형

잠시 후 내려가 보니 몽땅 도망치고 아무도 보이지 않았다. 공격이 효과를 본 것 같지 않았다.

아침 준비를 하고 있었던지 큰 솥에 소고기국이 끓고 있었다. 일부 대원이 철모로 퍼서 허겁지겁 먹었다. 부대장이 "독이라도 탔으믄 어캐"라며 제지했지만, "도망치기 바쁜데 언제 독을 탑니까"라며 개의치 않았다.

그때 현지 지리에 밝은 황죽출장소 경찰은 부대장에게 안내원이 수상하다고 알렸다.

우리는 몰랐지만 출장소 직원은 다른 길을 알고 있었다. 그들이 정찰대에 포함되지 않았으므로 안내원만 따라갔던 것이다.

"들어온 길로 후퇴하다가 공격받으면 한 사람도 살아남지 못할 겁니다. 저 놈이 의심스럽습니다."

부대장이 이갑두를 철저하게 감시하라고 지시하고 출장소 직원이 안내하는 길로 철수에 나섰다. 그런데 그가 계속 뒤로 쳐지거나 다른 짓을 해서 지체되었다. 도중에 옆으로 새려고 하는 등 빠져나가려는 눈치를 보였다.

빨치산이 전열을 정비해서 우리를 노리고 있는 상황, 지체하다가는 큰 위험에 빠질 수 있었다.

부대장이 더 참을 수 없다는 듯 행군을 중지시켰다. 그리고 이갑두를 불러 세웠다. 위험한 길로 안내한 이유와 행군을 지체시키는 의도를 묻자, 이갑두가 더듬거리며 명확하게 대답하지 못했다. 그러자 단호하게 명령했다.

"저 새끼 꿇리라우!"

팬티만 남기고 옷이 벗겨진 그를 꿇어앉혔다. 그리고 나서 정찰을 잘못했다는 책임을 물어 최익순 등 정찰대 세 명도 그 옆에 앉혔다. 모두 총살에 처할 태세였다.

"정찰대가 무슨 잘못을 했다고 이러십니까!"

"저 놈이 우리를 죽이려고 꾸민 짓입니다."

"대장님! 죽이려면 우리 모두 죽이십쇼."

부대원들이 애원하면서 최익순 순경을 데려왔다. 그리고 박윤순 순경과 오기준 순경도 빼냈다.

위장자수자 혼자 남았다. 이어서 사격 명령이 떨어졌다. 아무 잘 못 없던 정찰대원까지 처형당할 뻔하자 분노가 그에게 쏠렸다.

탕! 땅! 땅! 탕! 땅!

모든 부대원을 위험한 길로 유인했던 위장자수자가 쓰러졌다. 총 알은 딱 한 발만 머리에 명중되었고 나머지는 허공으로 날아갔다. 전투에서 총을 무수하게 쐈던 부대원들이지만 그렇게 가까운 거리에서 사람을 직접 쏘는 건 쉬운 일이 아니었다. 부대장이 확인사살을 했다.

현지 경찰의 안내 덕에 안전하게 철수하여 지서에 도착했을 때는 아침이었다. 부대장이 신 사령관에게 작전결과를 보고했다. 다친 대원도 없고 전과도 올리지 못했으며 우리를 함정에 빠뜨리려던 이갑두를 처형했다고 보고했다.

"묶어서라도 델구 와야지 왜 죽였나!"

"날래 철수하면서리 어드러캐 합네까? 몽땅 뒈질 판이라 없애버렸습네다."

그 일로 인해서 부대장은 신 사령관에게 호되게 야단맞았다. 신 사령관이 다시는 그런 일이 발생해서는 안 된다며 단단히 주의를 주었다.

우리가 작전 중 생포하거나 다른 곳에서 생포되어 우리에게 보낸 빨치산은 꽤 많았다. 그 중에는 안내원으로 한 번만 활동한 사람도 있고 부대원이 된 사람도 있었는데, 위장자수하거나 처형된 경우는 이갑두가 유일했다.

　보아라부대에 대해 잘못 알려진 내용 중에서 가장 황당한 것은 동료를 인민재판해서 총살했다는 내용이다. 아마 이 사례가 와전된 게 아닐까 한다. 이갑두는 순경으로 발령받은 보아라부대원이 아니었고 단순한 안내원이었다.

　한편 이갑두가 우리를 위험에 빠뜨리려고 했던 일을 돌이켜보면, 빨치산의 계략이 아니었나 하는 생각이 든다. 전향한 빨치산이 토벌에 앞장선다는 것은, 빨치산에게 이만저만한 위협이 아니었다. 은밀하게 숨어서 활동하는 그들의 상황을 잘 알고 있었기 때문이다. 빨치산 입장에서는 사단 규모의 군대를 동원하는 국군보다 보아라부대나 사찰유격대를 운용하던 경찰에 적잖이 신경이 쓰였을 것 같다. 그래서 위장자수자를 경찰에 들여보내서 작전에 나서게 하고, 역공하는 작전을 썼음직하다.

속출하는 전사자

　1953년초 보아라부대가 백운산으로 출동했다. 산길을 행군할 때 어떤 산봉우리에서 군인 몇이 노래를 부르고 있었다.
　"고기를 잡으러 바다로 갈까나, 고기를 잡으러 강으로 갈까나."
　우리는 작전 중인 국군인 줄 알고 큰 관심을 두지 않은 채 계속 행군했다.
　그런데 총소리가 나면서 총알이 우리 근처로 날아왔다. 그때서야 그들이 국군으로 위장한 빨치산임을 알아채고 대형을 갖추었다.
　모든 대원이 반격에 나서 피해 없이 제압했다. 올라가보니 둘이 사망했고 부상자를 포함한 넷이 도주하고 있었다. 그들의 영역으로 가고 있었으므로 추격이 곤란했다.

그날 전과는 사살 둘, 총 두 자루 노획이었다.

이외에도 백운산 일대에 주둔하면서 정보를 수집했지만 강력한 부대가 지키고 있다는 사실 이외에 특별한 정보를 얻지 못했다.

어느 날 다시 황죽골로 출동했다. 저녁 무렵 골짜기에서 밥 짓는 연기가 보이자 정찰대가 나갔다. 정찰대장 최익순 순경이 대원 둘을 데리고 가다가 빨치산 보초를 만났다.

"누구냐!"

"아군이다."

최 순경이 보초의 수하에 대답하면서 태연하게 걸어가는 순간, 보초가 총을 쏘았고 그 자리에서 사망하고 말았다. 뒤를 따르던 대원은 급히 돌아올 수밖에 없었다.

그때 백운산은 남부군 81사단의 후신 김지회부대[41]가 지키고 있었다. 경상도 지역을 맡은 81사단은 전라도 및 충청도 지역을 맡은 92사단과 함께 이현상이 이끌던 남부군 직속부대였다. 김지회부대는 한국전쟁 이전에 이현상이 제2병단을 이끌 때부터 활동하던 여수 14연대 출신 구빨치에, 북한 정규군 낙오병이 가세한 최정예 부대였다[42].

이들은 1951년 5월 충북 도청소재지 청주를 기습하여 교도소에 있던 공산당을 탈출시킨 바 있었다. 그 외에도 대낮에 경찰서 등을 공격하는 대담한 행보를 보인 집단으로, 승리사단·인민여단·혁명

---

41) 김지회는 여수순천반란시 국군 14연대의 중대장으로 반란 주모자였다.
42) 구술자는 81사단은 경상도, 92사단은 전라도 및 충청도 지역을 맡았다고 말했지만, 이들은 남부군 직속 부대인 관계로 지역을 넘나들며 활동했던 것으로 보인다.

지대 등이 모체였다[43]).

그때 백운산에 김지회부대 외에 다른 부대가 없었고 그들은 오랫동안 생활하여 서로 잘 알았다. 수상한 사람을 무조건 사살했으니, 그 점을 전혀 모르던 최 순경이 당하고 말았다.

부하를 잃고 가만히 있을 홍주승 부대장이 아니었다. 더구나 동료 시신을 빨치산에게 넘겨준다는 건 있을 수 없는 일이었다. 다음 날 다른 길로 돌아서 그 장소로 갔더니 총은 가져갔고 최 순경 시신만 있기에 찾아왔다.

창설 멤버로서 정찰대와 의무관으로 활동했던 최익순 순경, 나는 그에게 많이 배웠다. 최 순경은 내가 입대했을 때 부대장 연락병이었다. 어린 내가 연락병으로 추가되자, 그는 하나부터 열까지 꼼꼼하게 가르쳐주었고 챙겨주었다. 나는 그에게 배우고 실전을 치르면서 서서히 노련한 전사가 돼갔던 것이다.

그의 고향이 북한에 속한 강원도여서 연락할 가족이 없었다. 부대원이 오열하는 가운데 다압면에 묻고 말았다. 나중에 월남한 사람들이 섬진강이 내려다보이는 언덕에 묘역을 조성해서 이곳저곳에 매장된 북한 출신 전사자 시신을 한 곳에 모았다. 그의 무덤은 그 묘역으로 이장되었다.

이틀 후 복수하기 위해 황죽골에 매복했다. 산에서 내려오던 빨치산 셋을 발견하고 일제히 사격을 가했다. 두 명은 사살했으나 한 명은 놓치고 말았다. 이후에도 몇 번 잠복했지만 큰 전과를 내지 못했고 그 정도에서 최 순경의 복수를 끝내야 했다.

이후에도 백운산으로 몇 차례 작전을 나갔지만 성과를 내기는커

---

43) 승리사단 사단장 이진범 외 400명, 인민여단 여단장 김재연 외 170명, 혁명지대 지대장 서홍석 외 60명 – 구술사연구, 사장님이 되었던 빨치산, 노용석, pp 69

녕 산동에서 온 이해성 순경이 또 전사하고 말았다. 홍주승 부대장의 고향 구례군 산동면 중동마을에서 십여 명이 부대에 합류한 바 있었다. 이 순경은 고향사람이 대장인 부대가 좋다고 들어왔다가 전사하고 말았다.

황죽골은 악연인가

1953년 7월 27일 휴전협정이 조인되었다. 수천 년 역사 이래 이 땅에서 일어난 가장 큰 참극이었던 한국전쟁, 이로 인한 피해는 실로 막심했다.

전쟁기간 동안 전상자 및 실종자가 국군 621,479명, UN군 151,129명이었다. 민간인 사망·학살 373,599명, 납치 84,532명, 행방불명 303,212명, 부상 229,625명이었다[44]. 공식 집계만 이 만큼이었으니 더 큰 인명피해가 발생했을 것이다. 게다가 수백만 피난민과 10여만 전쟁고아가 생겨났다. 거기에 도로, 교량, 공장 등 국가 기반시설과 산업시설, 그리고 주택이 파괴되어 이 땅을 폐허로 만들었다.

전선의 총성은 멈추었지만 지리산의 총성은 멈추지 않았다. 송환협상에서 제외된 빨치산은 휴전에도 아랑곳하지 않고 여전히 활동했다.

그즈음 김지회부대, 전남 유격사령부의 남태준부대와 제1연대 등 세 부대가 빨치산 이동 요충지 백운산을 번갈아 지킨다는 사실을 알았다. 특히 제1연대장은 '외팔이'로 불렸는데 백아산, 모후산 등

---

44) 한 권으로 읽는 6·25전쟁, 국방부 군사편찬연구소, 2016.11.15., pp 504~505

을 무대로 맹활약하여 이름을 날렸다[45].

1953년 여름 백운산 작전에 나섰다. 이번에도 최익순 순경과 이해성 순경이 희생당한 황죽골이었다.

그러나 백운산을 지키는 빨치산 부대는 여전히 만만치 않았으니 두 전우가 한번에 전사하고 말았다. 정찰 나갔던 김재선 순경과 이름이 기억나지 않는 경기사수가 전사했고, 박기대 순경이 부상당한 채 돌아왔다.

약 한 시간 후에 우리 부대가 들어가서 두 사람의 시신을 찾아왔다.

고향 후배를 포함해서 대원이 전사하자 눈에 불이 난 홍주승 부대장이 복수하기 위해 모든 부대원을 이끌고 출동했다.

나는 백아산 작전에서 부상당한 허리가 낫긴 했지만 가끔 통증이 찾아오면 견딜 수 없을 만큼 아팠다. 아마 다른 부대원이었다면 퇴출시켰을 것이다. 그러나 홍주승 부대장은 처음부터 나를 아꼈고 다친 이후 통증이 재발할 때는 쉴 수 있도록 배려했다. 그때도 허리가 좋지 않아서 잔류병으로 남기도 했고 부상자 후송을 맡고 있었다.

면사무소 창고에 두 전우의 시신을 안치했는데 대대본부에서 아무 조치를 취하지 않았다. 내가 불 꺼진 창고에서 밤 12시까지 동료의 시신을 지키고 있었다.

본부소대에서 두 사람이 나왔다.

"혼자 수고 많습니다. 우리가 지킬 테니 이제 쉬십시오."

---

[45] 당시 빨치산 지휘관 중에 팔에 부상을 입은 외팔이가 더러 있었다. 여기서 말하는 외팔이는 남태준으로 추정된다. 그는 전남 유격대 제1연대장 시절 팔에 부상을 당했다. 아울러 빨치산부대의 명칭변경과 지휘관 이름은 정확하게 파악되지 않으므로 남태준부대와 제1연대의 실체가 같을 수도 있다.

그들이 초를 갖고 와서 켰다.

다음날 아침, 작전 나갔던 부대장이 돌아와서 내게 전날 밤 상황을 물어보았다. 12시까지 시신을 어두운 창고에 놓아두었다고 대답했다. 그러자 부대장이 노발대발하며 권총을 뽑아들고 대대본부로 쳐들어가서 일갈했다.

"촛불도 켜지 않은 창고에 전우를 방치하다니. 어떤 놈들이 우리 대원을 그렇게 푸대접했어! 대갈통을 쏴버리겠다."

부대장이 방아쇠를 당길 듯 씩씩거리며 고래고래 고함을 지르자 간부들은 다 도망가 버리고 졸병 몇만 남아서 쩔쩔 맸다.

한바탕 소동이 벌어진 후에 장례를 치렀다. 김재선 순경의 시신은 산동으로, 경기사수의 시신은 화순으로, 각각 그들의 고향으로 운구되었다.

한편 전사한 두 전우와 함께 정찰에 나섰다가 부상당한 박기대 순경은 전향한 빨치산이었다. 그는 남원 경찰병원에서 부상이 완치되었고, 승진 시험에 합격하여 순창경찰서에서 근무했다.

이후에도 백운산 주변에서 몇 차례 작전을 펼쳤지만 특별한 성과를 거두지 못했다. 백운산을 지키는 부대는 다른 집단과 달리 최정예 전투부대였다. 상대하기 만만치 않다는 사실을 깨닫고 잠복 작전으로 전환했지만 그마저도 성과가 신통치 않았다.

이현상의 죽음으로 남부군 지휘부는 궤멸되었지만 예하 부대는 여전히 맹위를 떨치고 있었다. 이미 조우했던 김지회부대 외에 남태준부대도 보통 강력한 전력이 아니었다. 전원 무장한 대부대에다가 개인 전투력이 뛰어나서 소수의 보아라부대가 나섰다가 피해만 가중되자 조심하지 않을 수 없었다.

매복 중에 그들이 지나갈 때가 있었다. 대부대가 경계태세를 유지하며 행군하는데 빈틈을 찾을 수 없었다. 섣불리 공격했다가는 도리어 우리가 역공 받을 뿐이었다. 그럴 때는 꼼짝 못하고 전부 지나갈 때까지 그대로 있어야 했다. 심지어 용변이 마려워도 움직일 수 없어 그대로 싸는 대원이 있었다.

어느 날 정찰대로 보이는 빨치산 셋을 발견하고 사격했다. 둘을 사살했고 하나를 쫓아갔지만 어찌나 날쎈지 도저히 사로잡을 수 없어서 사살하고 말았다.

정보를 캐내기 위해서는 생포해야 했다. 그러나 백운산에서는 단 한 명도 생포하지 못했다. 그들이 남태준부대 소속인 사실은 시신에서 찾아낸 수첩을 보고 알았다.

상이(傷痍)경찰과 착한 과부

시간을 거슬러 올라가서 858전투경찰부대 시절에 있었던 일화를 소개하겠다.

보아라부대가 추수보호작전에 투입되었다. 추수보호작전이란 월동식량을 마련하기 위해서 추수철에 출몰하는 빨치산을 잡는 작전을 말했다.

벼가 익으면 빨치산이 포복하듯이 논에 다가가 몰래 이삭만 베어 가므로 잘 보이지 않는다. 가져간 벼를 홀태46)로 탈곡한다. 그리고 됫병이나 맥주병에 반쯤 담고 꼬챙이로 찧어서 도정한다. 다음에는 막대기 두 개에 천을 고정시켜서 부채질 하면서 다른 사람이 살살

---

46) 곡식 이삭을 훑어서 탈곡하는 도구. 나무나 쇠로 큰 빗처럼 만들며 이삭을 넣고 잡아 당겨서 탈곡한다.

부으면 껍질은 날아가고 알곡만 남는다. 이런 방법은 생포한 빨치산에게 들었다.

추수철 어느 날 우리 부대가 빨치산 출몰이 예상되는 곳으로 매복하러 가는 길이었다. 그런데 숨어있던 빨치산이 먼저 사격을 가했다. 앞에 가던 이인수 순경은 장단지에, 조병훈 순경은 허벅지에 맞았으며, 한 명은 총알이 머리를 아슬아슬하게 스치고 지나갔다.

내가 두 사람을 부산경찰병원으로 후송했다.

허벅지 관통상을 당한 조병훈 순경은 끝내 절단수술을 받고 말았다. 수술 후 그가 깨어나서,

"다리 한 토막 땅에다 썩히고, 남은 거 하나 누가 가져갔으면 좋겠다."

면서 흐느낌을 그치지 않았다.

서른도 안 된 젊은이가 불구로 살 길을 생각하니 암담했을 것이다. 그가 하도 괴로워하며 신세타령을 하자 식당을 운영하며 병원에 밥을 갖다 주던 아주머니가,

"난 아들도 있고 집도 있고 다 있는데 남편만 없어요. 내가 아저씨 평생 책임지고 살 테니까 울지마세요."

라며 위로했다.

나는 조 순경을 후송시키고 나서 귀대해야 했는데, 조 순경이 날 붙잡고 하소연하는 통에 차마 귀대한다고 말하기가 곤란했다. 그때 그 아주머니가 알아서 할 테니 가라고 했다.

나중에 몸이 회복된 조 순경이 부대에 들렀다. 한쪽 다리에 의족을 부착하고 목발에 의지해 불편한 걸음으로 다녔다. 나를 보자마자 불구가 된 신세를 한탄했다.

"안 죽고 살긴 살았으나 앞으로 살길이 꿈만 같아."

"힘내세요. 이인수 말 들으니까 그 아줌마 괜찮은 거 같던데. 아이들이 '아버지', '아버지'하며 잘 따른다면서요?"

"심성도 착하고 인물도 괜찮은 사람이 나 같은 병신하고 살겠나. 무릎 아래가 짤렸다면 불편해도 일 해보겠구만, 이거 매달고 다니기도 힘들고 허리도 제대로 쓰지 못하겠으니……. 마지못해 하긴 하고 다니지만 돈만 들었지."

그의 두 눈에서 뜨거운 눈물이 흘러내렸다. 한창인 나이에 불구가 되었으니 어찌 살길이 막막하지 않겠는가.

얼마 후 그가 한결 나아진 표정으로 다시 찾아왔다. 나를 붙잡고 울먹이면서 살아갈 길을 걱정하더니 자신감을 찾은 듯해서 다행이었다. 보상금으로 버스를 마련하여 시골에서 운행하겠다면서 구체적인 계획을 세워놓고 있었다. 고장 난 군용트럭을 버스로 개조하여 운행하던 시절이었다. 전쟁통에 무수하게 쏟아져 나온 상이군경마다 살길을 찾기에 급급했다. 조 순경이 일을 찾았고 연금으로 기본적인 생활이 가능하다며 희망을 갖게 돼 다행이었다.

"잘 됐습니다. 우리들도 월급에서 도와줄 테니 힘내세요. 공산당과 싸우던 그 용기만 갖고 있으면 어디 가서 뭘 못하겠습니까?"

그 이후 조 순경은 바빴는지 부대를 찾아온 적 없었다. 얼마 지나지 않아서 그 아주머니와 함께 시골로 떠났다는 소식을 들었다.

조 순경은 전북 장수 사람으로 서울에서 일하다가 한국전쟁을 맞았다. 피난 다니면서 먹고 살기가 힘들어서 보아라부대에 들어왔다가 불구가 되고 말았다.

무수한 사람이 죽고 팔다리가 잘려나가는 전장에서, 한 송이 아름다운 꽃과 같이 착한 마음씨를 가진 아주머니가 있었다.

6. 천왕봉 경남도당 연락과 체포 작전

지리산 주봉 천왕봉은 제주도에 있는 한라산을 제외하고 남한에서 가장 높은 해발 1,915m이다47). 삼도봉48)을 중심으로 전남, 전북, 경남 3개 방향으로 수없이 많은 산줄기와 골짜기가 뻗어 나간다.

노고단에서 약 26km 떨어진 천왕봉이 희미하게 보인다.

경남 산청군 시천면 중산리. 멀리 천왕봉이 보인다.

인민군 점령 시절, 남한에 존재했던 공산당 도당道黨이 하나씩 사라지고 1952년말에 이르자 실질적으로 남은 도당은 전남, 전북, 경

---

47) 2007년 함양군에서 정확하게 측량한 결과 1,916.77m라고 발표했다.
48) 옛날부터 말하는 삼도봉은 충청, 전라, 경상도가 만나는 민주지산에 있고, 지리산 삼도봉은 전남, 전북, 경남의 경계이다.

남 세 개였다. 이 세 개 도당은 지리산이 있었기에 버틸 수 있었다. 천왕봉은 경남도당 영역이었다.

지리산 산채

천왕봉 주위에 근거를 둔 경남도당은 한때 문순묵이 참모로 있었으며 산청군 시천면 등을 장악한 채 주민들이 추수하게 하고 현물세까지 걷어가는 등 맹위를 떨쳤다.

경남도당이 이처럼 강력했던 이유는 한국전쟁 상황과 무관하지 않다. 낙동강 전선에 몰렸던 인민군이 인천상륙작전으로 퇴로를 차단당하자 지리산 일대로 숨어들었다. 지리산은 전북 남원, 전남 구례, 경남 산청 등에 걸쳐있어, 입산한 패잔병들은 각 도당 소속으로 활동했다. 인민군 편제와 무장을 갖춘 채 입산했으니 강력했고, 특히 낙동강 전선에 몰렸던 많은 인민군이 입산한 산청군 시천면에서 위세를 떨쳤다.

보아라부대는 천왕봉에 수차례 출동했다. 한번은 하산하다가 엄청난 규모의 산채를 목격했다.

낙동강 전선에서 후퇴한 직후 북한군이 지은 막사였다. 땅을 평평하게 골라서 대지를 만들고 수십 년 자란 낙엽송을 베어다가 통나무집을 지었다. 돌로 만든 화덕에 밥을 해먹은 흔적이 남아 있었다. 수십 채 족히 되던 그 산채는 1,000명 이상 거주할 만했다.

북한군이 그 산채에 머물 때, 국군 포로 수십 명을 끌고 가서 공산당 교육을 시켰다. 그리고 나서 쓸 만한 옷을 입혀서 고향으로 보냈다. 그리고 부대로 돌아가면 다시 군생활을 해야 하니까 집으로 가라고 지시하면서 차비를 지급했다. 제주도 등 먼 곳은 많이 주는 등 거리에 따라 차등 지급했다. 부대로 돌아간 군인은 조사를 받고 풀려났지만 북한군 지시대로 집으로 돌아갔던 군인은 탈영으로 간주되어 처벌을 받았으며 영창을 가기도 했다.

정보를 캐내면서 쳐들어가다

지리산이 빨치산의 영역이긴 했으나 국군의 연이은 토벌작전으로 활동이 위축되었다. 그러나 빨치산 숫자가 줄어들었다고 해서 전투력이 약해졌다고 여기면 곤란하다. 초기에는 비무장이 많았지만 시간이 흐를수록 정예화되었다. 다만 인원이 줄어든 만큼 보급사업이 잠잠해진 현상은 있었다. 그즈음 보아라부대의 작전도 대부대 기습에서 잔당 수색으로 바뀔 수밖에 없었다.

1952년초 시천면에 장기간 주둔하면서 작전을 벌였으나 큰 성과를 내지 못한 바 있었다.

1952년말 시천지서를 베이스캠프로 삼고 천왕봉 공략에 나섰다. 빨치산이 많다는 것만 알 뿐 상세한 정보가 없어서 작전을 펴면서 정보를 수집해야 했다. 정보를 알아내기 위해서는 빨치산을 생포해서 진술을 받는 수밖에 없었으니 생포가 작전의 관건이었다.

아침에 출동해서 아지트가 있을 만한 골짜기를 수색하면서 천왕봉을 향해 올라갔다. 점심 무렵에 밥 짓는 연기부터 찾았다. 왜냐하면 아무리 조심한들 연기가 전혀 나지 않을 수 없기 때문이다.

계곡에서 희미한 연기가 피어오르고 있었다. 연기가 나는 곳으로 접근했더니 비무장 빨치산 둘이 밥을 하고 있었다.

총을 들이대고 "동무"하고 부르자 도망가면서 수류탄을 던졌다. 총이 없는 비무장도 대개 사제 수류탄을 갖고 있었다. 수없이 전투를 치른 우리가 수류탄 하나 터진다고 멈칫하겠는가. 가볍게 피하고 나서 위협사격을 가하자 땅에 엎드렸다. 한 대원이 소리쳤다.

"네가 총알보다 빠르냐!"

결국 둘을 생포했다.

우리는 빨치산을 생포하면 불안감부터 덜어주었다. 그리고 솔직하게 털어놓도록 유도하는 데에 탁월한 노하우를 갖고 있었다.

"어디 가면 동무들을 많이 만날 수 있소?"

공포에 떠는 포로를 살살 달래자 순순히 실토했다.

포로의 진술을 통해 빨치산이 많이 다니는 길을 알아냈다. 보급사업에 나선 사람과 정찰병이나 연락병이 있으리라는 정보였다.

포로를 대동하고 빨치산이 다닐 만한 길목에서 기다리자 두 명이 의심 없이 다가왔다. 그들에게 말을 걸어서 주의를 흩어놓고 다른 대원이 뒤에서 손쉽게 제압했다.

그 동안 고생 많았다는 위로와 함께 담배와 건빵을 주면서 구슬리자 순순히 응했다. 그들은 진주지역을 정찰한 후 경남도당 연락과에 보고하고 돌아가는 길이었다.

천왕봉 정상에 경남도당 연락과 요원 20여 명이 있으며, 기관총 1정을 포함한 총기 약 15정을 갖고 있다는 점을 알아냈다.

"무장이 좋네."

"연락과라 무장이 좋습네다."

아울러 막사는 쑥 들어간 바위 앞에 나무 기둥을 세우고 가로장을 댄 다음 산죽을 엮어서 만들었고 문이 세 개 있다고 진술했다. 또한 막사 100~200m 아래에 보초 둘이 있는데, 그들만 처리하면 공격이 용이하다는 점까지 알아냈다.

계곡에서 잡은 포로 둘과 연락요원 둘, 네 명으로부터 알아낸 정보를 기초로 작전을 수립했다.

　우선 보초를 잡을 정찰대 세 명이 필요했다. 홍주승 부대장이 먼저 나를 지목하고 나서 지원자를 찾았다. 정찰대 임무는 항상 내게 떨어졌다. 나와 함께 정찰활동을 많이 한 임병귀 순경이 자원했고 한 명이 더 필요했다.
　경기보조 정동재 순경이 자원했다. 다만 탄약을 들고 따라다니기 힘들었던지 임무를 바꾸어주면 하겠다는 단서를 달았다. 부대장이 그렇게 해주겠다고 대답했다.
　정찰대 셋이 앞장섰다. 나와 임병귀 순경은 단골 정찰대였다. 임 순경이 워낙 나이가 들어보였기 때문에, 둘이 함께 가면 얼핏 할아버지와 손자로 여겨졌다. 정찰대로 수차 활동했으므로 서로 몸짓만 보고도 알아서 움직일 만큼 호흡이 척척 맞았다.

천왕봉 공격

　내가 빨치산 노래를 부르면서 천왕봉 아래에 접근했다. 포로의 진술대로 보초 둘이 앉아서 숯불을 쬐고 있었다. 임 순경과 정 순경이 뒤따라오고 있었다.
　"빨리 좀 따라오슈!"
　"좀 천천히 가! 춥긴 또 왜 이리 추운지."
　"김 동무! 배고픈데 좀 쉬었다 가자구."
　임 순경이 가쁜 숨을 몰아쉬는 척 대답했고 정 순경도 거들었다. 보초의 존재를 의식하지 않고 계속 말했다.
　"연락과에서 얻어먹읍시다."

천천히 보초에게 접근했다. 총을 돌에 걸쳐놓고 있었다. 전혀 경계하지 않는 모습으로 나를 물끄러미 쳐다보다가 말을 붙였다.

"어린 동무가 수고 많소. 앉아서 불이나 쬐고 가슈."

"동무들, 추운데 고생하오."

보초에게 다가가서 엉뚱한 이름을 대면서 잘 지내느냐고 묻자 고개를 갸우뚱했다. 그동안 임 순경과 정 순경이 다가왔다. 정 순경은 또 다른 보초 옆에, 임 순경은 앞에 자리를 잡고 불을 쬐는 척했다. 내가 계속 말을 붙였다.

"얼마 전까지 있었는데."

"어디로 소환 갔을 수도 있고."

"키가 작고 땅개란 별명을 가졌소."

"땅개란 이름은 들은 적 있는 것 같은데……."

대화하던 보초의 눈길이 우리들의 신발에 멈추었다. 우리가 가장 의심을 사는 부분이 신발이었다.

빨치산 수기를 보면 신발로 인해 고생했다는 사실을 알 수 있다. 신발이 귀하기도 했지만 험한 산을 오르내리므로 쉽게 해어졌다. 보급사업을 나가서 구할 수 있는 신발은 고무신뿐이었다. 국군에게 노획한 군화를 신는 경우도 더러 있었지만 드물었다. 대개 떨어진 신발을 수선하거나 끈으로 묶었다. 고무신 바닥을 위로 향하게 하고 천과 바느질을 해서 묘하게 만든 신발을 본 적 있었다.

우리는 모두 농구화를 신은 탓에 의심 받기 좋았다.

보초가 신발을 유심히 보고 나서 정 순경을 빤히 쳐다보았다. 정 순경은 인물이 훤해서 빨치산으로 보이질 않았다. 임 순경의 눈짓에 맞추어 나와 정 순경이 보초를 뒤에서 꽉 감싸 안았다.

"동무, 놀라지 마!"

임 순경이 겉에 걸친 옷을 들추고 경찰 제복에 부착된 이름표를 보여주면서 경찰 신분증을 들이밀었다.

정 순경이 당황한 눈빛이 역력한 보초에게 속삭이듯 말했다.

"임 순경은 백아산에 있었어. 나도 산 생활 좀 했고. 우리 그런 사람이야."

보초가 벌벌 떨며 체념하는 눈빛을 보였다.

대부분 체포되면 저항을 포기하고 순순히 자백했다. 끝까지 저항하며 죽이라고 고함치는 악질도 있었다지만, 우리는 그런 사람을 보지 못했다. 수년간 쫓기던 생활이 끝났다는 안도감을 가진 경우도 있었을 듯하다.

임 순경이 살살 구슬리면서 불안감을 씻어주자 포로가 순응했다.

"동무들이 몇이나 있나!"

"한 스무 명 됩네다."

"식사들은 했나?"

"밥 먹고 교대했으니까 아마 먹었을 겁네다."

"지금 뭐하고 있소?"

"낮잠 자는 사람도 있고 공부하는 사람도 있을 겁네다."

그들이 말하는 공부는 공산당 학습이었다. 추위와 배고픔에 시달리며 토벌대에 쫓기면서도 사상학습을 빼먹지 않았다. 문화부지원 등 교육을 담당한 간부들이 공산당 역사에 대해 가르쳤다. 그리고 해방 후, 즉 남한을 공산화시킨 다음, 할일에 대해 세뇌교육을 시켰다. 산에서 온갖 고생과 죽음의 공포를 극복하면서 처절하게 버틴 힘의 원천은 그런 정신교육에도 있었을 것이다.

부대원이 전부 올라와서 합류했다. 부대장이 정찰대에게 수고했다고 격려했다. 임 순경이 파악한 정보를 보고했다.
 부대장이 방금 잡힌 보초에게 물었다.
 "저 위에 있는 애들을 불러낼 방법이 없나?"
 포로가 고개를 가로 저었다.
 "천상 전쟁해야겠구만."
 보초를 제압했으므로 막사 접근에 어려움이 없었다. 여기저기 녹지 않은 눈이 있었다.
 대원들이 막사를 포위하는 한편 수류탄과 조명탄 공격을 맡은 대원이 각자 자리를 잡았다. 뒤이어 부대장이 소리쳤다.
 "너희들은 포위됐다. 손들고 나와라!"
 빨치산이 산죽 문을 열고 빼꼼히 내다보더니 총을 쏘았다.
 우리도 일제히 응사했다. 그들은 수적 열세에 놓이자 몸을 숨기고 총만 내민 채 쏘고 있었으니 공격 준비를 마친 우리에게 위협이 되지 못했다. 막사에 수류탄과 조명탄이 투척되었다. 폭발과 함께 막사가 날아가면서 불이 났다. 막사 안에 있던 자들이 튀어나와 여기저기 엎어졌다.
 피를 흘리기도 했고 불에 덴 사람도 있었다. 화상을 입은 사람은 눈밭으로 보내 식힐 수 있게 하고 지혈과 소독을 해주었다.
 부상 상태를 살펴보니 경상을 입은 사람도 꽤 있었다.
 "따라올 수 있는 사람은 따라와라. 데려가서 치료해주겠다."
 그들은 의심의 눈초리를 보이며 쉽사리 따라 나서지 않았다.
 "너희들을 죽이려면 여기서 죽이지 왜 고생하면서 데리고 가겠나! 산에 있으면 결국 죽는 걸 알지 않느냐!"
 심한 부상으로 움직이기 힘든 사람은 그대로 남아있을 수밖에 없었다. 우리는 쌀과 약품, 담요를 주고 움직일 만하거든 산을 내려와서 자수하라는 말을 남기고 떠났다.

경남도당 연락과를 제압하고 내려오면서 환자 수십 명이 숨어 있는 환자트를 발견했다.

추운 겨울에 전투에서 중상을 당한 빨치산은 죽은 목숨이나 다름없었다. 쫓기다보니 후송이 어려워서 죽어가는 동료를 쏘아 죽이기도 했다. 그리고 환자트로 후송해도 고통만 가중될 뿐 결과는 비슷했다. 멀쩡한 사람도 굶어 죽는 판국이니 노천이나 마찬가지인 환자트에서 고통만 받다가 굶어 죽고 얼어 죽기 십상이었다.

환자트에 있는 사람들은 대부분 열병을 앓고 있어서 회복이 가능할 것으로 보였다. 다만 증세에 따라서 움직이지 못하는 중환자도 있었다. 따라나설 만한 사람들을 데리고 귀환길에 나섰다.

올라갈 때 잡은 포로에 정상에서 잡은 포로 및 부상자, 그리고 하산길에 잡은 포로를 모두 더하니까 50명쯤 되었다.

포로를 내놓으라는 국군

무장 빨치산부대가 언제 어디서 나타날지 알 수 없으므로 발걸음을 서둘렀다. 포로 호송보다 안전한 철수가 우선이었다. 우리는 항상 작전에 앞서 철수를 고려했다. 따라올 사람은 따라오라고 하고 앞장서서 신속하게 내려왔다. 산길을 내려오자 민간인과 군인 막사가 보여서 일단 위험지역을 벗어났다.

우리는 철수할 때 뛰다시피 했으므로 몸이 성치 않은 포로는 따라오기 힘들었을 것이다. 게다가 하산길이 워낙 멀었다. 거기까지 따라온 포로는 약 20명에 불과하여 절반도 남지 않았다. 나머지는 도로 산으로 올라갔거나 길에서 퍼졌을 것이다.

약 1km가 훤히 보이는 곳에서 아무리 기다려도 따라오는 포로가 없어서 시천지서로 이동했다.

도중에 권총을 찬 국군 셋이 길을 막았다.

"니들, 어디 갔다와!"

"전쟁하고 오는 길이다."

"그래? 몇 놈이나 죽였나."

홍주승 부대장은 군인의 같잖은 태도가 못마땅했으나 군의 위세를 무시할 수 없는 처지였다. 마지못해 상대하다가 전과를 부풀려서 큰소리쳤다.

"한 150명 죽이고 오는 길이다."

"뻥까고 있네!"

"뻥이 아냐! 이 포로들에게 물어봐라."

"뭐? 포로를 잡았어?"

그 말이 믿기지 않는 모양이었다. 생포는 대단한 전과였으니 20명이나 되는 포로를 보고 놀라움을 금치 못했다. 그러더니 느닷없이 생떼를 썼다.

"몇 명만 주고 가!"

"당신들도 잡아! 왜 우리가 잡은 포로를 달라고 행패야!"

"이 새끼! 콩알 맛좀 봐야겠네."

군인이 권총을 뽑아드는 순간이었다.

타타탕.

내가 그들 발 앞에 연발 사격을 한바탕하고 나서 소리쳤다.

"빵꾸 나기 전에 꺼져!"

군의 위세를 믿고 기세등등하던 군인들은 우리가 세게 나가자 허겁지겁 피하고 말았다.

여기서 경찰과 군인에 대해 언급하고자 한다. 빨치산은 제복 색에 빗대어 경찰을 '검은 개', 군인을 '노랑 개'로 불렀다.

소설이나 수기를 보면 경찰보다 군인을 무서운 존재로 묘사하는데, 국군이 경찰보다 전투력이 강해서가 아니었다. 국군은 무장이 경찰에 비해 월등했고 때로는 공군을 동원한 작전까지 수행했으며 많은 병력을 투입하여 대대적으로 공격했기 때문이다. 국군이 토끼몰이식 작전을 전개하면, 빨치산은 도망 다니며 숨어있을 수밖에 없었다.

포로를 달라는 요구를 무시하고 겁을 줘서 쫓아버렸으니, 군부대가 출동해서 무슨 험한 짓을 할 지 몰랐다. 서둘러 시천지서로 들어가서 사령부에 전과를 보고했다.

부대장이 생포 20명, 사살 150명으로 부풀렸다.

다음날 사령부에서 GMC 트럭 두 대를 보냈고 모든 부대원과 포로가 남원으로 이동했다.

남원 외곽에 도착하자 사령부 간부 등이 마중나와 있었다. 사령부까지 이동하는 동안 "빨치산 잡은 보아라부대를 보아라"며 카퍼레이드를 했고 시민들이 길에 늘어서서 구경했다.

그때쯤은 빨치산 수가 줄어들어서, 포로를 20명이나 잡는 일이 없었으므로 보아라부대가 거둔 성과가 크게 알려졌다.

국군과 경찰의 갈등

한국전쟁기에 빨치산 토벌은 국가적 과제였다. 국민의 삶을 지키는 경찰과 국가를 지키는 군인의 임무는 똑같이 중요했다. 어느 것이 우선이라고 말할 수 없지 않은가.

그런데 전투 현장에 나선 국군과 경찰의 갈등이 생각보다 심각하여 부작용이 발생하곤 했다. 군경 합동작전을 할 때 서로 협력해서 동시에 공격하는 방법보다 시간을 정해 놓고 교대로 작전에 임했다. 정해진 철수시간 이후에는 무차별 공격을 할 테니 알아서 나오라는 식으로 통보했다. 국군이나 경찰이 자기들 작전시간에 이룬 성과를 내세우며 서로 지나치게 경쟁했다. 이현상 사살에 대해 군경이 서로 죽였다고 주장하다가 급기야 총부리를 들이댄 사건이 압권이다. 특히 대규모 병력을 앞세운 국군이 경쟁의식을 더 갖고 있었다고 볼 수 있다. 똑같은 임무를 수행하면서 왜 갈등을 빚게 되었을까?

이 문제의 씨앗은 초창기 경찰과 국군의 형성과정에 있었고, 더 거슬러 올라가면 일제시절에 태동했다.

• 친일 경찰, 미군정 후광을 업다

1945년 8월 15일 일본이 무조건 항복하자 곧이어 미군이 진주하고 군정을 개시했다. 미 군정당국은 당장 치안을 안정시키는 게 과제였다. 점령군 미군으로서는 우리나라의 역사나 미래에 대한 관심이 없었다. 손쉽게 치안을 확보하는 길은 일제시절 경찰을 다시 등용하는 방법이었다.

한편 해방되었을 때 경찰을 지낸 친일인사들은 전전긍긍하지 않을 수 없었다. 특히 일본에 빌붙어 우리 민족을 핍박하던 경찰은 목숨이 위태로워졌다. 그들에게 당하던 국민들이 복수에 나서는 상황으로 바뀐 것이다. 일부는 일본인을 따라 일본으로 도망갔고, 남은 사람들은 바뀐 세상에서 숨을 죽이며 살아남을 방도를 모색해야 했다.

이때 반전이 일어났으니 미군정이 그들을 다시 불러들인 것이다. 일제시절 친일순사가 일본인이 빠져나간 경찰간부로 승진했다. 그들에게 다시 몽둥이와 총이 쥐어진 것이다. 미군정이 뒤에 있으니 막강한 권한을 가졌다.

해방을 맞아 해외로 피신했던 독립운동가들이 귀국하고, 재야에서 지내던 애국지사들이 사회에 진출할 때, 벌써 친일인사들이 요소요소를 장악하고 있었다. 그들은 미군정을 등에 업고 경찰을 앞세워 주도세력으로 부상했다. 뜻있는 사람들이 반민특위[49] 활동으로 친일세력을 몰아내려 했지만, 도리어 역풍을 맞아 몰락하는 민족사의 비극이 탄생되었다.

일제시절 순사가 힘을 가진 이유는 독립운동 색출이란 명목으로 마음껏 몽둥이를 휘두를 수 있었기 때문이다. 해방 후 경찰은 더욱 막강한 채찍을 쥐게 되었으니 일제시절보다 더 쉬운 올가미가 생겼다. 바로 공산주의 척결이었다. 친일경찰을 들먹이면 공산당으로 몰아붙였다. 많은 사람들이 경찰의 핍박을 피해서 산으로 들어갔다.

그런데 경찰을 피해서 산으로 올라가는 방법 이외에 새로운 돌파구가 생겼으니 국군에 입대하는 것이었다. 군국주의 일본의 영향을 받아 군인이 경찰보다 우대받았으니, 경찰이 군인을 함부로 대할 수 없었다.

• 국군에 팽배된 경찰 배척 분위기

---

49) 1948년부터 1949년까지 일제강점기 친일파의 반민족행위를 조사하고 처벌하기 위해 설치했던 특별위원회. - 네이버 백과

그 틈을 타서 공산당이 국군에 스며들었다. 장교 및 사병을 불문하고 공산주의자가 많았고 이들로 인해 국군은 적색으로 물들어갔다.

이렇게 보면 하사관들이 여수순천사건을 주도했던 상황을 이해할 수 있다. 처음 여수항에서 반란을 일으킨 병력은 제14연대 1개 대대 몇백 명에 불과했다. 그런데 불과 이삼일 만에 반란군이 이삼천으로 불어났다. 이는 위와 같은 국군 창설기 상황을 알고 있지 못하면 이해할 수 없다.

이런 분위기는 한국전쟁 이후까지 이어졌다. 표면적으로는 숙군肅軍을 통해 국군에서 공산당을 몰아냈다. 그러나 의식에 잠재되어 있는, 친일헌병에 연유한 '체제에 대한 불신'까지 뽑아낼 수는 없었다. 빨치산 수기에서 토벌 군인이 물러갈 때 많은 탄약을 남기면서 열심히 싸우라는 쪽지를 넣어두었다는 기록을 본 적이 있다. 국군에서 공산당 추종이라고까지는 말하지 못할지언정 반정부 태도가 불식되지 않았음을 알 수 있다.

경찰이 볼 때는 자기들의 올가미를 피해 국군으로 들어간 '어제의 밥'들이 오히려 위세를 부렸다. 군인이 볼 때는 친일 권력을 휘두르던 자들이 여전히 국민 위에 군림했다. 그래서 군인과 경찰이 서로 반목하여 갈등이 촉발된 측면이 있다고 볼 수 있다.

국군과 경찰의 이런 갈등은 쉽사리 해소될 수 없었고 서서히 사라졌다.

보아라부대의 포로정책

군경과 보아라부대가 포로를 대한 태도를 언급하겠다.

국군은 정보를 캐내기 위해 포로에게 폭행을 가해서 자백 받는 경우가 많았다. 나는 한국전쟁 직전에 경찰에게 맞아봤지만 군인이 더 가혹했다.

그래서 우리는 다음과 같이 말했다.

"군인은 공산당을 잡는 게 아니라 만들고 있다. 때리니까 무서워서 산으로 도망가지 않느냐. 군인은 공산당 만드는 기계들이다."

군인은 적과 싸운다는 개념을 갖고 있기에 빨치산 포로를 적으로 인식하는 경향이 있었던 것 같다. 그러나 경찰은 성장한 지역에서 활동한 경우, 빨치산이 이웃이나 친척일 수 있었다. 특별한 원한을 갖지 않은 한 적대감이 덜했다.

포로에 대한 관대한 대우는 신상묵 사령관의 명령이기도 했다. 그는 양민이나 포로를 학대하면 빨치산만 양산한다는 지론을 갖고 있었다. 그래서 포로가 양심적으로 진술하면 조서를 받고, 자백하지 않는다고 해서 때리지 말라는 엄명을 내렸다. 빨치산 하나를 잡으려다 둘을 만들면 안 된다는 점을 강조했다.

서남전경대 제3연대장 구서칠 총경도 빨치산 포로를 학대하지 말라고 지시했다.

경찰이 포로를 관대하게 대한다는 소문이 난 뒤로는 빨치산이 집단 자수할 때 경찰을 찾았다.

우리 부대에 빨치산 출신이 많아서 그랬는지 모르겠으나 포로를 특히 관대하게 대했다. 그리고 작전에 임해서 빨치산을 사살하기보다 생포하는 걸 염두에 두었다. 그런 태도가 생포를 많이 한 원인이기도 했다.

우선 포로를 생포하는 단계부터 달랐다. 경찰은 수갑을 채웠고 국군은 포승줄로 묶었다. 그런데 수갑을 채우면 포로의 심리가 불안해지기 때문에, 우리는 수갑을 갖고 있어도 사용하지 않았다.

포로를 잡으면 그 지역에서 활동했던 대원을 부른다. 자기도 거기서 생활했다면서 누구누구 잘 있느냐, 어디는 그대로 있느냐 등 대화를 나누다보면, 포로가 자기 지역 빨치산이었다는 사실을 알게 되어 불안감이 해소된다. 그리고 포로를 죽인다는 말이 거짓이었다는 걸 깨닫고 협조하는 태도로 바뀌게 된다.

우리는 조사를 끝낸 포로에게 옷을 입히고 이발을 시켜서 집으로 보내주었다. 그리고 고향에 가면 산 생활을 했던 걸 알고 있을 테니까 경찰서에 먼저 들러서, 남원에서 자수하여 훈방되었다고 진술하라는 교육까지 시켜서 보냈다.

포로에 대한 조치는 계엄령이 유지될 때와 그렇지 않을 때가 달랐다. 계엄 상황에서는 포로를 무조건 군으로 이송해야 했다. 그렇지 않을 때는 자체 조사 후 훈방하는 경우가 많았다. 그런데 훈방되었다가 갈 데가 없으면 도로 입산하는 포로도 있었다.

구림면 산안마을에 살던 임방술은 우리에게 잡혔다가 훈방되길 세 차례나 반복했다가 네 번째 또 잡혔다. 그가 계속해서 산으로 올라간 이유는 군경에게 맞는 게 무서웠기 때문이라고 실토했으니 공산당을 만들었다는 말이 과언은 아니다.

작전 중에 잡은 포로가 대단히 많아서 몇 명이었는지 기억나지 않는다. 우리가 잡은 포로는 모두 사실대로 진술하여 작전에 도움을 주기도 했고, 심지어 잡아줘서 고맙다고 말하는 포로까지 있었다. 엄한 감시 속에서 빠져나오고 싶어도 용기가 없어 자수하지 못했던 사람은 차라리 잡히는 게 나았다는 말이다.

이태는 「남부군」에서 포로에게 관대했던 정책을 지지하면서, 그것이 빨치산 붕괴를 촉진시키고 많은 생명을 구했다고 증언했다[50].

보아라부대의 포로 사례

보아라부대가 포로를 대한 사례를 소개하겠다.

1951년 9월 내가 처음으로 보아라부대의 길안내를 맡은 회문산 작전에서 생포된 포로 중에, 담양사람 박건구와 그의 여동생이 있었다. 여동생은 결혼해서 갓난아기를 키우던 상태였다.

우리는 포로를 심문한 다음 대부분 방면했고 부대원으로 받아들이기도 했다.

그 남매는 갈 곳이 없어서 우리와 같이 생활했다. 박건구가 허리를 다쳐서 부대원으로 받아들일 수 없었다. 우리가 남원 이흥여관에 머물 때 빨래를 하는 등 시중을 들면서 지내다가, 출동하면 사령부에 가서 밥을 얻어먹으면서 지냈다. 사령부에서도 그들을 부대원처럼 대했다. 그렇게 지내다가 박건구는 허리가 나아서 부대원이 되었고 여동생 혼자 식객처럼 머물렀다.

마침 사령부 참모 한 사람이 다른 경찰서로 전근하게 되었다. 문순묵이 여동생의 딱한 사정을 말하면서 신상을 부탁했고, 그가 데리고 갔다. 박건구 순경은 부대가 해체될 때 고향인 담양경찰서를 원해서 그리 배치되었다.

박건구 순경뿐만 아니라 우리가 작전 중 생포한 빨치산을 부대원으로 받아들인 예는 여럿이었다.

조계산에서 잡힌 김균배는 체격이 당당했으며 우리 부대원이 되었고, 부대 해체 후 일반 경찰서로 전속되었다. 또한 백아산에서 체포된 김진규도 보아라부대원이 되었다.

그리고 앞에서 거론했듯이 1951년 10월 산안마을에서 생포된 전북도당 첩보과 부대원 등이 보아라부대원으로 활약했다.

---

50) 남부군, pp 461~462

1952년 백아산에서 황보원근을 생포했다. 조사를 마치고 집으로 보내려 했더니 갈 곳이 없다며 우리와 함께 있겠다고 청했다. 그는 일제시절에 활약하던 독립투사였다. 나이가 많고 행동이 둔해서 대원으로 적합하지 않았다. 결국 식객이 되어 밥을 해주고 심부름하면서 한동안 우리와 같이 지냈다.

이처럼 생포된 빨치산이 우리와 함께 지내게 된 사례는, 부대원들이 따뜻하게 맞아주었고 인간적으로 대해주었기 때문일 것이다.

보아라부대원은 적진에 뛰어들어 싸우는 용맹성도 갖추었고, 갈 곳 없는 양민을 거두어서 보호해주는 인간적인 면모도 보였으며, 우리에게 총부리를 내밀었던 사람을 동료로 받아들이는 넓은 도량도 갖추었다.

포로와 더불어 주민을 대한 태도에 대해서 말하고자 한다. 나는 빨치산 짐꾼도 했고 경찰 짐꾼도 했다. 그래서 빨치산이나 군경이 양민을 대하는 태도를 직접 겪었다.

보아라부대는 주민을 짐꾼으로 부리지 않고 직접 운반했다. 내가 처음에 보아라부대 짐꾼노릇도 했지만, 대원으로 점찍어놓고 행동을 살피는 과정이었다.

한편 우리가 작전을 나갔을 때는 보급품으로 나온 쌀로 식사를 해결했다. 가급적 민폐를 끼치지 않았으므로 주민들에게 호감을 얻었다.

7. 노고단을 점령하라

지리산과 빨치산! 떼려야 뗄 수 없는 단어이다.

예로부터 한을 간직한 사람들이 지리산 넓은 품에 안겼다. 수많은 사람의 도피처였으니 한국전쟁 전후 공산당도 지리산으로 숨어들었다.

해방 직후 불법화된 공산당이 곳곳에서 유격활동을 전개했다. 군경의 토벌작전으로 지리멸렬해진 가운데 그나마 세력을 유지하던 구빨치는, 이현상이 이끌던 제2병단이었고 그 근거지가 지리산이었다. 겨우 명맥을 유지하던 빨치산은 한국전쟁기에 북한군 패잔병이 대거 가세하면서 강한 전력을 갖추었다.

보아라부대는 수시로 지리산에 출동했다. 특별히 기억나는 작전은 서남전경대 시절 노고단 전투와 천왕봉 경남도당 연락과 공격이다.

해발 1,507m 노고단은 천왕봉(1,915m), 반야봉(1,734m)과 함께 지리산 3대 봉우리 중 하나이며, 전설의 국모 노고老姑할매의 전설을 간직하고 있다. 신라시대부터 현재까지 지리산에서 지내는 제사

서쪽에서 본 지리산. 멀리 노고단이 보인다.

는 노고단에서 지내는 것으로 알고 있다. 노고단老姑壇이라는 이름부터가 노고老姑의 제단祭壇이라는 뜻 아닌가.

노고단은 정상 서쪽에 큰 샘이 있고 다른 방향은 한참 내려가야 물을 구할 수 있다.

당시 노고단 정상은 수많은 폭격과 전투로 나무 하나 없는 민둥산이었다. 빨치산이 정상에 토치카를 구축해놓고 사격을 가하면 도저히 올라갈 수 없는 난공불락 요새였다.

국군은 항공기를 동원한 작전이 가능했지만, 개인 무장만으로 돌파해야 하는 경찰은 쉽게 공격할 수 없었다.

1953년 봄 들판에서는 보리를 베고 모를 내고 있었다.

그즈음 국군의 대규모 토벌작전으로 인해 위세가 약해지긴 했지만 빨치산은 정예 무장병력만 남아서 거세게 저항했다. 노고단은 군경이 공격하고 떠나면 다시 빨치산이 차지했다.

저녁 무렵 산수유로 유명한 구례군 산동면 쪽에서 올라갔다.

홍주승 부대장과 그의 동생 홍수복 분대장의 고향이 산동면 중동마을이다. 마을 뒤로 만복대를 비롯해서 지리산 서쪽 봉우리들이 늘어서 있다.

산동마을에서 오른쪽으로 올라 노고단으로 향했다.

빨치산 흔적을 찾아서

모든 대원이 산중에서 밤을 보내고 새벽에 정상에 도착할 예정이었다. 봄이었지만 지리산의 밤은 제법 추웠다. 우리들은 산기슭 적당한 곳에 자리를 잡고 불편한 잠을 청했다.

새벽 세 시쯤 나와 홍수복 분대장, 김재춘 순경, 셋이 정찰대로 출발했고, 제3소대에 뒤이어 모든 대원이 따라왔다.

먼저 빨치산이 노고단 정상에 있는지 확인해야 했다. 그 방법은 풀을 밟거나 물을 떠간 흔적을 찾는 것이다. 우리가 노고단 서쪽을 공략한 이유는, 그들이 정상에 있다면 서쪽 샘에서 물을 구할 것이라고 추측했기 때문이다.

그즈음 산에는 억새와 산죽 새싹이 솟고 있었다. 사람이 억새를 밟으면 쓰러져서 눌린 자취

산동면에서 노고단으로 올라가던 길. 지금은 포장되어 옛 자취를 찾을 수 없다.

가 남고 싹이 깨지므로 지나간 흔적이 남는다. 또한 물을 마시지 않고 살 수 없으므로 제아무리 숨는데 이골이 난 빨치산도 물 뜨러 다니지 않을 수 없었다.

샘에서 바가지로 물을 뜨면 흔적이 남는데, 바닥에 쌓인 낙엽 위로 미세한 흙먼지가 도토리만 하게 모인다. 만약 그 흔적이 선명하다면 당일 물을 떠간 것이다. 전날 떠가면 흐릿해진다.

정상으로 올라가면서 사람의 자취를 찾아보았다. 풀이 많아서 잘 보이지 않았지만 억새 싹이 조금 올라왔다. 깨진 억새 싹을 좀처럼 찾기 힘들었다. 샘에서 물을 떠간 흔적을 찾아보기로 했다. 얼핏 보니까 물을 떠간 흔적이 보이지 않았다. 그런데 자세히 살펴보니

까 위에서 푹 떠낸 게 아니라 옆으로 휙 뜬 것 같았다.

"자국이 흐릿하긴 하지만 어제 떠간 것 같지 않고 오늘 같습니다."

"김 순경 말이 맞아. 일단 꼭대기까지 올라가 보자구. 적이 있을지 모르니까 조심하자."

내가 앞장서서 조심스럽게 정상으로 다가갔다. 그런데 사람의 자취를 살피며 가느라 지체되어 먼동이 트고 말았다.

김 순경이 내 뒤에 따라 붙고 홍 분대장이 그 뒤에 있었다.

토치카가 정상에 있었다. 지금 노고단 돌탑 근처이다. 산죽으로 두껍게 엮은 문 안에서 움직임이 보였다. 낮은 포복으로 바짝 접근하자 안이 들여다보였다. 총을 어깨에 기대놓은 빨치산 대여섯이 숯불을 쬐고 있었다. 출입구는 남쪽에 하나, 서쪽에 두 개였다.

지리산 노고단. 당시 빨치산 토치카가 있었다.

자살폭탄으로 토치카를 폭파하다

빨치산이 토치카 안에 있는 걸 확인하고 홍 분대장과 김 순경에게 손짓을 하는 순간 빨치산 하나가 나를 보았다. 내 신호를 본 김 순경은 나와 함께 재빨리 토치카 바로 아래 바위로 피했다. 그러나 홍 분대장이 내 신호를 보지 못했는지 엉거주춤 서 있다가 복부에 총탄을 맞고 쓰러졌다.

나와 김 순경은 토치카 아래에 바짝 붙었으므로 위에서 우리 위치를 확인할 수 없었다.

쓰러진 홍 분대장을 응급치료해서 출혈을 막아야 했지만 움직일 수 없는 안타까운 상황에 처하고 말았다.

토치카에서 머리를 내밀고 우리 위치를 확인하려고 하면, 나는 오른쪽에서 김 순경은 왼쪽에서 총을 쏘았다. 시간이 흐르며 뒤쪽에서 빨치산이 몰려드는 듯했는데 그대로 바위에 몸을 의지하고 사격만 할 뿐 움직일 수 없는 진퇴양난에 처하고 말았다.

그때는 입대 초기부터 사용하던 소식 기관단총 대신 M1소총을 사용했다. 소식 기관단총은 따발총 총알을 사용하므로 전투에서 노획한 걸 사용하는 수밖에 없었다. 각 경찰서에 있는 탄알까지 모아서 사용했지만 결국 떨어져서 어쩔 수 없이 M1소총으로 바꾸었다.

총격전이 벌어지자 아래에 있던 부대원이 가세하려 했다. 그러나 고지 근처에 엄폐물이 없었다. 토치카에서 쏟아내는 총탄을 피할 수 없어서 접근하지 못하고 있었다.

내가 가지고 있던 탄약 150여발을 모두 소진하고 마지막 탄약 케이스만 남았다. 그마저 서너 발 쏘았으니 최후에 사용할 자살용 탄약이라도 남겨야 했다. 나는 마지막 수단으로 진공탄을 사용하기로 마음먹었다.

종이컵보다 약간 큰 진공탄은 가스로 채워져 있고 가벼워서 멀리 던질 수 없다. 일명 '자살폭탄'으로 불렸으며 적이 밀집해서 돌파가 불가능할 경우에 사용하는 위험한 폭탄이다. 수류탄처럼 핀을 뽑고 겨냥할 시간이 없으며 심지를 빼는 동시에 던져야 한다.

나는 위험을 무릅쓰고 바위에 눕듯이 등을 기댄 상태에서 진공탄의 심지를 빼면서 위로 힘껏 던졌다. 만약 토치카에 맞고 아래로 떨어진다면 밑에 있는 우리만 죽게 될 것이다. 다행스럽게 위에서 폭발했고 그 충격으로 토치카가 무너지면서 그 안에 있던 자들이 폭사했다. 그리고 토치카를 만들었던 나무와 산죽 등이 아래로 쏟아져 내렸다.

토치카가 무너지자 뒤에서 접근하던 빨치산이 퇴각했고 곧이어 아군이 올라왔다. 홍 분대장만 쓰러진 채 피를 흘리고 있었고 토치카 잔해에 파묻힌 나와 김 순경이 보이지 않았다.

대원들이 우리를 부르는 소리가 들렸다.

"김삼차 순경, 김삼차!"

"김재춘 순경!"

나는 나무와 산죽더미에 파묻혔을 뿐 부상을 입지 않았다. 동료들에게 고함을 쳤다.

"나 여기 있다!"

부대원이 토치카 잔해를 헤치고 흙먼지를 뒤집어쓴 우리를 꺼내주었다.

무너진 토치카 안에는 빨치산 여섯이 죽어있었다.

동생이 총에 맞아 쓰러져 있는 광경을 본 홍주승 부대장은 거의 이성을 잃었다.

불의의 역습

홍수복 분대장은 응급조치를 받지 못하고 너무 많은 피를 흘린 탓에 숨지고 말았다. 동료가 죽는 모습을 보는 심정을 어떻게 표현할 수 있을까. 그러나 핏줄이 같은 형제의 심정에 어찌 비할 수 있으랴!

홍주승 부대장은 사랑하는 동생이 숨을 거두자 슬픔을 가누지 못했다. 그리고 분노를 쏟아내며 선발대를 맡은 3소대 민육선 소대장에게 고함쳤다.

"3소대가 빨리 왔으면 내 동생 안 죽었을 거 아냐!"

토치카에서 총탄을 쏟아내는 상황에서 엄폐물이 없는 노고단 정상 돌격은 자살행위였다. 민 소대장이 어이가 없다는 듯 멍하게 서 있었다.

그런데 토치카가 폭파될 때 물러난 줄 알았던 빨치산이, 멀리 가지 않고 그 근처에서 우리를 저격하려던 걸 몰랐다. 부대장 질책에 대꾸도 못하고 어정쩡하게 서있던 민 소대장이 가슴에 총알을 맞고 쓰러졌다.

이날 전투에서 소대장과 분대장이 한꺼번에 전사하고 말았다.

당시 전과 과장보고를 막기 위해서 사살한 빨치산의 귀를 베어서 갖고 갔다. 그 결과 두 귀를 자르는 바람에 나중에는 왼쪽 귀만 인정했다. 같은 마을에 살았을지도 모르는 사람의 귀를 베는, 야만적인 행위가 강요되던 슬프고 잔인한 역사였다.

그때 강재석 순경이 나섰다. 같은 산동면 사람으로 동향 부대원 죽음에 화가 치밀 대로 치밀자 고함을 질렀다.

"저놈들 부자지를 베어 버립시다!"

부대장이 그렇게까지 할 수는 없으며 지시대로 귀를 베라고 명령했다.

여기서 여담 한 가지 하겠다.

토벌작전에 나선 군경부대가 빨치산을 보지도 못한 채 총만 몇 방 쏘고 와서 수십 명 죽였다고 허위보고하는 사례가 잇따랐다. 궁여지책 끝에 사살한 빨치산의 귀를 베어오라는 지시가 내려왔다.

신상묵 사령관이 그 지시를 우리에게 전달할 때였다. 한 대원이
"귀가 없으면 어떡합니까?"
라고 묻자, 사령관이
"귀 없는 놈이 어딨어!"
라고 대답했다. 그러자 그 대원이
"팔 없는 놈도 있는데요."
라고 대답해서 한바탕 웃은 적 있었다.

신 사령관은 임기응변에 능해서 농담을 곧잘 했다. 또한 사실을 부풀려서 말하곤 했다. 그럴 때 우리들은 "저 대포좀 봐"라고 수군거렸다.

8. 내안골 항미연대 기습

휴전협상이 한창 진행되던 1953년 4월 18일,「서남지구전투경찰대법」이 통과되었고 1953년 5월 1일부로 서남지구전투경찰대, 서남전경대가 신설되었다. 주 임무는 빨치산토벌이었다.

보아라부대는 광양경찰서 858전투경찰부대 제10중대에서 서남전경대 제3연대로 소속이 바뀌었으며, 이전과 마찬가지로 사령부 직할부대를 의미하는 제10중대에 배속되었다. 부대장 홍주승 경사와 부대원에 변동은 없었다.

세간에 보아라부대가 1년 6개월간 존속되고 해체되었다고 알려진 이유가, 이때 소속이 바뀐 것을 부대 해체로 간주한 것 같다. 만약 보아라부대의 소속이 바뀐 걸 해체로 간주한다면, 1952년 9월 지전사가 해체 되었으니 존속기간은 1년 남짓에 불과하다. '1년 6개월 설'은 이것도 저것도 아니므로 보아라부대의 실체를 전혀 모르는 말이다. 보아라부대 해체 날짜는 별도로 기술하겠다.

1953년 봄에 허리부상에서 회복했다. 가끔 통증이 찾아왔지만 정상적인 활동이 가능해졌다.

홍주승 부대장이,

"회문산에 한번 나가 볼래?"

라고 묻기에 흔쾌히 응했다.

우리는 회문산 동쪽 전북 임실군 덕치면으로 출동했다.

회문산 일대는 산세가 험하면서도 보급사업이 용이해서 아무리 토벌해도 소용없었다. 적어도 1개 연대 이상의 군경이 지속적으로 주둔하지 않는 한 빨치산을 근절시킬 수 없었을 것이다.

그 즈음에도 회문산 내안골에 정체불명의 대부대가 있었다. 그들에 대한 정보가 없었지만 쳐들어가기로 했다.

내안골 남쪽 산안마을은 1951년 10월 보아라부대 초창기에 두 차례 침투했다. 빨치산이 첩첩이 진을 치고 있어 애로를 겪었고 보아라부대의 첫 희생자가 발생했으나, 첩보부대 중대장 둘을 포함해서 많은 빨치산을 생포한 전과를 올린 바 있었다.

이번에는 그들이 예상하기 쉽지 않은 북쪽 능선을 넘어서 치기로 했다.

회문산 내안골 기습

해가 중천을 넘어간 오후에 임실 덕치지서를 출발했다. 회문산 동쪽에 있는 천마봉, 작은 회문산으로 올라갔다. 예상한 대로 그쪽은 경계가 허술했다. 9부 능선을 타고 회문산 쪽으로 이동하자 내안골이 한눈에 들어왔다.

쌍안경으로 관찰하다가 대여섯 명을 발견했다. 그중 하나가 기관총을 짊어지고 숲으로 들어갔다. 기관총을 갖고 있다는 건 대부대라는 의미였다. 거기쯤 몰려있을 것으로 판단하고 작전을 수립했다.

해가 넘어갈 무렵 곳곳에서 밥 짓는 연기가 피어올랐다. 우리는 경험이 쌓이면서 연기만 봐도 몇 명쯤 되는지 알 수 있었다. 대략 200명쯤으로 추산되었다.

공격에 앞서 박윤순, 오기준, 박성권 순경 등 세 명이 정찰에 나섰다. 오기준 순경은 광양 사람으로 1951년 10월, 보아라부대 초기에 전북도당 첩보부대장 체포작전부터 수없이 많은 작전에서 위험한 정찰활동을 마다하지 않을 정도로 용감했다. 그는 보아라부대 말기에 경사로 승진하여 소대장을 역임했다.

은밀한 정찰이 때로는 더 위험했다. 대담하게 돌아다니면서 인사를 나누고 막사를 들여다보는 등 자연스럽게 행동하는 게 안전했다. 박윤순은 회문산에서 첩보과 중대장으로 활약한 적 있으므로 정찰대로서는 최고 요원이었다.

어두워질 무렵 정찰대가 무사히 돌아왔다.

"모두 총을 갖고 있었습니다."

"전부 다?"

"예! 전투부대로 보입니다."

"어떤 놈들인지 모르고?"

"모르겠습니다."

전투부대 200명이라면 50여 명의 우리 부대가 맞서기에 만만치 않았다.

"좌우간 한 번 해보자!"

강력한 상대로 판단되었지만 홍주승 부

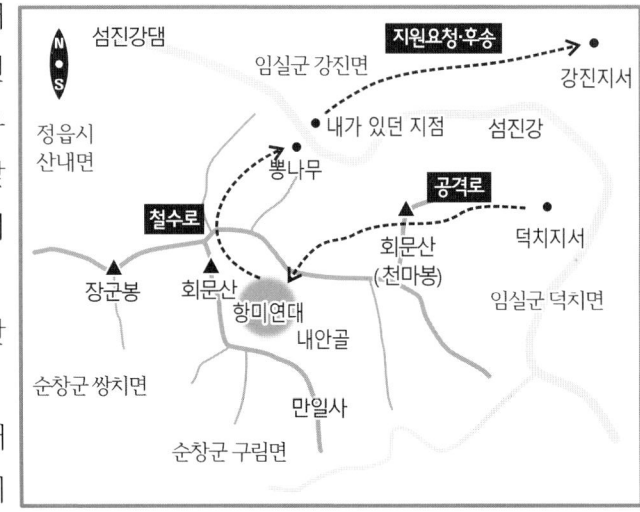

내안골 공격 개념도

대장이 개의치 않고 공격에 나섰다.

밤 서너 시경 내안골 골짜기로 잠입했다. 비탈면에 산불이 나서 풀만 있었다. 묵은 풀과 새로 돋아난 풀이 이슬에 젖은 탓에 무척 미끄러웠다. 총이 부딪치는 소리가 나지 않도록 조심했다.

모든 막사는 비와 이슬을 피할 수 있어서였는지 개울 건너 우거진 숲에 있었다. 개울을 건넌 이후에는 발자국 소리도 조심하면서 수신호로 접근했다.

부대장이 막사를 지정했다. 오랫동안 호흡을 맞추었으므로 각자 알아서 공격준비에 들어갔다.

탕! 탕! 탕!

공격 신호가 밤하늘에 울렸다. 일제히 수류탄을 투척했고 사격을 가했다.

자다가 불의의 기습을 받은 빨치산이 뿔뿔이 흩어져 도망갔다. 무기를 상당히 많이 노획했지만 전날 덕치지서에서 점심을 먹은 이후 굶은 탓에 들고 나오기가 힘에 부쳤다. 할 수 없이 모두 모아서 조명탄으로 태우고 문서만 챙겨서 철수 길에 나섰다.

천마봉을 거쳐 들어간 루트는 추격을 받을 염려가 있었다. 회문산 주봉 쪽으로 돌아서 북쪽 코스를 선택했다. 그쪽은 급경사이며 바로 섬진강에 이른다.

철수하던 중에 먼동이 트고 말았다. 기습한 우리 부대원이 의외로 적다는 사실을 알게 된 빨치산이, 추격에 나섰다는 점을 눈치채지 못했다.

우리는 주로 야간 기습작전을 수행했다. 빨치산 입장에서는 우리 부대의 규모를 알 수 없었다. 어두운 밤에 갑자기 수류탄이 여기저기에서 터지고 온갖 총소리가 요란하므로 대부대가 동원된 것으로 착각할 수밖에 없었다. 그렇다보니 추격할 엄두를 내지 못했던 것 같다. 그러나 이날은 철수할 때 이미 환해졌다. 우리가 그들 눈에 뜨였고 적은 인원이란 사실이 드러나고 말았을 것이다.

회문산을 내려와 섬진강에 닿았다. 그곳은 임실군 강진면으로 옥정호 물이 섬진강댐에서 흘러나오는 섬진강 중류이다. 강가에 민가 몇 채가 있었고 큰 뽕나무에 오디가 달려 있었다. 배고픈 대원들이 허겁지겁 오디를 따먹었다.

야간기습을 위해 출정하면 침투, 매복, 공격, 철수까지 두세 끼 굶는 일은 예사였다. 체력을 엄청나게 소모하는 작전에서 건빵이나 생쌀로 버티기에는 한계가 있었다.

모든 군대가 방어에 취약할 때는 식사 및 취침 시간이다. 우리가 기습할 때 빨치산이 아침 준비를 할 때도 있었다. 그 짧은 틈을 이용해서 맨손으로 밥을 훑어먹기도 했지만 그날은 밥이 없었다.

항상 상대가 방심할 때 기습했던 우리 부대원들이 오디를 따먹느라 긴장을 늦추고 말았다.

나는 초기에 연락병을 할 때부터 다루던 536무전기를 소지하고 있었다. 왠지 오디를 따먹기 싫었고 건너가고 싶은 생각이 들어서 혼자 섬진강을 건넜다. 농부들이 일하러 나왔고 길에 마차와 소가 보였다.

역습 당하다

나는 농로에 엎드려서 강 건너편에서 오디를 따먹고 있는 대원들을 살폈다. 그 뒤 경사면은 불에 타서 풀만 있었다. 거기에서 청솔가지 10여 개가 우리 대원 쪽으로 살살 내려오는 게 보였다.

탕! 탕! 탕!

내가 신호를 보내자 건너편에서도 응답했다. 곧 무전기를 켰다.

"거기 뒷산에서 소나무 가지가 내려오고 있다. 적이 위장했을 수 있으니까 조심해라."

무전을 받은 대원이 다른 대원에게 알렸지만 이미 늦고 말았다.

우리가 알아차린 낌새를 보이자 상대가 사격을 개시했고 둘이 부상당했다. 대원들은 엄폐물 뒤로 피해서 응사할 뿐 강을 건너 올 엄두를 낼 수 없었다. 추격에 가세한 빨치산이 더 몰려든다면 더욱 위험한 지경에 처할 터였다. 만약 내가 먼저 건너와서 살피지 않았다면 큰 피해를 입을 뻔했다.

나는 위급상황을 알리고 지원군을 부르기 위해 길을 따라 뛰었다. 그러자 내게도 총알이 날아왔다. 강 건너 멀리 떨어진 곳에서 쏘았으므로 정확성이 떨어졌다. 숲으로 들어가서 뛰었다. 3km쯤 떨어진 갈담지서로 내달렸다.

북쪽 섬진강 건너편에서 본 회문산. 우리를 추격하던 빨치산이 내려와 오디를 따먹던 대원을 공격했다.

우리 부대가 내안골을 쳐서 큰 성과를 올리고 철수하던 중에 역습을 받아 위급한 상황에 처했음을 알렸다. 지서장이 즉시 200여 명의 병력을 인솔하고 현장으로 출동했다.

내가 있던 곳에 도착한 지원 병력이 강 건너편으로 기관총 엄호사격을 가하자 빨치산이 물러갔다.

모든 대원이 무사히 강을 건너왔다. 부상을 입은 두 대원을 응급조치하고 농부에게 부탁했다.

"공산당과 싸우다가 두 명이 부상당했습니다. 마차에 태워서 갈담지서까지만 갑시다."

"아이구, 저런! 도와드려야죠."

마차에 풀을 깐 다음 부상자를 눕히고 갈담지서로 이동했다.

이날 팔에 부상을 입은 강금영 순경은 홍주승 부대장의 친구로 산동 태생이었다. 무주 사람으로 국군 출신이었던 김기영 순경 역시 팔을 다쳤는데 절단수술을 해야 할 만큼 심한 부상을 입었다. 그러나 본인이 수술을 강력하게 거부하고 부산경찰병원에서 치료받았다. 그는 보아라부대 해체 후 기동대 시절에 복귀했다.

남해여단과 문순묵

내안골 빨치산부대의 정체가 노획한 문서에 나와 있었다. 미국에 대항한다는 의미인 '항미抗美연대'였다. 남해여단 병력 중에서 일부가 전북도당에 합류한 부대였다.

이태는 「남부군」에서 이 부대에 대해 다음과 같이 증언했.

"하루는 따발총으로 완전무장한 수백의 인민군 편제부대가 찾아듦으로써 아지트의 사기가 크게 올랐다. 지휘자는 '남해여단장'이라고 불리는 초로의 장군이었는데, 대열의 선두에서 소를 타고 들어오는 폼이 유유자적, 마치 동양화에 나오는 어옹漁翁 같았다. 그런데 이 남해여단장은 끝내 수수께끼의 인물이었다. 연합군에 투항하지는 않았지만 그렇다고 유격투쟁에 협력하지도 않았다. 무슨 생각이었던지 다만 방랑객처럼 이 산채 저 산채를 유랑하며 표연히 왔다가는 표연히 사라지곤 했다. 그동안 부하들은 자꾸만 이산돼갔지만, 가는 자는 쫓지 않고 오는 자는 막지 않는다는 식이었다. 여분산에서도 1개 중대 1백여 명이 도당위원장의 권유로 도당 산하에 남아 있게 되었는데, 남해여단장은 나머지 병력을 이끌고 표연히 어디론가 떠나가 버렸다. 결국 남해여단은 전남도 유격부대에 의해 무장해제당하고 노장군은 투쟁을 거부했다는 이유로 총살됐다는 후문이 있었다[51]. 이 풍채 좋은 초로의 장군은 소蘇연방 타슈켄트 출신의 교포 1세로 2차 세계대전 때 소련군 특무상사로 종군한 바 있는 한국명 이청송李靑松이라는 사람이다. 사변 직전 북한으로 들어와 중성 3개(대령에 해당)를 달고 민족보위성(국방부, 후에 인민무력부) 통신부부장으로 있었는데, 소련인 고문관이 조선 여성을 희롱하는 것을 보고 두들겨 팬 사건으로 인해서 일단 좌천됐다가 전쟁 발발과 함께 예비여단장으로 보직되어 전선 후방(목포 방향)으로 보내진 데 불만을 품고 앙앙불락하고 있었다고 한다.

남해여단에서 이탈하여 여분산에 남은 1백여 명은 후에 '기포병단'이라는 이름으로 개편되어 전북도당 산하의 최강 부대가 되었다.[52]"

내가 남해여단장의 심정을 잘 알 수는 없겠지만 짐작은 할 수

---

51) 「전남 유격투쟁사」에는 전남지역에서 전사했다고 나와 있다(pp 254).
52) 「남부군」, 도서출판 두레, 이태, 재편집증보 개정판, pp 62~63

있을 듯하다.

전장에서 무수한 죽음을 대하다보면 삶과 죽음의 의미를 되돌아보지 않을 수 없다. 그런 느낌이 누적되면 현실을 초월하게 되며 때로는 삶의 무상을 깨닫게 된다.

작전에 투입될 때,

'오늘 살아남을 수 있을까?'

라는 걱정이 들 때가 있었다. 또 걸어가면서도 문득,

'지금까지는 잘 살아남았는데 한 방 맞으면 어찌되나.'

라고 고심한 적도 있었다.

남해여단장은 무수한 전장에서 느낀 허무함을 피할 수 없었을 것이다. 결국 그것이 현실에서 떠나 초연한 자세를 갖게 작용했을 것 같다. 그의 행동은 반동으로 보일 수밖에 없었으니, 그는 참으로 시대의 풍운아였다고 할 만하다.

국방부 블로그 「6.25전쟁 특집 시리즈-공비가 된 북 사단장의 최후」[53]는 이청송에 대한 글이다. 「남부군」의 저자 이태가 모르던 사실도 있는 듯하다.

요약하면 남침 당일 이청송은 북한군 제2사단장으로 춘천전투에서 국군 제6사단에게 어이없게 패했다. 춘천전투는 한국전쟁 초기 국군이 승리를 거둔 전투로, 전체 전쟁의 향방을 좌우할 만한 의미가 담긴 승전이었다. 이청송은 이 패전 책임으로 남해여단장으로 좌천되었다. 남해여단은 개전 후 급조한 부대로 보이며 서해안으로 남진한 북한군 제6사단에 편입되었다. 그리고 낙동강 전투에 투입되었다.

여기서 전북도당 산하 빨치산부대의 흥망성쇠와 명칭 변경에 대

---

53) http://blog.naver.com/mnd9090/221014953677

해 알아보자.

전북 빨치산은 인민군 패잔병이 입산했던 1950년 9월부터 연말까지의 초기(형성기), 이후 남부군의 등장 및 군경 토벌이 본격화된 1952년까지의 중기(전성기), 그리고 1955년까지의 후기(소멸기)로 나눌 수 있다.

전북 빨치산 형성기에는 벼락병단, 기포병단, 보위병단 등과 군당부대로 조직되었다. 전성기에는 남부군 방침에 따라 전북 북부지역은 45사단으로, 남부지역은 46사단으로 통합되었다. 이어서 45사단은 항미연대로, 46사단은 복수연대로 부대명칭이 바뀌었다[54].

이태의 증언과「대비정규전사」의 기록을 종합해 보면, 남해여단에서 이탈한 북한 정규군 일부가 전북 최강 기포병단이 된다. 기포병단은 기관총과 박격포로 무장한 부대를 의미하며, 부대 명칭이 항미연대로 바뀌었다. 따라서 항미연대의 주축은 남해여단에서 떨어져 나온 북한 정규군이었다.

그런데 보아라부대를 창설한 문순묵이 바로 남해여단 대열참모였으니, 북한군 시절 문순묵의 부하들로 구성된 항미연대를 문순묵이 창설했던 보아라부대가 기습했던 것이다.

그때 보아라부대는 서남전경대 소속이면서 국군 남부경비사령부(남경사)의 지휘를 받고 있었다.

우리가 항미연대를 공격했다는 소식을 듣고 남부경비사령관이 수많은 국군의 호위를 받으며 갈담지서까지 찾아왔다.

"이런 부대 있는 거 처음 알았다. 너희들이 이렇게 용감하게 잘

---

54) 남부군, pp 393, 대비정규전사 pp 219.
    46사단 예하에 기포병단을 주축으로 한 407연대와 카츄사병단을 주축으로 한 408연대가 있었다는 주장도 있다.

싸우는 줄 몰랐다. 이제부터 군이 지시도 하고 훈장도 주겠으며 군인과 똑같이 대접하겠다. 하지만 진급은 경찰에서 알아서 할 일이니 그리 알도록."

이때 보아라부대에 훈장을 받은 대원이 생겼다. 부대장과 소대장 등이 화랑무공훈장을 받았는데, 무공훈장을 받은 것은 그때가 유일했다. 비로소 보아라부대의 명성이 널리 알려지기 시작했고 대원을 늘릴 필요성이 다시 한 번 대두되었다.

훈장에 대해

여기서 훈장에 대해 기술하고자 한다.

한국전쟁 참전군인은 상당수가 화랑무공훈장을 받았다. 전투경찰도 받긴 했지만 극소수였다.

보아라부대에 무공훈장을 받을 만한 활약을 한 대원이 많았지만 전투경찰이라는 이유로 받지 못했고, 항미연대를 공격했을 때 간부 몇 명이 화랑무공훈장을 받은 게 유일했다.

나는 대통령수장大統領綬章을 두 번 받았다. 대통령 수장은 한국전쟁 때 무공武功이 있는 부대에 수여한 표장標章 중 하나였다.

첫 번째 수장은 보아라부대 전원에게 수여되었다.

정부가 인천상륙작전에 참여한 미 해병대 3,000명에게 주기 위해서 수장을 만들었다. 그런데 작전 이후 시간이 흐르자 귀국, 전사 등으로 대상인원이 줄어들었다. 남은 수장을 전쟁기간 중 가장 용감하게 싸운 부대에 주기로 했고 우리 부대가 선정되었다. 전투원 생포는 대단한 전과였는데 다른 부대는 실적이 거의 없었지만 보아라부대는 상당히 많이 잡았다. 그래서 우리 부대가 수훈 대상으로 정해진 것으로 알고 있다.

　　두 번째 수장은 초기부터 활약한 대원 몇이 받을 때 나도 포함

제　호	□무공·보국훈 ☑표　창 □우등상 □감　사 □기타포상사실	장 수 여 확 인 신 청 서		처리기간 1 일	
신 청 인	① 성　명	한글 김삼차 (한자 金三次)	②주민등록번호	32.6.9.	
	③ 주　소	전북 순창군 구림면 운남리 256	④직　업		
	⑤ 현 소 속 (또는당시소속)	지리산지구 전투경찰대	⑥계　급	순　경	
⑦ 포 상 의 　종 류		대통령부대표창 개인수장	⑧수여권자		
⑨ 수 여 번 호		제 1393 　 4299 　호	⑩수여일자 19	52. 10. 21 55. 2. 27.	
□분　실	⑪일　시	19　　.			
□훼　손	⑫장　소				
☑수여사 실확인	⑬사　유	수여 사실 확인임			

　위와 같이 (□분실 / □훼손 / ☑수여사실확인) 되었기에 경찰표창규정시행규칙 제 9조제 4항의 규

　정에 의하여 표창수여 확인을 신청합니다.

　　　　　　　19 85 년　11 월　25 일

　　　　　　　　　　　　　신청인　김 삼 차　㊞

　　　　(기록확인 : 치안본부 제 1부 인사교육과 상훈계

　　　　　　　　　　계급 경사 성명 한 재 업 ㊞

　　　　　　　　　　　전화 : 720-3910
　　　　　　　　　　　　　　313-0583

치 안 본 부 장 귀하

구비서류 : 없음	수수료	없　음
위의 사실을 확인함.　치　안　본　부		㊞

표창수여사실확인서
수여일자에 52.10.21.과 55.2.27. 두 차례 받은 사실을 알 수 있다.

되었다. 그때 보아라부대원 외에 수장을 받은 사람은 순창경찰서 의경 한 명, 하동경찰서 악양지서 차석 한 명이었고, 군인도 한 명 받은 것으로 기억난다.

수장은 잃어버렸지만 확인서를 떼었더니 그 사실이 나와 있었다.

나는 수장 외에 전공戰功기장과 공로 표창장 및 상장을 수차례 받았지만 모두 잃어버리고 말았다.

퇴직 말엽 두 번째 휴가를 받았을 때 그것들을 집에 갔다 두었다. 퇴직 후 집에 갔더니 아버지께서 상장을 쓰레받기로 사용하고 있었다. 빳빳한 종이가 귀한 시골에서 상장을 그렇게 쓰다가 낡으면 버렸다. 내가 보아라부대에 있었던 흔적은 어이없이 사라지고 말았다.

9. 도당위원장의 최후

　어느 집단이나 리더의 역할이 중요하다. "용장 밑에 졸병 없다"는 격언처럼 대장이 통솔을 잘하면 강한 조직이 되고 시원치 않으면 오합지졸이 된다. 또한 리더가 존재하면 그 집단이 있는 것이고 사라지면 없어지는 셈이다.
　빨치산 역시 마찬가지였다. 이승만 대통령이 이현상을 잡지 않고는 빨치산을 토벌하지 못한 것이라고 공언한 것처럼, 도당위원장과 도당사령관(도당 유격사령관)을 잡아야 그 도의 빨치산이 토벌된 것이다. 도당위원장과 도당사령관은 겸직한 경우도 있었다.
　지리산을 중심으로 후방에서 맹위를 떨치던 공산당 세력이 휴전 이후 급격하게 몰락했다. 국군이 휴전선에서 후방으로 병력을 돌릴 수 있었기 때문이다.
　한때 도청소재지를 기습하는 등 위세당당 했던 남부군 사령부가 1953년 9월 18일 이현상 시신이 발견됨에 따라 소멸되었다. 이제 토벌대에게 남은 과제는 남아 있는 도당위원장을 잡는 일이었다.

방준표의 최후

　전북도당위원장 방준표는 경남 거제 태생으로 대구사범학교를 졸업하고 일제 때부터 공산당 활동을 했다. 해방 후 좌우 이념대립 혼란기인 1946년 9월, 공산당이 주도한 총파업과 대구폭동의 주범으로 수배되자 월북했다. 모스크바 유학을 거쳐 한국전쟁 때 도지사에 해당되는 전북도당위원장이 되었다가, 인천상륙작전 이후 지리산에 입산했고 도당사령관을 겸직했다. 도당위원장은 관할지역을 떠나지 말고 유격대를 조직하여 대한민국 후방을 교란하라는 김일성 명령에 따랐다. 방준표는 빨치산의 전설 이현상에게 반기를 드는 등 카리스마가 강한 인물로 알려졌다.

빨치산 활동이 소멸단계에 들어간 1954년 1월, 방준표 등 전북도당 일당이 전북 임실군 성수면 외딴집 부엌에 굴을 파고 숨어 있었다(성수면은 임실군에도 있고 이웃 진안군에도 있다). 집주인만 알고 있는 비밀이었는데 그의 동서가 전북 진안경찰서에 근무하고 있었다. 집주인이 동서를 출세시키려 마음먹고 이 사실을 알렸다. 당시 빨치산 거물을 체포하는 경찰(순경)은 한 명이든 두 명이든 경사로 승진시켜 주는 제도가 막 시행되었을 때였으니 대단한 혜택이 아닐 수 없었다.

진안경찰서에서 전북 도당위원장 겸 도당사령관 체포라는 엄청난 성과를 양보할 리 없었다. 관할인 임실경찰서가 아닌 진안경찰서에서 출동했다.

경찰이 방준표가 은거하고 있는 집을 포위했을 때, 방준표 등 다섯 명이 숨어 있었다. 경찰이 항복을 권유하자, 방준표는 최후임을 깨닫고 자결을 선택했다. 머리를 맞대고 수그린 채 각자 수류탄으로 자폭했다. 방준표의 최후였고 이로써 전북도당이 소멸되었다.

방준표에 대한 평가는 철저한 공산주의자 또는 방탕한 생활을 좋아했던 이중인격자로 나뉜다. 산중에서 화려하게 꾸민 막사에 기거했고 자폭할 때 산중처[55]도 따라 죽었다고 한다.

---

55) 산중처(山中妻) 빨치산 간부들이 데리고 살던 여자를 말한다. 이현상을 비롯한 빨치산 거물은 수발드는 여자 또는 애인을 거느리고 살았다고 한다. 이는 빨치산 원칙에 위배되는 행동이었다. 남부군 57사단장 이영회는 이 문제가 지적당하자, 사람답게 살아본 적 없고 이대로 죽을 신세라고 말하

공식 자료에는 방준표가 덕유산에서 최후를 맞았다고 나와 있는데 정확하지 않다. 덕유산은 임실 성수면까지 미치지 못한다.

한편 방준표와 함께 자살을 기도했던 전북 진안군 백운면 출신 김학경의 수류탄이 불발되었다. 바로 옆에서 터진 네 개의 수류탄 파편도 그를 피해갔고 가벼운 찰과상만 입었으니 기적이었다.

서남전경대에서 김학경을 보아라부대원으로 발탁했다. 그를 통해서 마무리 단계에 들어간 토벌작전을 조기에 종결시키려 했다.

땅굴 수색

방준표의 죽음과 함께 전북도당이 소멸되었고, 비슷한 시기에 도당위원장 조병하가 생포된 경남도당도 사라지자, 남은 집단은 전남도당뿐이었다.

전남도당은 1954년 초 도당위원장 박영발과 도당사령관 김선우의 사망으로 소멸되었다고 알려져 있다. 그러나 내가 알고 있는 마지막 전남도당위원장은 이하에 등장하는 구철회이다.

이는 구철회의 직책이 잘못 전해졌거나, 박영발 이후 그가 전남도당위원장이 되었는데 기록에 남지 않았기 때문일 수 있다. 그리고 빨치산 주요인물은 가명을 사용했다는 사실을 참고해야 한다. 아무튼 내가 알고 있는 내용을 기술하겠다.

지전사를 떠난 신상묵이 경무관이 되어 서남전경대 사령관으로 부임하자, 보아라부대가 다시 그의 지휘를 받게 되었다. 그때 부대장은 지서장 경력을 가진 김평순이 맡고 있었다.

면서, 세상에 태어나 사랑하는 여인 하나쯤 있는 게 어떠냐고 말했다는 이야기가 있다.

신 사령관이 전남도당을 잡을 수 있는 부대는 우리뿐이라고 믿었다. 지전사 사령관으로 있을 때 보아라부대를 만든 그는 서남전경대 사령관 시절에도 우리에 대한 신뢰가 남달랐다.

방준표 자폭사건에서 기적적으로 생존하여 보아라부대원이 된 김학경이 선요원으로 활동했던지 전남도당과의 접선 장소를 알고 있어서 즉시 출동했다. 그 장소는 전남 승주군 쌍암면(현재 순천시 승주읍)이었다.

우리 부대는 수시로 써먹던 방법을 활용했다. 부대원이 이동하다가 요처에 두 명 씩 슬쩍 매복해서 눈치 채지 못하도록 했다. 그러나 두 달이 지나도록 전남도당이 나타나지 않았다.

선을 댈 때는 한쪽 선요원이 지정장소에 표시를 하고 다른 쪽 선요원이 그걸 확인한 다음, 그들끼리 약속된 방법으로 연락을 주고받는다. 아마 전남도당이 사태를 파악하고 선을 끊었을 것이다.

전남도당이 그 근처에 있다면 보급사업을 했을 텐데 어디에서도 제보가 들어오지 않았다. 조계산, 모후산, 백아산 근처에서도 보급사업을 나오지 않았다니 이상한 일이었다. 김학경의 정보에 의하면 전남도당이 분명히 거기쯤 있을 텐데 찾을 수 없었다.

그들이 두 달 동안 나타나지 않자, 부대장이 그 근처에 없다고 보고했다. 그러나 사령부에서는 전남도당이 숨어있으면서 순천, 순창 등 면 지역으로 보급사업을 나갈 수 있다면서 그쪽에서도 누가 털어갔는지 모른다며 더 찾아보라고 지시했다.

계속 수색했지만 허탕이었다. 그러자 사령부에서 1개 대대를 더 해서 약 1,500명을 동원한 대대적인 수색작전을 전개했다.

김학경이 지목한 접선지점에서 사방 30리 바깥부터 샅샅이 조사했다. 땅굴에 숨어 있을 것으로 예상되었으므로 땅을 팔 때 나온 흙이나 돌이 있는지 자세히 살폈다. 그리고 이상한 돌이 있으면 땅을 파다가 나온 것인지 세심하게 살폈다. 급기야 논밭까지 탐침으로 찔러보고 발을 구르며 확인했지만 종적을 어디에서도 찾지 못했다.

나중에 알게 된 사실이었는데, 비가 올 때 땅굴을 파고 흙을 흘려보냈다. 또한 그 근처에서 보급사업을 했다는 제보가 없었던 이유는, 민간으로 잠적한 그들의 동료가 은밀하게 식량을 공급했기 때문이었다.

겨울에 시작된 수색작전이 봄까지 지속되었다.

대대적인 수색작전 마지막 날 아침이 되었다.

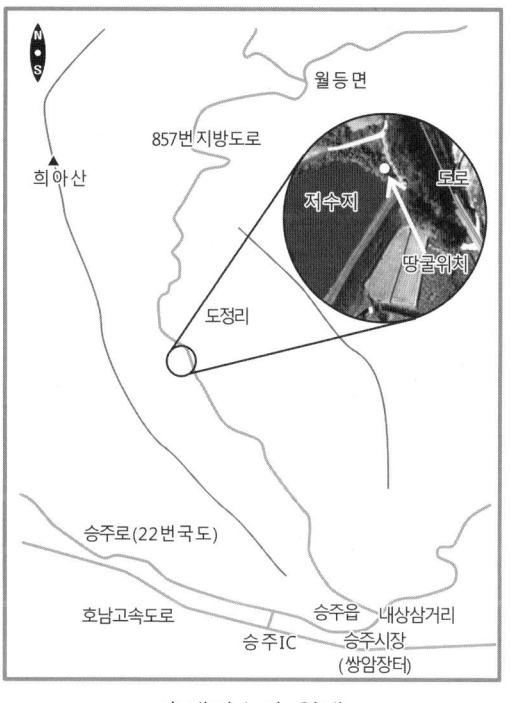

축내저수지 일대

우리들은 작전이 끝나면 저녁을 어디서 먹게 될지 모르겠다며 일과에 나섰다.

작전에 동원된 모든 병력이 마지막으로 산 위쪽부터 맡은 구역을 수색했다. 저수지 쪽으로 내려온 우리 부대가 축내저수지 옆에서 점심을 먹게 되었다.

저수지 옆에 산죽밭이 있고 차가 다닐 수 있는 농로가 있었다.

산에서 베어온 나무와 장작이 경사면에 수십 트럭분이나 쌓여있었다.

산죽은 산에서는 키가 크지만 그런 곳에서는 불에 타기도 해서 높게 자라지 않아 허리 높이였다.

제3소대장은 구례군 산동면 출신 구본기였다. 그가 점심을 먹고 산죽밭을 거닐다가 이빨을 쑤시기 위해 무심코 잡초를 하나 뽑았더니 힘없이 뽑혀 나왔다. 다른 걸 뽑았더니 또 쑥 뽑혔다. 여러 개를 뽑아서 자세히 살펴보니까 전부 베어낸 것들이었다.

'베어다가 여기 꽂아 놓았나보다.'

축내저수지. 오른쪽 대나무와 도로 사이에 땅굴이 있었다.

땅굴이 있던 자리에서 상황을 설명하고 있다.

구 소대장이 여기저기 쿵쿵거리며 밟아보다가 땅 아래 빈 공간을 찾아냈다. 그는 거기에 은거지가 있음을 확신하고 발을 쾅쾅 구르면서 "나와라! 나와라"하고 고함을 질렀다. 대답은 없었지만 땅 아래에서 우르르 움직이는 소리가 들렸다. 구 소대장이 수류탄을 꺼내서 저수지로 던졌다.

꽝!

물이 치솟으면서 땅이 진동했고 그 충격에 땅굴 천정이 무너질 듯 흙이 떨어지자 땅 아래에서 다급하게 "나간다! 기다려라"라는 소리가 들렸다.

빨치산과 중대장

탕! 탕! 탕!
구 소대장이 신호를 보냈고 536무전기로 각 소대에 알렸다.
"저수지 옆에서 비트56)를 발견했다."
우리 부대원이 모두 모였고 다른 전경들도 달려왔다. 주변에 사람만 보일 정도로 많았다.
혹시 전북도당처럼 자폭할까봐 염려되었지만 잠시 후 땅굴에서 한 사람이 나왔다. 전남도당위원장 구철회였다. 그는 사방에 깔린 전경들을 돌아보고 나서,
"내가 왜 이 많은 젊은이들을 포섭하지 못했던고. 참 부끄러운 모습으로 나왔네."
라며 한탄조로 말하여 거물다운 풍모를 풍겼다. 이어서,
"내가 큰소리 칠 입장은 못 되지만 너희 대장이 누구냐!"
라고 당당하게 물었다.
그때 대대장이 없어서 한 신참 중대장을 대장으로 지목했다. 그 중대장이 겁을 먹고 땅에 주저앉은 채 한 손으로 권총을 빼들고 다른 손으로 땅을 짚은 채 엉덩이를 뒤로 빼는 게 아닌가! 1,000명이 넘는 전경들이 지켜보는 가운데 일어나지도 못한 채 그런 한심한 작태를 보였으니, 체포당하면서도 당당했던 구철회가 어떻게 생각했을지 궁금하다.
구철회는 부하들이 나올 때까지 시간을 달라고 요구했다. 그 말

---

56) 비트: 비밀 아지트의 줄임말

을 들어주지 않으면 전북도당처럼 자폭할 염려가 있어서 기다렸다.

땅굴 속에서 타닥타닥 두드리는 소리와 함께 연기가 모락모락 피어올랐다. 빨리 나오라고 소리쳤지만, 구철회가 잠시만 더 참아달라고 부탁했다.

잠시 후 한 명씩 나와서 멀뚱멀뚱 둘러보았다. 주저앉은 채 무서워하던 중대장은 전남도당 일당이 한 사람씩 나올 때마다 겁에 질린 채,

"저기 나온다."

"또 나온다, 또!"

라고 소리치며 엉덩이를 뒤로 빼다가 언덕 아래로 구르고 말았다. 그 꼴을 본 전경들이 배꼽잡고 웃으며 "저런 게 어떻게 공산당을 잡냐"라며 비웃었다.

전남도당 일당은 위원장, 부위원장을 포함하여 전부 열여섯 명이었고, 기관총 하나와 총기 열두 정을 소지하고 있었다.

우리들은 땅굴 안을 확인하다가 아연실색하고 말았다. 그들이 지체하는 동안, 갖고 있던 물품을 노획당하지 않으려고 훼손시켰던 것이다. 만년필, 시계 등 소지품을 모조리 부수었고, 서류는 태우다가 연기가 나서 견디지 못하겠으니까 발기발기 찢어서 바닥에 흩은 다음 오줌과 똥을 싸놓고 발로 짓이겨놓아서 하나도 볼 수 없게 만들었다.

벽에 수류탄이 걸려 있었다. 혹시 부비트랩이 설치되어 있을 수 있어서 생포된 전남도당에게 갖고 나오도록 지시했다. 그리고 전남도당을 체포했다고 사령부에 보고했다.

노획한 총의 실탄과 노리쇠를 제거하고 나서 도로 주었다. 그들

을 대동하고 도보로 철수하던 도중에, 사령부 요원이 지프차와 트럭 두 대를 갖고 왔다. 신상묵 사령관은 남원 사령부에 있었지만, 사령관 지프차가 전방CP 주암면에 있었다.

모두 CP에 도착했고 이어서 신상묵 사령관이 남원에서 급히 달려왔다.

판사와 피고

신 사령관은 오랜 지기를 만난 듯 구철회를 환대했고 같이 저녁 식사를 했다.

"자네가 죽을까봐 얼마나 애쓴 줄 아나? 반갑네, 이 사람아."

그는 사령부로 돌아가지 않고 구철회와 같이 주암에서 자면서 이야기를 나누었다. 땅굴생활에 지친 구철회가 신 사령관의 호의에 불안감을 털어냈을 것이다.

다음날 아침이 되었다.

"내가 살고 있는 남원으로 가세! 본부에 가서 편안하게 쉬면서 얘기하자구. 내 맘대로 처리할 수 있으면 좋겠지만 자네를 검찰에 내줘야 하네. 가급적 가벼운 처벌을 받도록 힘을 쓸 테니까 털어놓고 얘기해보세."

신 사령관이 특유의 대화술로 구철회의 마음을 빼앗았다. 구철회는 체포될 때 모든 문서를 훼손시켰다. 그러나 신 사령관의 호의에 응하여 알고 있던 정보를 솔직하게 털어놓았다.

구철회의 이런 자세는 자신뿐만 아니라 같이 체포된 간부들이 가벼운 처벌을 받는 결과를 갖고 왔다.

약 한달 후 구철회는 검찰로 넘겨졌고 재판이 열렸다.

서류를 검토하던 판사는 구철회가 일본에서 대학을 함께 다닌 동창이라는 사실을 알게 되었다. 피고석에 있는 구철회에게 일본에서 공부했냐고 묻자, 구철회가 그렇다고 대답했다. 판사가 자기를 모르겠냐고 물었고 그제서야 판사를 세심하게 쳐다본 구철회가 깜짝 놀랐다.

반가움을 참지 못했다.

"난 판사고 자넨 피고지만 우린 동창이 아닌가!"

판결이 보류되었다. 판사가 그날 저녁 구철회를 자기 집으로 데려갔다. 서로 사상은 달랐지만 한때 같이 공부했으니 밀린 이야기를 나누지 않을 수 없었을 것이다. 그런데 평소 혈압이 높던 판사가 밤새 술 마시면서 이야기하다가 쓰러져 사망하고 말았다.

그런 일이 있은 후 새로 맡은 판사가 판결을 내렸다. 다른 전남도당 간부는 체포 후 두 달 만에 방면되었고, 구철회는 한 달 더 수감되었다가 풀려났다.

이들이 가벼운 처벌을 받은 이유는 저항하지 않고 순순히 항복했으며 진술과정에서 협조한 점이 참작되었기 때문이다.

전남도당 간부들이 가벼운 처벌을 받은 사례와 비교하면, 김학경 순경은 억울했다. 전북도당 방준표가 자폭할 때 기적적으로 살아남았다가 전남도당 체포에 결정적으로 기여했다. 그리고 보아라부대원으로 복무했다. 그러나 보아라부대 해체 이후, 전북도당 시절에 대해 군사재판을 받았다. 계엄령이 해제된 이후에 체포되었지만 계엄시절 그의 빨치산 활동이 계류되어 있었고, 거기에 대해서는 군사재판을 받아야 했다. 서남전경대 사령관이 보아라부대에서의 활약을 호소하며 관대한 처벌을 요구했지만, 결국 재판에서 1년 징역형을 언도받고 형을 살아야 했다.

김학경 순경 처벌은 보아라부대원에 대해 야박했던 사례 중 하나였다. 그가 갖고 있던 정보를 활용할 방안만 강구했을 뿐 보아라부대원으로서의 활약은 외면하고 말았다.

이 점을 보아도 생포된 빨치산으로 구성된 부대가 맹활약했다는 점을 내세워 생색내기에만 열을 올렸지 실질적으로 배려해준 점은 없다는 사실을 알 수 있다. 비단 김학경 순경의 사례뿐만 아니라 다른 면에서도 그랬다.

홀대받은 부대

보아라부대가 세운 전공 중에 마지막으로 남긴 큰 성과는 전남도당 생포였다.

석 달 동안 연대병력을 동원한 땅굴 수색작전이 무위로 돌아갈 뻔한 작전 마지막 날, 은신처를 발견한 제3소대장 구본기가 그 공적으로 승진한 것으로 기억난다.

이처럼 작전에서 세운 공훈으로 승진된 사례가 있었지만, 전공과 비교하면 보아라부대에 대한 상은 너무 야박해서 상대적인 박탈감을 느끼게 한다.

보아라부대가 홀대 받은 점은 간부의 계급에서도 알 수 있다. 보아라부대 말기에는 인원이 약 150명으로 늘어나서 2개 중대, 대대급으로 격상됐지만 간부의 계급이 일반 전투경찰부대보다 낮았다.

국군은 한국전쟁에 참전했다는 이유만으로 화랑무공훈장을 받았다. 보아라부대원이 올린 전과라면 그보다 상위 등급인 을지무공훈장이나 충무무공훈장을 받을 일도 있었다. 그러나 대통령수장이 고작이었고 딱 한번 간부 몇 명만 화랑무공훈장을 받았다.

국가적 위기를 맞아 젊음과 목숨을 바친 부대원에 대하여 이렇다 할 배려를 해주지 않은 점에 대해서는 허탈감을 느끼지 않을 수 없다.

지리산, 회문산, 백아산, 백운산 등 한때 각지에 민주부락(해방구)을 거느리며 인민공화국 건설을 꿈꾸던 빨치산 정예부대를 수차례 격멸했다. 국군의 상당한 병력을 투입해야 했던 비정규전에서, 보아라부대가 세운 전과는 그 어느 부대에 비교해도 뒤지지 않았다고 본다.

국군이 동부전선에서 한 치의 땅이라도 더 차지하기 위해 얼마나 많은 피를 흘렸던가. 만약 빨치산 토벌에 동원된 병력을 모두 동부전선에 투입했다면, 우리가 금강산을 차지할 수 있지 않았을까? 반대로 보아라부대의 활약이 없었다면, 더 많은 국군을 후방으로 돌려야했을지 모른다. 그랬다면 설악산을 빼앗겼을지도 모른다.

이제라도 보아라부대의 전과를 재평가하여 합당한 조치를 취해야 한다. 그래야 전투 중에 숭고한 목숨을 바친 동료의 원혼을 달래줄 수 있고, 젊음을 조국에 바친 동료의 넋을 위로해줄 수 있으리라.

미국은 뛰어난 전공을 세운 군인에게 하원의 결의를 거쳐 명예훈장(medal of honor)을 수여한다. 명예훈장은 최고의 훈장으로 그 혜택이 어마어마하다. 상당한 연금은 물론 자녀 사관학교 입학, 항공기 무료탑승, 국립묘지 안장, 자택에 명예훈장기 게양 등 명예는 물론 경제적인 혜택도 막대하며 전 국민이 경의를 표한다. 명예훈장을 받은 사병(현역이든 예비역이든)에게는 군장성은 물론 대통령도 먼저 거수경례를 한다. 이처럼 국가를 위해 희생한 사람을 드높임으로써, 역사가 짧고 다양한 민족으로 구성된 미국이 세계를 리드하는 힘을 갖게 된 건 아닐까? 생각해볼 문제이다.

10. '지리산 백과사전'으로 불리다

　휴전이 성립되자 국군을 빨치산 토벌작전에 투입할 여유가 생겼다. 그 결과 빨치산의 위세가 꺾였고 인원이 줄어들어 도망 다니는 신세로 전락했다. 경찰서나 관공서를 습격하던 시대는 지나갔고 숨어서 목숨을 부지하는 상황으로 바뀌었다. 따라서 대규모 토벌전과를 올릴 수 있는 기회가 사라졌고 수색에 의존해서 빨치산을 찾아내야 했다.
　기본 전략이 바뀜에 따라 보초 등을 생포해서 그들로부터 정보를 알아내는 것이 무엇보다 중요해졌다. 이는 정찰대에 의해 이루어졌는데, 나이가 어리게 보여 경찰로 의심받지 않던 내가 적임이었다.
　나의 활약을 알게 된 관계자들이,
　"어떻게 해서 보초를 생포할 수 있었나?"
라고 질문했다. 심지어,
　"공산당을 생포하다니 미친 사람 아닌가! 더구나 똑같이 총을 가진 보초를 어떻게!"
라며 의아하게 여기는 사람까지 있었다.
　사람들이 그 방법을 물어봤지만,
　"보초를 잡는 방법은 비밀에 속하는 일이라 알려줄 수 없습니다."
라고 입을 닫았다.
　어느 날 신상묵 사령관이 작전참모, 정보참모, 작전보좌관 등과 같이 있는 자리에서 보초 잡는 방법을 알려달라고 요구했다. 비밀인 줄 알지만 전술에 속하는 일이므로 알아야겠다는 말이었다. 사령관 명령인지라 대답하지 않을 수 없었다.

이 장에서 그 내용을 상술하겠다.

그때 내 설명을 듣고 난 신 사령관이 경탄했다.

"보초를 생포하다니! 넌 '지리산 백과사전'이다. 너 아니면 아무도 못 잡는다."

신 사령관뿐만 아니라 미 고문관도 나의 활약을 듣고 극찬했다.

"생포의 명수 김삼차! 세계만국 어느 나라 경찰에서도 볼 수 없는 훌륭한 경찰이다. 총 한 발 쏘지 않고 보초를 사로잡는 건 상상할 수 없다."

나는 지나친 칭찬에 몸 둘 바를 몰랐다.

"저는 악수만 하고 있었습니다. 잡은 건 뒤따라온 부대원들입니다."

부대원이 함께 이뤄낸 성과임을 강조했다. 빨치산 생리를 잘 알던 부대원들로부터 경험과 요령을 배우지 못했던들, 내가 그렇게 활약하기 힘들었을 것이다.

지리산 백과사전으로 불린 이유를 설명하겠다. 군호 따는 방법 및 보초 생포요령과 함께 우리 부대가 실전에서 사용한 추적, 정찰, 매복 요령도 설명하고자 한다.

군호따기

군호따기는 정찰대에 의해 이루어졌다.

겹겹이 쳐진 경계선을 통과하기 위해서는 군호를 알아내야 한다.

정찰대가 빨치산부대에 접근하여 인기척이 나거나 보초가 있을 만한 곳에 잠복한다. 기다리다 보면 보초가 수하하는 소리를 들을 수 있다.

"누구냐!"

"서라!"

"군호!"

군호는 기밀을 위해 큰소리로 묻고 대답하지 않으므로 가까이 다가가지 않으면 들리지 않는다. 수하할 때 어수룩한 빨치산이 너무 크게 대답하면, 고참이 작게 말하라고 교육을 시키기도 했다. 위치가 확인된 보초에게 조심스럽게 접근해서 다시 수하할 때까지 기다리고, 그래도 들리지 않을 때는 더 접근해야 한다.

다음과 같은 사례가 있었다. "울"이라고 묻고, "방"이라고 대답하는 군호를 들었다. 군호를 '서울', '해방'으로 추측할 수 있었다. 그렇지만 정확하게 알기 위해서 더 접근해서 기다렸다. 시간이 흘러 밤 두세 시쯤 되자, 보초의 경계 심리가 약해졌든지 멍청한 보초가 나왔든지, "서울"과 "해방"을 확실하게 들을 수 있었다.

한번은 "진"과 "해방"이라는 군호를 들었다. 진주 또는 진격으로 추측할 수 있었는데 세 번만에 "진주"라는 걸 알아냈다. 군호는 "투쟁"과 "세월", "자유"와 "해방"도 있었다.

이렇게 군호를 알아내는 걸 '군호따기'라고 불렀다.

군호는 매일 바뀐다. 그런데 빨치산은 통신수단이 없으므로 며칠 후 돌아오면 바뀐 군호를 알 리 없다. 그럴 때는 며칠 전 군호 아무거나 말해도 된다. 만약 보초가 며칠 전에 나갔냐고 물으면 그 군호를 사용한 날 나갔다고 대답하면 통한다. 무슨 일로 어디를 다녀오느냐고 묻는 일은 없다. 그런 건 작전상 비밀에 속하므로 물어볼 수 있는 사항이 아니었다.

그리고 군호는 경계선을 통과해서 들어갈 때만 필요했다. 안에서는 자연스럽게 악수하면서 "동무, 수고하시라요" 등 통상적인 대화를 나누면서 침착하게 행동하면 됐다.

군호를 알아내지 못한 채 보초를 따돌리고 침투하는 경우가 있다. 그렇게 되면 보초는 죽은 사람이나 마찬가지이다. 왜냐하면 그가 경계를 소홀하게 해서 공격받았으므로 당연히 문책 받고 대개 총살에 처해진다. 그래서 도망가게 되어 있고 개중에 자수한 경우도 있었을 것이다. 가마골 작전 후 보위중대장이 자수한 이유가 여기에 있었을 것 같다.

초기에는 군호따기가 쉬웠다. 그러나 빨치산 수가 급감하여 정예화 된 이후에는 어려워졌다.

보초 생포

보초 생포 역시 정찰대의 역할이었다. 정찰대가 보초를 생포하고 나면 본대가 진입해서 작전을 벌이게 된다.

나는 송광사 아래에서 살다가 입산한 전향 빨치산 임병귀 순경과 함께 정찰대 활동을 많이 했다. 그는 구레나룻 수염이 덥수룩하게 났고 인상이 날카로워서 족제비 같다는 말을 들었는데 얼핏 보면 할아버지처럼 생겼다.

신 사령관도 그를 알고 있었다. 격려차 우리 부대를 찾곤 했던 신 사령관이 "우리 쪽제비 어디 있나, 쪽제비"라고 친밀한 감정을 표시했다. 임 순경을 불러내서 "작전 하느라 얼마나 고생이 많나. 그래도 빨치산보다는 낫지"라며 유머 감각을 보여주었다.

나이 들어 보이는 임 순경과 어린 내가 같이 다니면 영락없이 할아버지와 손자처럼 보여서 누가 봐도 빨치산이었다.

천왕봉 경남도당 연락과 공격 때처럼 보초에게 다가가서 사로잡는다. 보초는 한두 명이므로 정찰대를 세 명으로 구성해서 숫적 우위를 먼저 확보했다.

보초를 뒤에서 꼼짝 못하게 제압하고 나서,

"동무, 내말 잘 들려?"

라고 묻는다. 어안이 벙벙한 표정을 짓는 보초에게 다른 대원이 겉옷을 펼쳐 보인다. 경찰 제복과 명찰을 보여주고 경찰 신분증을 내민다. 그러면 보초는 공포에 질린 표정을 짓는다.

불안감을 감추지 못하는 포로에게 산 생활을 경험한 적 있다고 강조하면서 다독이면 대부분 안심한다. 그리고 담배를 권하기도 하고 건빵을 주기도 한다. 그런 것은 산에서 귀하므로 거절하지 않고 받는다. 그쯤 되면 모든 걸 포기하고 정보를 털어놓게 된다. 어떤 부대인지, 몇 명인지, 무장은 어떤지, 무엇을 하고 있는지 등 필요한 정보를 알아낼 수 있다.

추적

생포자 또는 자수자가 제공한 정보를 바탕으로 빨치산 부대 위치를 파악했지만, 때로는 추적해서 공격할 경우도 있었다.

빨치산은 평소 4보 간격으로 행군하다가 급할 때는 2보 간격을 유지한다. 앞 사람 발자국을 밟고 가므로 얼핏 보면 서너 명이 지나간 것 같아도 백 명 이상 지나갔을 수 있다. 눈길을 다닐 때는 짚신을 거꾸로 신고 걸어가서 반대 방향으로 걸어간 것처럼 위장한다. 눈길에 짚신을 신으면 미끄럽지 않아서 좋다.

그래도 "뛰는 놈 위에 나는 놈 있다"는 속담처럼 속지 않는다. 지리산 노고단 작전에서 억새나 산죽 싹이 밟힌 흔적과 물을 떠간 흔적으로 추적하는 요령을 설명한 바 있다. 밟힌 풀을 유심히 살피고 눌린 깊이 또는 눈이 다져진 정도를 자세히 관찰하면 많은 사람이 지나갔는지 알 수 있다. 그리고 신발을 거꾸로 신고 가도 속지 않는다. 거꾸로 신고 다니기도 어렵지만, 미끄러진 자국을 살피면 신발을 거꾸로 신고 갔는지 알 수 있다.

우리가 추적요령을 활용하자 저들도 새로운 방법을 찾아냈다. 마지막 사람의 발에 나뭇가지를 매달아서 빗질하면서 간다. 그렇게 되면 몇 명이 지나갔는지 알아내기 힘들어진다. 아무튼 쫓고 쫓기는 자의 숨바꼭질이었다.

정찰과 수색

보아라부대 작전 초기에는 빨치산 근거지를 기습했다. 그때는 정찰에 기초해서 작전을 펼쳤다. 나중에 그들이 생존에 급급해서 도망 다닐 때는 수색의 비중이 커졌다.

효과적으로 정찰하기 위해서는 관측이 가능한 낮에 작전지역에 침투한다. 부대배치가 한눈에 보이고 주변 산세를 관찰할 수 있는 곳에서 전체적인 상황을 파악한다.

막사는 물을 구하기 쉬운 개울을 따라 배치되어 있다. 철수 루트 등 여러 가지 상황을 종합해서 계곡 아래로부터 진입하는 게 나은지, 위로부터 내려가는 게 나은지, 또는 옆에서 칠 것인지 정한다.

빨치산의 금기사항은 연기와 불빛이었다. 낮에는 연기를 내지 않고 밤에는 불빛이 새 나가지 않도록 철저하게 조심했다. 그러나 밥을 하기 위해서 불을 피우면 연기가 전혀 나지 않을 수 없고, 밤에는 나뭇가지나 풀 사이로 희미한 불빛이 새어 나온다. 낮에 연기 나는 곳을 유심히 봐두었다가 어두워진 후에 자세히 보면 불빛이 새어나오기도 한다. 물론 잠깐 봐서는 알 수 없고 장시간 계속 살펴서 허점을 보일 때까지 인내를 갖고 관찰해야 한다.

구빨치 시절부터 산 생활이 몸에 밴 대원은 정찰 명수라 노하우를 갖고 있었고, 나는 그들과 함께 활동하면서 실전을 통해 정찰의 고수가 될 수 있었다.

수색을 형식적으로 할 때가 있다. 누군가 숨어 있을 것 같은데 종적을 찾을 수 없을 때는, 수색하는 척 하고 다른 부대원에게 "적정이 없다"고 큰소리로 말하거나 무전을 친다. 그래서 우리가 전부 지나갔다고 판단하게 만드는 위계를 사용할 때도 있었다. 그렇게 안심시켜 놓고, 다음에 설명하는 대로 잠복하게 된다.

잠복(매복)[57]

보아라부대의 전략인 기습공격, 이를 성공시키기 위해서는 상대의 위치를 정확하게 알고 있어야 한다.

낮에 연기도 보였고 밤에 불빛도 분명히 보인 곳을 아무리 뒤져도 감쪽같이 위장하고 숨어서 찾을 수 없는 경우가 있다. 그때는 물을 떠가거나 지나간 흔적이 있는 곳 근처 또는 선요원의 접선 포인트 등에 잠복한다.

요처마다 두 명씩 잠복시킨다. 숨어서 볼 염려가 있을 때는 우리

---

57) 잠복(潛伏)과 매복(埋伏)의 뜻은 거의 같다. 잠복은 숨어 있는 상태란 의미가 강하고, 매복은 공격을 위해 숨는 의미로 사용된다.

가 모두 지나간 것처럼 속인다. 부대원이 지나가면서 으슥한 곳에서 한두 명씩 숨으면, 부대가 지나간 건 알아도 잠복했는지는 알 수 없다.

우리 부대는 적은 인원이 장기간 함께 생활한 덕에 작전 중에 말이 필요 없었다. 부대장이 잠복지점에서 손짓만 살짝 하면 알아서 행동했다.

작전지역에 들어가서 공격시간까지 매복할 때가 있다. 우리는 이런 방식에 워낙 익숙했으므로 매복했다가 들켜서 역습 당한 경우는 없었다.

해가 빨리 떨어지는 겨울 산에서 작전시간까지 열 시간 이상 매복할 때도 있었다. 살을 에는 듯한 겨울바람을 맞으며 그 긴 시간 동안 기다리는 건 대단한 인내를 필요로 했다. 추위는 낙엽이 쌓인 곳에서 피한다고 쳐도, 전날 점심을 먹고 산길에서 체력을 소진한 채 밤이 되면 배가 고프지 않을 리 없다. 생쌀을 씹으며 버티기도 했다. 흔히 이빨이 아파서 쌀을 못 씹는다고 하지만, 실제로 생쌀을 먹어보면 이가 아니라 관자놀이와 턱이 아파서 씹을 수 없다.

산 생활을 했던 대원이 여럿이고 전투를 자주 치르다보니 정찰대나 부대가 지나갈 만한 길목을 직감적으로 알 수 있을 때가 있다. 예를 들어서 산길이 너덧 군데로 나뉘는 지점이다. 그런 곳에 대원을 매복시켜 놓고 지나가는 자를 사로잡든지 공격했다.

내가 적지에서 군호를 알아내고 보초를 생포할 수 있었던 데에는 산 생활 경험이 풍부한 대원의 도움이 컸다. 그들로부터 요령을 배워서 노하우를 가질 수 있었다. 그 결과 '쫓는 자'와 '쫓기는 자'의 머리싸움에서 한 수 위의 능력으로 탁월한 전과를 올렸고 사령관으로부터 '지리산 백과사전'으로 불리게 되었다.

보아라부대의 명성

　보아라부대의 명성과 관계된 이야기를 하고자 한다.
　빨치산 전투원 생포는 좀처럼 쉽지 않았다. 1953년 이후 빨치산이 정예화되면서 생포하기가 대단히 어려워졌다. 그러나 우리는 많이 생포했기 때문에 유명해졌다.
　그쯤 되자 빨치산도 보아라부대를 피하게 되었다. 느닷없이 근거지 깊숙이 침투해서 공격하거나 보초를 따돌리고 기습하므로 두려워하지 않을 수 없었을 것이다.
　보아라부대가 출동했다는 사실이 알려지면 빨치산이 경계를 강화할 것이 자명했다. 그래서 보아라부대의 출동은 철저한 비밀에 붙였다. '보아라부대'라는 명칭 대신에 '10중대'를 사용해서 보안에 신경을 썼다. 그리고 작전 지역의 군경에게만 통보하여 우리 부대 출동사실이 알려지지 않게 주의하는 한편 아군의 오인사격에 대비했다. 그리고 앞에서 설명했듯이 작전지역에 도착하면 낮에는 여관 등에서 숨어서 지냈다.
　빨치산이 우리 부대를 피하게 되자 지서에서 보아라부대가 출동했다는 헛소문을 퍼뜨려서 빨치산의 침탈을 방지하기도 했다. 웬만한 빨치산부대는 보아라부대가 주둔한 곳을 공격할 엄두를 내지 못했기 때문이다. 빨치산 수기에서 우리 부대가 아님에도 불구하고 보아라부대의 공격을 받았다는 대목은 이런 점에서 발생했을 수 있다.
　일부 경찰서에서 10명 내외의 전향 빨치산으로 구성된 사찰유격대를 운용했다. 사찰유격대를 보아라부대로 통칭한 이유는 보아라부대의 명성을 이용한다는 측면도 있었겠지만, 현장에서 상대적으로 많은 병력을 과시하려는 의도도 있었을 것이다. 빨치산이 볼 때

기껏해야 2개 분대인 사찰유격대에 비해 100명 이상으로 늘어난 보아라부대와 맞서기가 쉽지 않았을 것이다.

이런 측면에서 보아라부대는 직접 공격하지 않고도 빨치산 준동을 억제하는 효과를 거두었다고 할 수 있다.

「전남 유격투쟁사」에 보아라부대에 대한 평이 있어 소개하고자 한다. 빨치산들이 보아라부대를 얼마나 두려워했으며 적개심을 가졌는지 알 수 있는 대목이다. 아울러 사찰유격대를 보아라부대로 통칭했다는 점도 쓰고 있다.

"대 빨치산 작전을 전담하는 정규군 부대와 여러 이름을 가진 무장경찰대들이 침공 세력의 주축을 이루고 있음은 두말할 것도 없다. 그런데 그들 못지않게, 아니 더 악질적으로 빨찌산 대열에 해를 끼치는 해악분자들이 있다. 통칭 '보아라 부대'로 불리는 사찰유격대 패거리들이다.

변절자와 자수 투항자들로 조직된 이들은, 진작에 익힌 산생활의 경험을 거꾸로 이용했다. 밤이건 낮이건, 갠 날이건 비오는 날이건 상관없이 빨찌산 거점 깊숙이 잠입해 들어와서는 기습을 감행했다. 연락원이나 무장대원들이 잘 다니는 목을 지켰다가 사정없이 덮쳐서는 결정적 손실을 입혔다.[58]"

---

58) 전남 유격투쟁사, pp 172~173

11. 보아라부대 변천사와 문순묵의 행적

보아라부대는 창설 부대장 문순묵을 빼놓고 설명하기 힘들다. 그는 보아라부대의 토대를 구축하여 4년 가까이 맹활약할 수 있는 초석을 놓았다. 그렇다고 해서 문순묵의 개인부대처럼 여기는 시각은 곤란하다. 문순묵이 부대장으로서 현장에서 작전을 지휘한 기간은 초기 몇 개월 정도이며 주로 남원 지전사에 머물렀다.

창설 1년만인 1952년 9월 신 사령관이 문순묵을 데리고 지전사를 떠나 전북도경으로 갔을 때, 그곳에 전북 보아라부대, 사찰유격대가 있었다. 그 부대도 빨치산 생활을 했던 대원으로 구성된 특수부대였다. 불과 1년만에 빨치산 출신이 많은 부대를 보아라부대로 칭할 만큼 명성이 알려졌다.

먼저 보아라부대의 변천사를 알아보고, 문순묵의 행적과 이후 부대장에 대해 설명하고자 한다.

보아라부대 변천사

1952년 9월 지리산지구전투경찰사령부, 지전사가 해체되었다. 보아라부대는 창설 1년 만에 광양경찰서 산하 858전투경찰부대(대대급) 제10중대로 소속이 변경되었다. 보아라부대는 별칭이며 이전까지 공식적인 소속은 지전사 205연대 제10중대였다.

보아라부대가 광양경찰서로 소속이 바뀌긴 했지만 부대장은 여전히 홍주승이었고 부대원도 그대로였다. 858전투경찰부대 시절에는 주로 백운산 근처에서 작전을 수행했다.

이후 1953년 5월 1일 신설 법률에 따라 서남전경대가 발족되자, 보아라부대는 서남전경대 제3연대에 배속되었다. 사령부 직속부대를 뜻했던 제10중대는 변함없었다. 즉 보아라부대는 전투경찰편제 변경에 따라 세 번 소속이 바뀌었어도 줄곧 제10중대였다.

보아라부대의 해체일은 서남전경대가 해체된 1955년 7월 1일로 볼 수 있으며, 이에 대한 상세한 내용은 「제14장 복원돼야 할 보아라부대의 역사」에서 기술하겠다.

1954년 4월 1일부터 5월 25일까지 실시된 한전투사령부의 토벌작전 이후 잔존 빨치산 숫자가 「대비정규전사」에 기록되어 있다. 지리산 26명, 덕유산 51명, 회문산 42명, 백운산 9명, 화학산 16명, 총 144명이었다[59].

이런 상황에서는 우리도 성과를 올리기 힘들었다. 60여 명의 신병이 일시에 들어와서 말기에는 약 150여 명에 이르렀던 것으로 기억난다. 부대 편제는 2개 중대로 확대되어 대대급으로 격상되었다. 부대장 홍주승은 대대급 부대 지휘관인 경감으로 행세했다. 제1중대장은 양평용 경사, 제2중대장은 박간규 경사가 맡았다. 박간규는 목포에서 중학교 교장을 지냈으며 한국전쟁 때 입산했다가 귀순한 신대원이었다.

부대원이 크게 늘어났지만 초창기 전향 빨치산 대원들이 전사하기도 하고 부대를 떠나기도 해서 약 10명 남짓이었다. 10퍼센트 이하로 줄었는데도 전원 전향한 빨치산 부대로 알려졌다.

그 이면에는 사령관의 공명심이 작용했던 것 같다. 국회의원 등 고위층이 보아라부대를 찾아와서 격려하면, 신 사령관은 빨치산들

---

[59] 대비정규전사, pp 336

로 훌륭한 부대를 만들었다고 자랑을 늘어놓았다. 그는 기회만 있으면 자수한 빨치산으로 구성된 부대가 전과를 올렸다고 선전했다. 산 생활을 했던 대원도 그런 말을 듣기 싫었으니 일반 대원은 두말할 나위도 없었다. 가끔 다른 경찰이 "당신도 빨치산이었냐"라고 묻기도 했다. 그 말이 비위에 거슬려 '아구통을 돌려버리는 사건'까지 있었다.

부대원끼리도 빨치산이었는지 묻지 않는 게 불문율이었다. 산 생활을 했다는 사실은 그만큼 드러내고 싶지 않은 아킬레스건이었다. 나는 동료가 빨치산 출신이란 사실을 생활하면서 자연스레 알게 되었지, 그들 스스로 밝히거나 내가 물어봐서 알게 된 것이 아니었다.

문순묵의 행적

나는 처음부터 문순묵 부대장의 연락병이었다. 연락병은 작전 전달뿐만 아니라 부대장 개인 심부름도 해주었으므로 일거수일투족을 알 수 있었다. 특히 문순묵은 남한에 연고가 없던 탓에 연락병인 나를 가까이 했다. 그래서 남이 모르는 사실을 꽤 알게 되었.

문순묵이 병원에서 총탄 제거수술을 받고 퇴원한 1952년 초부터 남원 지전사 주위에 머물렀다. 지전사 작전회의에 참여하여 보아라부대 출동이 결정되면 곧 작전 개시를 명령했다. 작전 현장에서 부대를 지휘하진 못했으나 나름대로 부대장 역할을 수행했던 것이다.

1952년 4월초 나는 부상을 극복하고 부대에 복귀했다. 이후 약 1년 가까이 작전에 참여하지 않고 잔류병으로 남거나 사령부로 포로를 호송하는 일을 맡았다. 홍주승 부대장의 배려로 때때로 남원에서 휴식을 취하기도 했다.

내가 남원에 있을 때는 연락병 시절처럼 그의 개인 심부름을 해주었다.

그가 1952년 9월 전북도경으로 갈 때 경사가 된 걸로 알고 있다. 도경 안에서는 경사 계급장을 붙이고 있다가 밖에 나가면 경감 계급장을 달고 폼을 잡기도 했다.

신 경무관이 전북도경으로 갔을 때 거기에 사찰유격대가 있었는데 전북 보아라부대라고 불렀다. 대장은 길병래였고 부관은 오근창이었다. 문순묵이 부대장을 맡자 길병래는 전북도경을 떠났다.

대학교수를 지냈던 오근창도 사표를 내고 전투경찰을 그만두었다. 그러나 빨치산 출신을 반기지 않는 사회에 적응하기 힘들어서 우리 부대에 자원했다. 보아라부대 해체 후에 제주도로 갔다고 들었다.

전북 보아라부대로 떠나게 된 문순묵이 부대를 찾아와서 했던 말이 아직도 귀에 생생하다.

"니들을 놓구 가려니 물에 고기를 놓은 거 같구 산에 범을 놓은 거 같다우."

그 말에서 보아라부대에 남다른 애착심을 가졌던 문순묵의 심정을 알 수 있다. 빨치산 전력前歷에 대한 의심과 회의의 눈길을 의식했던 문순묵은, 그가 떠난 이후 행여나 엉뚱한 일이 벌어지지 않을지 걱정했다. 그러나 그의 걱정과 달리 그 이후에도 부대원 모두 임무를 훌륭하게 수행했다.

그때 문순묵은 마음이 잘 맞던 서무주임, 이홍준, 변종식, 문흥길 등 대원 몇을 데려갔다. 내게도 "꼬마야! 너도 가자"고 제의했지만 내가 거절했다. 그 자리에 있던 홍주승 부대장이 "내 눈치 볼 거 없이 가고 싶으면 가라"고 했지만 가지 않았다. 왜냐하면 따라가면 다시 연락병을 시킬 텐데 그 위험한 보직을 맡기 싫었기 때문이다. 또한 그때 따라가겠다고 나선 대원을 보니 모두 산 생활을 했던 대원들이었다. 아무래도 따라가기보다 그대로 있는 게 나을 성싶었다. 나뿐만 아니라 최익순 순경 등도 따라가지 않았다.

이때 전북 보아라부대로 간 대원 중에 문흥길은 북한군 출신이었다. 그는 문순묵 부대장을 찾아가서 자원하여 부대에 들어왔는데 나이가 나보다 한 살 어린 열여섯이었다. 북한군 연령은 남자 16~65세, 여자 17~25세였다.

전북 보아라부대는 내장산 등에서 전과를 올렸다는 소문을 들었다.

나는 문순묵의 결혼에 대해서 알고 있었다. 보아라부대가 전남 광양군 진상면에 주둔하고 있을 때 문순묵이 찾아와서 결혼한다고 말했다.

"꼬마야! 내래 결혼한다."

"축하합니다. 어떤 여잡니까?"

"선생질 하던 여자디."

광양시 다압면 신흥리에 살던 분이 연유는 모르겠으나 문순묵을 사윗감으로 점찍었다. 남원으로 찾아가서 문순묵을 직접 만나보고 나서 딸과 결혼시키기로 결정했고 문순묵도 승낙했다.

이후 내가 남원에 가서 문순묵 부부를 만난 적 있었다. 문순묵은 부인에게 내가 연락병이었다고 소개하면서,

"내 여편네디. 네레 델구 자도 돼!"

라고 농담할 만큼 나와 가까웠다.

그 이후 소식이 끊기고 말았다. 서로 만날 시간은 물론 편지를 쓸 겨를이 없었다. 뿐만 아니라 보아라부대원들도 해체 후에 만나지 못했다. 빨치산에 대한 편견과 의심의 눈초리를 의식하다보니 서로 연락을 꺼리는 분위기였다.

그의 소식이 궁금하여 알아보니까 종전 후 비참하게 살다가 1960년쯤 한 시설에서 사망했다는 사실을 알았을 때 허무하고도 씁쓸했다.

「또 하나의 전쟁」에 문순묵에 대해 약간 기술되어 있어서 이 시기 그의 역할을 다른 전투경찰 간부도 알고 있었던 것 같다.

"좋은 예로 현재 지리산 전투경찰사령부 작전주임으로 공비 토벌에 활약하고 있는 문순묵이 그러했다. 그는 북한군 중좌로 6사단[60] 참모장으로 남하하였다가 낙오되어 산으로 들어가 소위 지리산 유격대 사령부 작전참모로 있다가 경북지구에 귀순했다.

그의 귀순으로 경찰은 공비들에 관한 자세한 정보를 얻게 되었으며, 공비들은 전술적, 심리적 타격을 받았다. 그는 「공비의 말로」라는, 공비들의 만행에 대한 체계적인 글을 발표했는데 참으로 공감되는 바가 많았다."[61]

문순묵의 북한군 직책이나 귀순 상황이 사실과 다소 차이가 있는 것은 차일혁 경무관이 전해들은 과정 또는 저자가 글로 옮길 때 발생한 것 같다. 주목할 만한 내용은 지전사 작전주임으로 알고 있었

---

60) 문순묵의 북한군 소속은 남해여단이다. 북한군 제6사단은 서해안으로 남진했다. 북한군 제2사단 패전 책임을 진 이청송이 남해여단장이 되어 북한군 제6사단 소속으로 있었기 때문에, 문순묵을 제6사단 소속으로 볼 수 있다.
61) 또 하나의 전쟁, pp 194

다는 점이다. 위의 글은 1952년 6월 상황으로 지전사가 해체되기 전인데, 작전주임으로 알려진 것 같다. 문순묵이 썼다는 「공비의 말로」라는 글을 구할 수 있다면 그의 생각을 알 수 있을 텐데 아쉽다.

문순묵 월북시도에 대한 오해

일설에 문순묵이 북한으로 복귀를 시도했다는 말이 있다. 이는 내가 알지 못하는 일인데 남원에 머물 때 그런 말이 나올 만한 사건이 하나 있었다.

1952년 봄 산청군 시천면에 주둔하던 보아라부대에 복귀하긴 했으나 백아산에서 입은 부상이 덜 회복되어 전투에 투입되지 않을 때의 일이었다. 남원에 머물 때는 이흥여관에 머물다가 민가에 살고 있던 문순묵 부대장의 개인 심부름을 하거나 밤늦게까지 보초를 서기도 했다. 문순묵이 때로는 색안경을 끼는 등 변장을 하고 다니기도 했다. 왜냐하면 문순묵이 토벌부대장으로 맹활약하고 있었으니 테러를 당할 가능성이 있었기 때문이다.

- 비밀이 많아진 문순묵

그 즈음 문순묵에게 비밀이 많아졌다는 느낌이 들었다. 북한이 고향인 그가 개인적으로 아는 사람이 없을 터, 그가 만나는 사람은 사령부 요원과 총알 제거수술을 한 병원 관계자 외에는 없었다. 그런데 갑자기 외출이 잦아졌고 내가 모르는 사람을 자주 만났다. 그리고 자기를 찾아온 사람이 없느냐고 묻기도 해서 이상하다고 여기고 있었다.

어느 날 문순묵의 집에서 보초를 서게 되었는데 그가 평소에 하지 않던 말을 했다.

"앞으로 줄 게 있어. 누가 보지 않게 사령부 뒷문으로 들어가서 꼭 사령관 주라우. 사령관이 없으믄 작전참모한테 줘! 그리고 절대로 어디 가지 말고 숙소에서 대기하고 있으라우."

이후 서너 차례 그 말을 하면서 그때마다 나 혼자만 알고 있으라고 강조했다.

- **체포작전**

얼마 후 문순묵이 지전사에서 회의를 마치고 서울행 특급열차를 타기 위해 남원역으로 이동했다. 기차표는 예매해 둔 상태였다.

문순묵이 헤어지기 직전에 무엇인가 찾는 척 하더니 악수하면서 몰래 쪽지를 건네주었다.

'이게 몇 번이나 말한 그거구나!'

나는 바로 사령부로 뛰어 갔다. 사령관이 없어서 작전참모에게 전달했다.

"문순묵 대장이 빨리 행동하라고 했습니다."

쪽지를 본 작전참모가 즉시 전북도경으로 전화했다.

"지금 서울행 기차에서 작전을 해야 한다."

그리고 몇 째칸 몇 호 자리에 있는 사람들을 전주역에서 체포하라고 지시했다.

연락을 받은 전주경찰서에서 즉시 사복 경찰 수십 명을 출동시켰다. 기차 한 칸에 많은 경찰이 들어가자 그 안은 꽉 찼고 아무도 꼼짝달싹할 수 없었다. 경찰은 지목된 사람들을 담요로 뒤집어씌워서 체포했다.

체포된 사람은 문순묵, 서무주임, 서무보조, 그리고 모부대 국군 고위 간부62) 및 부하, 모두 다섯이었다. 문순묵이 체포될 때 "놔라, 이새끼들!"이라고 소리치면서 권총을 쏘며 저항하는 척 했다고 한다.

- **치밀한 계획이 오해의 소지를 남기다**

이 사건에는 문순묵의 치밀한 계획이 있었다.

문순묵이 한 국군 고위간부를 알게 되었는데 그가 북한 간첩이었고 탄약열차 운행계획 등 비밀을 누설했다고 한다. 문순묵이 북한군 중좌 출신이니 포섭할 수 있다고 생각하여 접근했을 것이다. 어쨌든 함께 월북하기로 약속한 다음, 남원역에서 서울행 열차를 타기 직전에 내게 쪽지를 주었던 것이다.

그런데 그 간첩이 체포 내막을 끝까지 몰랐어야 했고 외부에도 알려지면 곤란했다. 그가 워낙 머리가 좋아서 일을 완벽하게 처리해야 했다. 재판 받는 동안 문순묵은 다른 방에 구금된 것처럼 행동했다. 간첩이 3일에 한번 문순묵과 면회를 요구했으므로 문순묵도 머리를 깎고 죄수복 입은 미결수로 행세하면서 면회에 응했다.

이 사건 전모는 비밀이었으므로 문순묵이 월북시도를 하다가 체포되었다고 알려졌을 수 있다.

보아라부대장

---

62) 구술자는 문순묵으로부터 이 국군 간부의 소속, 직위, 성과 계급까지 전해 들었으며 다른 내용도 더 있지만, 워낙 민감한 사안이므로 '국군 고위간부' 로 처리했다.

홍주승은 1951년 12월부터 부대장 역할을 수행했다. 그가 정식으로 부대장에 임명된 시기는 문순묵이 전북도경으로 떠난 1952년 9월경이었다. 따라서 그 기간 동안 명목상으로 문순묵이 부대장이었다.

개인적으로 문순묵을 총애했던 신 사령관이 전북도경으로 데리고 간 이후, 부대원 몇이 따라갔다고 해서 보아라부대가 해체되었다고 보는 건 어폐가 있다.

「대비정규전사」의 전투편성표에 그 이후에도 보아라부대가 작전에 참여한 사실이 표시되어 있다.

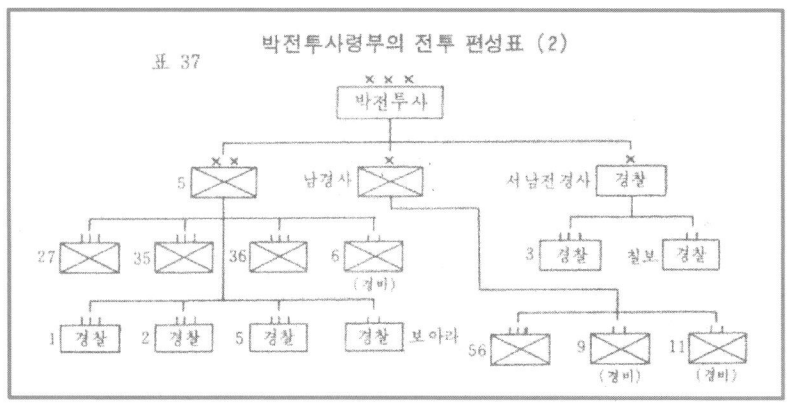

박전사 2단계 작전 (54.2.11~3.31)
출처: 대비정규전사 pp 296

위 그림을 보면 국군 5사단 예하에 보아라부대(대대급)가 표시되어 있다. 이상하게도 보아라부대는 공식 소속인 서남전경대가 아니라 국군 5사단 소속으로 표시되어 있다. 이는 박전투사령부가 작전을 펼칠 때 보아라부대의 공식 소속을 무시하고 군과 함께 운용했다는 의미로 볼 수 있다.

문순묵이 지전사를 떠난 이후 부대원이 늘어나서 신참대원이 많아졌다. 초기부터 활약한 전향 빨치산 구대원은 인민군이었던 유양필과 한명종 등 열 명 남짓이었다.

홍주승 부대장이 전남 출신 이○기 순경을 부관으로 임명했다. 이 순경이 빨치산 구대원 몇과 가까이 지내면서 부대에 묘한 분위기가 감돌았다. 1954년말에서 1955년초에 걸쳐 고참 대원들이 부대를 떠나 다른 경찰서로 전속될 때 홍주승도 갑자기 후방 경찰서로 떠나고 말았다.

이후 이 순경이 부대장 대행을 맡았으나 곧 물러났고 지서장 경력을 가진 김평순이 부대장으로 잠시 있었다.

이어서 신대원인 서상학이 부대장 역할을 맡았다.

그리고 구서칠 곡성경찰서장이 서남전경대 제3연대장으로 승진돼 오면서 빨치산 경험을 가진 박경식을 데리고 왔다. 서상학이 박경식을 부관으로 임명했다가, 스스로 부관으로 물러났고 박경식이 부대장을 맡았다.

그즈음 보아라부대는 성과를 내지 못하고 있었다. 또한 핵심 멤버들이 속속 다른 곳으로 전출되면서 해체기에 접어들었다. 1955년 7월 1일 서남전경대와 함께 보아라부대가 해체될 때 부대장은 박경식이었다.

신상묵 사령관

여기서 이 책에 자주 등장하는 신상묵 사령관에 대해 언급하고자 한다. 그에 대한 평가는 과거사 청산 문제와 관련지어 논란의 대상이다. 어쨌든 그는 지전사 사령관 시절 보아라부대를 창설했고 서남전경대 시절에도 사령관으로 있으면서 보아라부대의 작전 투입을 결정한 장본인이었다. 따라서 부대원을 제외하고 보아라부대와 가장 관계가 깊은 인물이다.

신상묵(辛相默, 1916~1984)에 대해 위키백과에 소개된 내용을 정리하면 다음과 같다.

전북 익산이 고향으로 대구사범학교를 졸업하고 소학교 교사로 근무하던 중, 1940년 일본군에 지원했고 일본군 헌병 부사관에서 가장 높은 계급인 조장(상사)이 되었다. 당시 조선인 출신 헌병으로 조장이 된 사람은 신상묵이 유일하다고 한다. 시게미쓰 구니오重光國雄로 창씨개명했다. 1944년경 항일운동을 탄압했고 독립운동 피의자를 고문한 혐의가 있다. 1946년 국립경찰 양성 1기로 미군정하의 경찰에 투신했다. 한국전쟁기에 지전사 및 서남전경대 사령관을 지낸 신 경무관은 제주도경 국장 등을 역임했다.

신상묵은 「친일인명사전」에 최종 등재되었다. '친일인명사전 편찬위원회'와 '민족문제연구소'가 1994년에 시작해서 2009년에 발간한 「친일인명사전」은, 선정기준 논란과 관련자들의 가처분소송으로 지루하고 험난한 작업 끝에 완성되었다.

여기서 내가 보고 들은 신 사령관의 행적을 밝히고자 한다. 첫째는 토벌대 사령관으로서의 공적이고 둘째는 친일 논란이다.

• **첫째, 사령관으로서의 능력**

신 사령관이 구철회, 문순묵, 가마골 의무과장 등을 대한 태도는 적절했다고 생각한다. 그들이 알고 있는 정보를 최대한 실토하도록 유도하여 실전에 응용했다. 보아라부대 창설도 그 연장선에 있으며 몇몇 토벌작전 성과도 거기에 바탕을 두었다.

그가 지전사 해체 후 전북도경으로 갔다가 서남전경대 사령관으로 다시 부임한 점을 보면, 정부가 빨치산 소탕작전 책임자로서 그의 능력을 인정한 것으로 보인다.

포로를 절대 때리지 못하게 했으며 억지로 진술 받지 말라고 명령한 점은 혜안이었다. 이로 인해 장기적으로 투항하는 빨치산이 많아질 수 있었다. 이 같은 태도는 전쟁 초기 대한민국 경찰에 대한 불신을 완화시키는 데에 기여했다고 생각한다.

또한 보아라부대를 각별하게 여겨서 수시로 찾아와 격려하곤 했다. 비록 보아라부대의 존재를 과시용으로 활용했지만 빨치산 토벌 역사에서 굵은 족적을 남겼음에는 틀림없다.

● **둘째, 친일 논란**

1945년 이후 대한민국을 이끌던 주도세력 중에서, 친일논란에서 자유로운 인사가 얼마나 될지 모르겠다.

「친일인명사전」에 수록된 인물을 보면 입이 떡 벌어진다. 일본군 장교를 지냈던 박정희 대통령은 그렇다고 치고, 장면·김성수 등 정치인과 애국가를 작곡한 안익태, 무용가 최승희, 시인 서정주, 극작가 유치진, 「시일야방성대곡是日也放聲大哭」으로 유명한 언론인 장지연 등 우리가 애국지사로 알고 있던 인물도 많다. 특히 초기 군경 핵심인물은 상당수가 친일인사이며 거기에 신 사령관도 포함되어 있다. 아울러 2020년 사망한 백선엽 장군의 예우에 대해 친일행적을 들먹이는 논란은 그칠 기미를 보이지 않고 있다.

내가 보아라부대에서 들은 이야기를 소개하겠다. 백아산에서 체포된 빨치산 황보원근이 겪은 일이었다.

  그가 일제시절에 독립운동 혐의로 체포되어 일본 헌병대에 끌려갔다. 신상묵이 조사하겠다며 취조실로 데리고 갔다. 부하를 시키면 되는 일이었지만 직접 나섰다. 취조실에서 때리는 척했고 호통을 치면서 발로 바닥을 구르며 비명을 지르라고 조용히 속삭였다. 그래서 황보원근은 신 사령관이 절대 친일파가 아니라고 강조했다.

  신 사령관에 대해 내가 모든 걸 알고 있지 못하지만, 보아라부대 시절 사령관으로 모시면서, 또 들은 바로는 친일파로 매도만 할 수 없다고 본다. 상황에 따라 친일행동을 할 수밖에 없었을 것이라고 이해한다.

12. 618부대와 사찰유격대

 직접적인 관계는 없지만 보아라부대 활동 배경을 이해하기 위해서 반공포로 석방과 618부대, 그리고 보아라부대와 유사한 성격을 가진 사찰유격대에 대해 설명할 필요가 있다.

반공포로 석방

 한국전쟁 당시 흔히 거제포로수용소만 알고 있지만 포로수용소는 도처에 있었다.
 거제포로수용소에 13만이나 되는 포로를 한꺼번에 수용하다보니 반공·친공 포로간에 충돌이 자주 일어났다. 반공포로는 공산당을 포기하고 대한민국에 남을 의사를 가진 포로를 말하고, 친공포로는 북한으로 돌아갈 의향을 갖고 있던 포로를 말한다. 이들 간의 갈등이 심각한 폭력사태로 번지던 중에, 1952년 5월 7일 포로수용소장 도드 준장이 친공포로에게 납치된 사건이 벌어졌다. 이처럼 사태가 악화되자 반공포로와 친공포로를 구분하여 수용했다.
 당시 제네바협약에 의하면 종전 즉시 모든 포로를 무조건 송환해야 했다. 그런데 북한군 포로 중에는 본의 아니게 북한군과 빨치산에게 끌려갔다가 포로가 된 사람이 많았다. 즉 가족도 남한에 살고 생활기반도 남한인 포로가 많은 특수한 상황이었으며, 이들과 함께 북송을 거부한 많은 북한인을 반공포로로 불렀다[63].

---

[63] 포로교환 협상 당시 유엔군 측이 공산군 측에 건넨 총 13만 2,474명에서 북한인이 9만 5,531명, 중국인이 20,700명, 남한인이 1만 6,243명이었다.
 - 한권으로 읽는 6·25전쟁 pp 436

이승만 대통령이 이례적으로 반공포로를 탈출시키는 사건을 일으켜서 국제 문제로 비화되었지만 국민의 뜻에 부합하는 조치를 취했다.

거제포로수용소 전시물

유엔군이 북한과 정전회담 및 포로교환을 주도하다보니 우리나라 입장에서 분통 터지는 일이 발생했다. 북한은 포로로 잡은 딘 소장(William F. Dean, 1899~1981) 및 미군 장교마다 북한군을 많이 요구했다. 국군 포로도 교환되어 돌아오긴 했지만 중요하거나 똑똑한 사람은 보내지 않았다[64].

북한에 억류된 미군포로는 많은데 장교 한 명 빼내기 위해서, 돌아가면 우리에게 총을 겨눌 북한군을 수백 명씩이나 내줘야 한다는 사실을 이승만 대통령이 용납할 수 없었다. 더욱이 반공포로를 보낼 수는 없다고 생각했다. 이들을 북한으로 보내지 않기로 결심하고 그다운 방식으로 밀어붙였다.

특명을 띤 국군 간부가 각 수용소에 밀파되었다. 이들은 미군 몰래 포로를 탈출시키는 계획을 은밀하게 추진했다. 이삼일 전에 각 수용소에 도착하여 탈출 포로들이 숨을 수 있는 민가를 준비하고 경찰이 안내하도록 조치했다.

---

64) 이 부분은 구술자의 말이다.

국군과 미군이 공동으로 관리하던 광주수용소는 도로를 사이에 두고 양측에 막사가 있었다. 국군 막사는 수용소 쪽에, 미군 막사는 건너편에 있었다.

광주수용소에 있던 10,000명 이상의 반공포로를 3일 동안 교육시켰다.

"문을 열어놓을 거니까 빨리 나가지 말고 고개 숙이고 조용히 가라. 미군한테 들키면 안 된다. 나가서 경찰이 안내하는 집으로 가라. 여러분들을 도와주도록 되어 있다. 옷 주고 신발 주고 머리 깎아 줄 테니까 그 집에서 먹고 자고 조용히 있다가 정부가 가라는 곳으로 가면 된다."

포로들은 그 말에 반신반의했다. 혹시 탈출하도록 사주하고 쏴죽일지 모른다고 생각하기도 했다.

6월 18일 밤 광주수용소 문이 열렸다. 제1막사부터 포로들이 나가기 시작했다. 그들은 혹시 총에 맞지 않을까 걱정하면서도 교육받은 대로 조용히 나갔다. 제2막사, 제3막사 포로들은 먼저 나간 사람들이 무사한 지 눈여겨보면서 차례로 나갔다. 그리고 마지막 막사 포로들이 나갈 때, "이제 살았다"라고 소리친 사람이 있었다. 그러자 미군이 탈출하는 포로를 발견하고 사격을 가했다. 결국 5명이 사망했고 8명이 부상을 입었으며 173명이 붙잡혔다.

이 사건이 세계적으로 충격을 주었으며 휴전 일정에까지 영향을 준 반공포로석방사건이다. 광주수용소뿐만 아니라 전국 수용소에서 발생했으며 '한국민족문화대백과'에 다음과 같이 수록되어 있다.

"1953년 6월 18~19일 당시 부산, 광주, 논산 등 전국 8개 지역의 포로수용소에서 이승만 정권의 주도 하에 반공포로 3만 5천여 명을 탈출시킨 사건."

다음 표를 보면 광주수용소는 10,610명 중에서 10,432명을 석방해서 8개 수용소 중 석방 비율이 가장 높다. 이는 광주수용소에 있던 포로가 반공포로였다는 사실을 알 수 있게 해준다.

포로 수용 및 석방 현황 (1953. 7. 27)

포로 수용소	부산 거제리 제2 수용소	부산 가야리 제9 수용소	영천 제3 수용소	대구 제4 수용소	광주 제5 수용소	논산 제6 수용소	마산 제7 수용소	부평 제10 수용소	계
수용 포로	3,065	4,027	1,171	476	10,610	11,038	3,825	1,486	35,698
석방 포로	392	3,930	904	232	10,432	8,024	2,936	536	27,386

출처: 한 권으로 읽는 6·25전쟁, 국방부 군사편찬연구소

618부대

서남전경대가 광주수용소를 탈출한 반공포로 200여명을 모아서 제2연대에 배속시켰고, 부대이름이 석방일자인 '618부대'였다.

그즈음 빨치산이 정예화되면서 토벌실적이 현저히 줄어들고 있었다. 이런 상황에서 618부대가 중요한 공헌을 했으니, 1953년 9월 18일 이현상의 시신을 발견했던 것이다.

1953년 9월 서남전경대 차일혁 제2연대장이 남부군 소속이 많던 618부대를 이현상 체포작전에 동원했다. 차일혁 연대장은 그 이전부터 빨치산 출신으로 구성된 수색대를 운용하면서 부임지마다 데리고 다녔다. 618부대 조직 이후에는 수색대와 함께 618부대를 작전에 투입시켰다. 이들이 이현상의 호위병 둘을 사로잡았고, 그들이 이현상의 시신을 확인했다.

1953년 여름 신규 편성된 618부대가 남원시 주천면에서 교육받을 때, 우리 부대는 같은 지역의 민가에 주둔했다. 밤에는 빨치산이 보급사업을 나오던 지역이었다.

어느 날 밤 내가 사립문에서 보초를 서고 있을 때였다. 집 뒤는 산이고 앞에 있는 밭에 돌담이 남아 있었다. 돌담 뒤에서 인기척이 나기에 신경을 곤두세웠다. 그리고 두어 명이 움직이는 게 눈에 뜨였다.

"누구냐!"

내가 소리치자, 저쪽에서 총을 쏘기에 나도 응사했다. 꾀 많은 빨치산이 산에서 내려와서 빙 돌아 접근하다가 들켰던 것이다. 나도 총에 맞지 않았고 그들도 내 사격을 피해 도주해버렸다.

전투에 나서거나 보초를 설 때, 탄띠를 두르는데 탄띠에는 M1 실탄 8발 케이스 6개가 있다.

아침에 실탄 케이스 6개 중에서 3개가 총알에 관통된 걸 알았다. 총알이 몇 cm만 몸 쪽으로 날아왔어도 맞았을 것이다.

나와 동료 대원이 탄띠를 보면서 엎드리다가 맞았는지 포복하다가 맞았는지 모르겠다는 이야기를 하고 있을 때, 618부대 정보원 둘이 왔다. 총격전이 벌어진 걸 알고 찾아왔던 것이다.

"어제 밤에 수고했습니다. 정보가 있으면 알려주십시오."

"그렇지 않아도 그 얘기를 하고 있었습니다."

총탄에 맞은 탄띠를 보여주었다. 618부대원이 자세히 살펴보더니 포복으로 전진하다가 맞은 것 같다는 대화를 나눈 적 있었다.

사찰유격대와 보아라부대

한국전쟁 이전에 빨치산이 급격하게 세를 불린 계기는 여수순천사건이었다. 여수순천사건 이후 입산한 국군 제14연대 반란군은 대략 700~800명으로 추산된다. 군사훈련을 받고 무장을 갖춘 제14연대 반란군은 빨치산 주역이었다. 이에 힘을 얻은 남로당이 조선인민유격대원을 남파했다[65]. 이에 따라 후방의 안보가 위협받았다.

빨치산 토벌을 전담할 조직의 필요성을 절감한 경찰서는 이른바 사찰査察유격대를 운용했다. 사찰유격대란 경찰서 사찰과(사찰계) 소속 경찰로 구성된 유격대란 뜻으로, 대부분 전향한 빨치산을 채용했다. 일반 전투경찰은 경비과 소속이었지만 사찰유격대는 사찰과 소속이었다.

보아라부대와 마찬가지로 사찰유격대에 대한 연구가 부족해서 그 기원을 정확히 알 수 없다. 다만 증언에 의하면 한국전쟁 이전부터 활동했다고 한다.

• **사찰유격대**

사찰유격대는 경찰서와 도경 자체로 운영했다. 정식 경찰인 순경은 소수였고 임시로 뽑은 순경 희망자가 대부분이었다. 의경인 이들은 월급이 없었으며 순경 임용시험에 합격해야 비로소 순경이 되었다. 지역 출신 빨치산으로 10명 내외의 소수로 운영되었고 대부분 관내에서 활동했다.

---

65) 북한은 1948년 11월 중순부터 1950년 3월까지 10차에 걸쳐 2,345명의 유격대를 남파했다. 이들은 백두대간과 동해를 통해 강원도 및 경북 지역에 침투했으나 국군의 토벌작전으로 대부분 소탕되었다. - 대비정규전사 pp 43~46

순경으로 임용되지 않은 사찰유격대원은 국가가 주는 월급을 받지 못했다. 즉 예산 없이 운영했다는 말이다. 그렇다면 목숨을 내놓고 싸우는 전투경찰을 굶겼다는 얘기가 되는가? 그때 빨치산은 쌀을 비롯한 식량을 약탈해서 보유했다. 전투경찰 부대장은 빨치산과의 전투에서 노획한 쌀 등으로 사찰유격대를 어렵게 운영했다[66]. 노획물이 충분하지 않을 때는 필요한 경비를 지역유지에게 추렴했다. 빨치산의 수탈에 시달린 지주들이 토벌대에게 쌀을 대주기도 했던 것이다. 한국전쟁에서 활약하던 사찰유격대는 그런 열악한 조건에서 싸웠다.

오늘날 관점에서 보면, 그런 운영방식은 민폐를 끼칠 소지가 다분하다. 그러나 한국전쟁 때는 국가 예산이 부족했던 탓에 국민의 애국심에 호소하여 해결하던 일이 자주 발생했다. 심지어 전투함까지 성금을 모아 구입했다[67].

사찰유격대가 동료로 지내던 지역 빨치산을 기습하여 성공을 거두자, 빨치산에게 골치 아픈 존재로 부각되었다. 빨치산 수기를 읽어보면, 며칠 전까지 동료였던 사람이 경찰을 이끌고 습격하는 이들에 대해 적개심을 표현하기도 한다.

그런데 '사찰'이란 용어가 매우 좋지 않은 이미지를 갖고 있다. 사찰의 사전적 의미는 "① 조사하여 살핌. 또는 그런 사람. ② 주로 사상적인 동태를 조사하고 처리하던 경찰의 한 직분"이다[68]. 사

---

66) 또 하나의 전쟁, pp 234
67) 한국전쟁 이전에 모금운동으로 마련한 백두산함은 해군 최초의 군함이었다. 한국전쟁이 발발한 1950년 6월 25일, 북한 특수부대원 600명을 태운 괴선박이 부산 앞바다에 출현하자 백두산함이 출동하여 격침시켰다. 만약 백두산함의 활약이 없었다면 북한군 특수부대가 우리나라 후방을 유린하여 전쟁의 양상이 더욱 불리하게 전개되었을 것이다.
68) 네이버 국어사전

찰이란 용어는 군사정권 시절 반정부 인사를 핍박하던 뉘앙스를 풍긴다. 또한 학원사찰, 정치사찰 등 경찰의 불법행위가 연상되어 국민에게 저항감을 주는 단어이다. 일제강점기 경찰서 '고등계'와 같은 뉘앙스를 풍겼다. 심지어 '사찰과 경찰'이라고 하면 질시하는 국민까지 있었다. 보아라부대원 역시 그런 시각을 갖고 있었다. 오죽하면 경찰에서 '사찰과'란 명칭을 없앴겠는가.

그래서 사찰유격대는 사찰행위를 하는 유격대라는 이미지로 오해할 소지가 있음직했다.

전후 해당 경찰서와 지역 주민들의 노력으로 사찰유격대의 존재가 알려지기도 했다. 산청경찰서 사찰유격대장 강삼수 경위[69]는 그 공적이 뒤늦게 알려졌다. 국가보훈처가 그를 2016년 10월 '6·25전쟁 호국영웅'으로 선정했다.

차일혁 경무관이 제18전투경찰대대장 시절부터 운용하던 수색대도 사찰유격대였다. 차 경무관은 이들의 활약을 칭찬하면서 임지를 옮길 때마다 데리고 다녔다. 서남전경대 제2연대장 시절에도 수색대를 운용했다. 서른 명이 넘는 차 경무관의 사찰유격대는 예외였고 대부분 2개 분대 이내였다.

• **사찰유격대와 보아라부대의 차이점**

사찰유격대가 전향한 빨치산으로 구성되었고 소수 인원이 기습공격을 한 점으로 인해 보아라부대와 같다고 생각하는 경향이 있다.

---

[69] 강삼수 경위는 한국전쟁 전후 총 62회의 전투에서 빨치산 322명을 사살했다. 그 공으로 대통령 방위포장, 화랑무공훈장 4회, 국방부 장관 공로 표창 2회 등 공로 및 표창 합계 41회의 대기록을 가졌다. 1972년 교통사고로 사망하여 국립 현충원에 안치되었다.
국방부 블로그(http://mnd9090.tistory.com/2172) 참조

이는 토벌대나 빨치산 양측 마찬가지였다. 그러나 여러 가지 점에서 다른 성격을 띠고 있다.

양자의 차이는 운영주체가 다르다는 점에서 발생한다. 사찰유격대는 도경이나 경찰서 자체로 운영했으므로 국가의 지원을 받을 수 없었다. 정식 순경이 되기 전에는 월급을 지급받지 못했다.

사찰유격대는 관내(시군) 빨치산 토벌 목적으로 운용되었다. 지역에서 활동하는 빨치산의 얼굴이나 인적사항을 잘 알고 있었다. 그래서 빨치산이 다니는 길목과 아지트, 그리고 그들이 찾아다니던 친척 집 등에 매복해서 성과를 올리는 경우가 많았다.

그런데 사찰과 소속이라는 점이 부정적인 요소였다. 사찰과는 주로 사상문제로 주민을 괴롭히는 곳이라는 인식이 일반적이었기 때문이다.

이에 비해 보아라부대는 지전사, 서남전경대 등 빨치산 토벌 전담 전투경찰대 사령부에서 운영했다. 즉, 전원 순경인 전투경찰부대였다. 작전 목적이 빨치산 전체의 전투력 와해였으므로 지리산, 회문산, 백아산, 백운산 등 강력한 빨치산 거점을 상대로 작전을

보아라부대와 사찰유격대의 차이점

구분	보아라부대	사찰유격대
운영 주체	토벌 전담 사령부	경찰서, 일부 도경
작전 목적	빨치산 전체의 전력 약화	관내 빨치산 토벌
대원 신분	정식 순경	의경
인원 구성	38~150명	7 ~ 18명(2개 분대)
주요 전술	기습, 정찰	매복, 추격
부대 구성	빨치산 출신 10~50%	거의 빨치산 출신
전투 상대	사령부급 대부대	지역에서 활동하는 빨치산
활동 범위	지리산 등 빨치산 근거지	관내(시군)
예산 운영	국가에서 지급	자체 조달(노획품, 지역 기부)

벌였다. 개인 정보에 의존하는 사찰유격대와 달리 사령부의 정보와 작전지역에서 생포한 빨치산으로부터 알아낸 정보를 활용했다. 또한 분대급 인원으로 구성된 사찰유격대에 비하면 상대적으로 병력이 많았다.

사찰유격대는 경찰서에서 운영한 덕에 그 기록이 경찰서에 남았던 것 같다. 그래서 경찰서에서 이들의 활약을 상신하여 훈장 및 표창을 수시로 받을 수 있었다. 뿐만 아니라 이들의 활동을 기억하고 있는 지역 주민들이 전후 및 이후에 사찰유격대의 활약을 증언하고 있다. 즉 사찰유격대의 활동은 항구적 기관인 경찰서와 그들의 활동을 기억하는 지역주민이 챙겨주었다.

그러나 보아라부대는 전시에 빨치산 토벌작전을 위해 단기간 존재했던 사령부 직속이었다. 사령부 해체 후 보아라부대의 활약을 챙겨줄 기관이 사라져버린 것이다. 그로 인해 보아라부대는 사람들의 기억에 남을 기회가 주어지지 않았다.

2017년경 이 책을 쓰기 위해 경찰청에 수차례 문의했으나 한국전쟁 때 존재했던 전투경찰 부대의 존재를 알지 못했고, 기록은 더더구나 찾아볼 수 없었다. 다만 2022년 '한국경찰사연구원'의 존재를 알게 되어 이윤정 교수님께 전화를 걸어 문의했다가, 4년간 미루었던 출간에 착수한 계기가 되었다.

13. 내가 겪은 빨치산

 이 책의 초점이 보아라부대에 맞춰지다보니 빨치산에 대해 별도로 언급하지 못했다. 내가 직접 겪어서 알게 된 사실 위주로 설명하고자 한다.
 사전에서 설명하는 '빨치산'의 뜻은 다음과 같다.
 "적의 배후에서 통신·교통 시설을 파괴하거나 무기나 물자를 탈취하고 인명을 살상하는 비정규군. 특히 우리나라에서는 6·25전쟁 전후에 각지에서 활동했던 공산 게릴라를 이른다.[70]"
 빨치산과 유사한 의미를 가진 단어는 유격대, 게릴라, 산山사람, 공비[71]가 있다.
 나는 보아라부대에서 4년 동안 빨치산이었던 동료와 함께 동고동락했다. 그리고 빨치산으로 위장하고 작전에 참여했던 관계로 소상하게 알고 있다.

 우리나라 빨치산 기원은 동학혁명이나 구한말 의병활동까지 거슬러 올라갈 수 있다. 하지만 여기서는 해방 직후 입산한 사람들을 기원으로 보겠다.
 우리나라를 혼란에 빠뜨렸던 좌우이념대립은 미군정의 우익 지지 정책과 1948년 8월 15일 대한민국 정부수립과 함께 우익의 승리로 끝났다. 좌우이념대립 절정은 1948년 10월 19일 발생한 여수순천 사건이다.

---
70) 네이버 국어사전
71) 공산비적(共産匪賊)의 준말. 일제시절 일본이 사용하던 용어이다.

이때 지리산으로 숨어든 제14연대원과 북한에서 남파한 조선인민유격대원, 한국전쟁 이전에 입산했던 '야산대72)' 등이 빨치산 원조인 구빨치이다. 이병주는 소설 「지리산」에서 일제강점기부터 유격활동이 생겨난 배경과 활동에 대해 설득력 있게 묘사했다.

남로당은 1945년 해방 이후 각종 사건을 끊임없이 획책했다. 위조지폐를 만들고 각종 파업을 주도하여 남한의 공산화를 시도했다. 그러나 1948년 대한민국 정부수립으로 무위에 그쳤다.

그런데 정부 수립 직후 대규모 무장투쟁이 일어났다. 남로당에게 희소식인 듯했다. 이를 기회로 세력을 확장하려했으나 도리어 몰락하는 결정적인 계기가 되고 말았다. 군에 침투해서 뿌리내리던 공산당 세력이 제거된 여수순천사건이었다.

그러나 여기에 참여했던 반란군이 입산하면서 빨치산이 본격적으로 등장했다.

여수순천사건

1948년 5월 10일 최초 총선거가 치러지고 석 달 후인 8월 15일 대한민국 정부가 수립되었다. 그리고 불과 두 달 만에 여수순천사건이 발생했다. 공식적으로 알려진 경위는 다음과 같다.

1948년 4월 3일 공산당이 제주도에서 '4·3사건73)'을 일으켜서

---

72) 해방 이후 무장투쟁은 1946년 대구에서 촉발된 10월 인민항쟁에서 그 모습을 드러내기 시작하였다. 10월 항쟁에 참여했던 사람들은 미군정의 탄압 속에서 합법적인 활동을 할 수 없었기 때문에 산으로 들어가기도 했다. 이들은 우익세력과의 대결에서 밀려나 무장투쟁을 계속하기 위해 산으로 들어갔는데, 이들은 '산사람'이라고 불렸다. - 한국민족문화대백과
73) "제주4·3사건"이란 1947년 3월 1일을 기점으로 1948년 4월 3일 발생한 소요사태 및 1954년 9월 21일까지 제주도에서 발생한 무력충돌과 그 진압과정에서 주민들이 희생당한 사건을 말한다. - 「제주4·3사건 진상규명

큰 혼란에 빠지자 제주도에서 총선거를 치르지 못했다.

　5월 4일 정부가 기존 국군 및 현지 모집 인원 등 800여 명으로 여수에 국군 제14연대를 창설했다. 1948년 10월 1일 제14연대 연대장 오동기 소령이 공산당으로 밝혀져 구속되었다. 1948년 10월 19일 제14연대 중 1개 대대가 제주도 폭동을 진압하기 위해 여수항에 집결했다.

　남로당 당원 지창수 상사가 반란을 일으켜서 김지회 중위를 반란군 대장으로 추대했다. 이어서 반란에 동참하지 않은 제14연대원과 경찰 및 우익인사들을 처형했다. 가세한 국군이 늘어나면서 반란군이 여수와 순천의 관공서와 주요기관을 점령했다. 21일 광양·곡성·고흥·보성까지 진출한 반란군이 인민재판을 열어서 경찰과 우익인사들을 처형했다.

　정부는 광주에 반란토벌사령부를 설치했다. 38선 경비병력을 제외한 대부분의 국군이 진압에 동원되었다. 22일 여수·순천 지역에 계엄령이 선포되었고, 진압군이 순천을 탈환했다. 그리고 이틀 후 여수를 탈환함으로써 반란이 평정되었다.

　반란군은 수십 명씩 나뉘어 계족산, 백운산을 거쳐 지리산으로, 그리고 조계산, 모후산, 백아산, 통명산 등을 거쳐 지리산 및 회문산으로 들어가서 구빨치가 되었다.

　여수순천사건 이후 입산한 제14연대원 출신 보아라부대원이 몇 명 있었다. 제1소대장 김영두 순경은 일등상사였고 김수옥 순경은 일등중사였으며 초기에 잠시 중대장을 맡았던 이재용과 대원 송경태도 제14연대 출신이었다.

───────────
및 희생자 명예회복에 관한 특별법」 제2조 제1항 –

이들에게 들은 사건 경위는 위와 다르다. 반란을 주도한 세력은 제14연대장이며 일부 국군 연대장과 박정희 대통령 등도 동참하려고 했다. 그러나 그 계획이 박정희에 의해 누설되었다[74].

국방부가 반란에 참여하려던 연대장들을 회유했고, 이들을 진압군으로 돌리는 데 성공했다.

한편 제14연대에는

"배만 타면 다 죽는다. 우리를 바다로 끌어내어 폭격해서 수장시키려고 한다. 14연대는 공산당이니까 모조리 죽이라는 명령이 내려졌다."

라는 소문이 돌았다. 그래서 제14연대원이 반란을 일으켰다.

보아라부대에 있던 제14연대원들은 위와 같이 알고 있었다. 이런 소문을 낸 진원지가 누구였는지 모른다. 반란을 사주하기 위해 누군가 교묘하게 이야기를 꾸며냈고, 이를 액면 그대로 믿었던 순진한 사람이 있을 수 있으며, 그들에게 내가 전해 들었을 수도 있다.

독자들은 혼란했던 시절에 있었던 에피소드로 가볍게 받아들이면 좋겠다. 사실 여부보다 그런 이야기가 생겨난 분위기를 통찰하는 안목이 필요하다.

이현상과 남부군

빨치산을 거론할 때 빼놓을 수 없는 인물이 남부군을 이끌던 이현상이다.

이현상(1906~1953)은 일제시절 공산당 활동으로 투옥된 바 있다.

---

74) 박정희는 남로당원이었으며 여수순천사건 직후 동료를 밀고했던 일은 이미 잘 알려졌다. 박정희 평전, pp 104

해방 후 조선공산당 중앙위원이 되었고 월북했다. 1948년 남로당 군사정치학교인 강동정치학원에서 교육받고 월남하여 지리산으로 들어갔다.

여수순천사건 이후 제14연대 반란군이 대거 지리산 등에 입산하자 남부지역의 치안이 불안해졌다.

이에 육군본부는 여수에 있던 반란군 토벌사령부 예하의 작전부대를 주축으로 '호남방면 전투사령부'(1948.10.30.~11.30)를 설치하고 송호성 준장을 사령관으로 임명했다. 이어서 정일권 준장이 지휘하는 '호남·지리산지구 전투사령부'(1949.3.1.~5.9)가 빨치산 토벌작전에 투입되었다. 그리고 '진주지구 해병대 작전'(1949.8.29.~12.26)과 '지리산지구 전투사령부 작전'(1949.9.28.~1950.3.15.) 등 지속적인 토벌작전을 실시했다.

한편 남로당은 1949년 7월 오대산 지구의 제1병단, 지리산 지구의 제2병단, 태백산지구의 제3병단으로 조선인민유격대를 창설했다. 이때 이현상이 제2병단의 책임자가 되었다.

다른 병단은 한국전쟁 이전에 토벌되어 유명무실해졌고 제2병단이 빨치산을 대표했으며 한국전쟁에서 낙동강 전선에 투입되었다.

인천상륙작전 이후 퇴로를 차단당한 북한군이 백두대간을 통해 후퇴할 때, 이현상도 200여 명의 부하를 이끌고 강원도 산간지역을 통해 북으로 향했다. 이현상은 1950년 10월말 강원도 북부 세포군 후평리에서 남로당 이승엽으로부터 남한 빨치산을 지휘할 수 있는 권한을 부여받고 발길을 돌려 남하하기 시작했다. 이때 그가 이끈 부대 명칭은 조선인민유격대 독립4지대였고 병력은 약 650명으로 늘어났다[75]. '독립지대'란 도당에 소속되어 있지 않고 남로당 중앙

---

75) 남부군, pp 284~286

의 지시를 받는 부대라는 뜻이다.

이들은 1951년 5월 26일 충북 도청소재지 청주를 공격해서 좌익 죄수들을 탈옥시켰다. 도청소재지가 빨치산에게 공격당한 유일무이한 이 습격으로 인해 이현상의 주가가 올라갔다. 이후 몇 차례 토벌대와의 전투에서 승리하여 위세를 떨쳤다. 그리고 '6도 도당위원장 회의'에서 남한 빨치산 지도자로 선출되었다.

이어서 남부군을 조직했다. 이현상이 이끌던 부대는 제2병단, 독립4지대, 남부군으로 명칭이 바뀌었다.

남부군은 각 도당 유격사령부를 통제했으나 일부 도당은 이에 따르지 않았다. 김일성의 북로당을 추종한 간부들이 남로당 계열인 이현상에게 반발했던 것이다. 대비정규전사의 '표 27 남부군 편성표'를 보면 전남 및 경북도당은 사단 편제로 개편하라는 이현상의 명령을 이행하지 않은 사실을 알 수 있다.

남부군 직속 부대는 81사단, 92사단이 있었으며, 81사단은 경상도 지역에서, 92사단은 전라도 지역에서 활동했다. 남부군은 수시

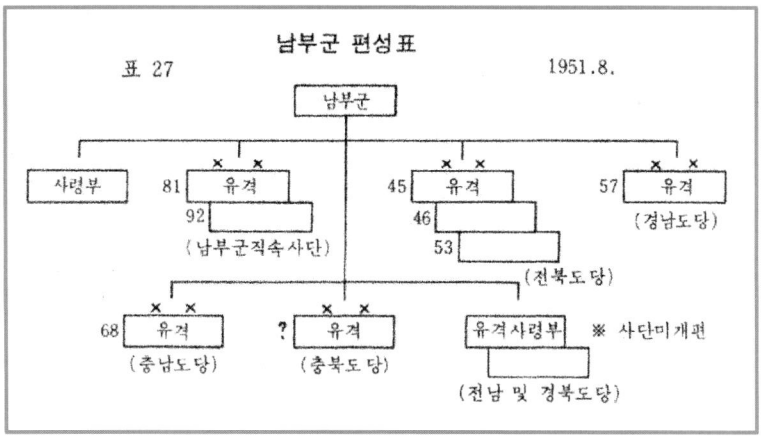

남부군 편성표

출처: 대비정규전사 pp 284

로 편제를 바꾸었다. 81사단, 92사단은 후일 김지회부대, 박종하부대로 각각 바뀌었다76).

한편 인천상륙작전으로 남부에 고립된 인민군은 약 8만 명이었다. 이 가운데 북한으로 후퇴하지 못하고 입산한 패잔병과 그 이전부터 활동하던 구빨치를 합친 인원은 15,000~25,000명으로 추산된다.

전성기인 1951년~1952년, 남부군은 유격전술을 사용하지 않고 정규군 흉내를 내어 전면전을 구사했다. 수백에서 수천에 이르는 빨치산을 동원하여 군경과 정면으로 전투를 벌였다. 이런 전략이 남부군 위세를 올리긴 했지만 피해도 커서 남부군 세력이 쇠잔하는 원인이 되었다.

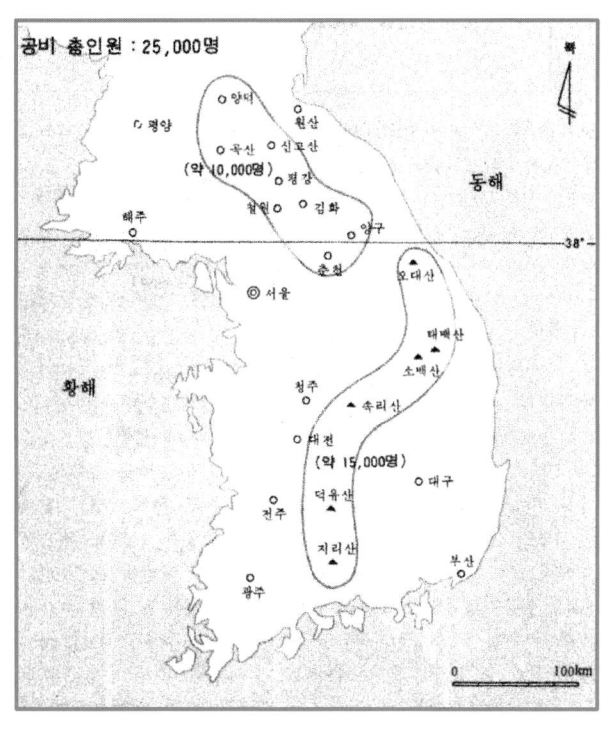

1950년 10월 빨치산 현황
출처: 대비정규전사 pp 101

---

76) 승리사단, 인민여단 등 독립 4지대 구성했던 부대가 김지회부대 등으로 명칭을 바꾸었다가 남부군에 통합되었고, 추후 다시 김지회부대로 복귀했다는 등, 남부군 관련 조직에 대해서는 설이 구구하다.

휴전 직후 이현상은 전남도당위원장 박영발 등 빨치산 지도부로부터 권한을 박탈당한 채 지리산에 은거했다. 1953년 9월 18일 서남전경대 제2연대 소속 618부대가 지리산 빗점골에서 총에 맞은 그의 시신을 발견했다. 이현상을 누가 사살했는지는 알 수 없다. 국군은 국군대로 경찰은 경찰대로 서로 죽였다고 주장했고, 일설에는 빨치산이 사살했다거나 자살했다고도 한다. 이때 그럴듯한 이야기는 신변에 불안을 느낀 이현상이 그를 끝까지 추종했던 경남도당 이영회를 찾아가다가 죽었다는 것이다.

당시 이현상 시신의 상태를 볼 때 총격전에서 총알을 맞은 게 아니라 바로 뒤에서 호송하던 조직원이 쏜 것으로 추측된다며, 이는 휴전 직후 김일성이 남로당계를 숙청하면서 남한 빨치산 지도부에 이현상을 사살하라는 지시에 의해 이루어졌다는 의견이 설득력을 갖고 있다.

남로당계가 모조리 숙청당한 후 북한 역사에서 말살되었지만, 남로당계였던 이현상은 북한 혁명열사능[77])에 헛무덤이 조성되었고 북한에 살던 그의 자녀도 후한 대접을 받았다고 한다.

보아라부대는 이현상이나 남부군 사령부과 싸울 엄두도 내지 못했다. 그들의 근거지에 대한 정보도 없었을 뿐더러 무장을 잘 갖춘 수백 명의 정예 전투부대인 남부군과 맞서기에는 인원과 무기가 보잘 것 없었기 때문이다. 고작 총으로 무장한 50여 명의 부대가 엄선된 수백 전투원이 호위하고 있는 경계를 뚫고 남부군 사령부를

---

77) 북한 혁명열사능에는 이현상 뿐만 아니라 전북도당위원장 방준표, 전남도당위원장 박영발의 헛무덤도 있다고 한다. 남한 출신임에도 불구하고 남로당을 버리고 김일성을 추종한 이들을 사후에 예우해준 것으로 보인다.

공격하기란 불가능했다.

지리산에서 수없이 많은 전투를 치렀음에도 불구하고 이현상이 이끄는 부대와 조우한 적은 없었다. 다만 백운산에서 김지회부대를 상대해보았는데 인원규모나 개인 전력이 우리를 능가했다. 소규모 전투에서 몇 명은 사살했지만 한 명도 생포하지 못했고 우리 대원 여럿이 희생되었다.

이현상의 시신을 놓고 다툰 군경

이승만 대통령이 생포를 명령할 만큼 유명세를 탔던 이현상은 죽어서도 일화를 남겼다. 이현상의 죽음을 목격한 사람이 없다보니 사망 상황에 대해 억측이 난무했다. 군경이 서로 죽였다고 공을 내세우며 총구를 맞대는 작태를 보였다. 빨치산 토벌 전과에서 가장 중요한 이현상 사살 공로를 두고, 군경이 서로 총질을 할 뻔했던 일촉즉발 위기까지 있었다.

9월 18일 아침 이현상의 시신을 확인한 서남전경대가 치안국에 보고했다. 이에 흥분한 치안국에서 그게 사실이냐고 수차례 되물을 만큼 대단한 소식이었다. 그리고 남경사도 알게 되었다. 남경사는 예하 국군 제56연대가 이현상의 시신 발견 전날인 17일 "빗점골을 공격했을 때 사살했다"면서, "전투경찰이 시신을 가로챘으니 내놓으라"고 주장했다. 경찰은 "우리가 18일 아침에 공격하고 시체를 발견했으니 우리가 잡은 거다"라며 양보하지 않았다. 국군이 아무리 억지를 부려도 시신을 갖고 있던 경찰에게 이현상 사살이라는 공로를 빼앗기게 되자 무력으로 나왔다.

남원에 있던 서남전경대와 남경사, 두 사령부는 도로를 사이에 두고 100미터도 떨어지지 않았다. 남경사에서 군인을 동원하여 서남전경대에서 나오기만 하면 쏘겠다고 엄포를 놨다. 이에 서남전경대도 지지 않고 무장을 갖추어 대항하려 했다.

사태가 이쯤 되자 정부가 중재에 나섰다. 결국 이현상 사살에 대해 국군과 경찰 양측 공로를 인정한 이후에야 사태가 풀렸다. 9월 17일 작전에 참여한 군인과 9월 18일 작전에 참여한 경찰은 모두 훈장을 받고 진급되거나 희망 지역으로 전속되었다.

이현상과 남로당의 실책

지리산 빨치산의 영웅 이현상이 유격전의 특징을 잘 알면서도 희생이 따르는 정규전식 전략을 선택한 이유를 생각해볼 필요가 있다.

1951년 주전선이 중부전선에 고착되었다. 남로당 수뇌부는 김일성에게 다음과 같이 큰소리쳤다.

"녹음이 우거진 여름에 인민군이 서울까지만 진격하면, 남부군 81사단과 92사단이 대전을 거쳐 서울까지 올라가서 협공하겠다."

남로당은 한국전쟁 이전에 인민군이 쳐들어오기만 하면 지하에 숨은 20만 당원이 봉기해서 남한을 해방시키겠다고 허무맹랑한 큰소리를 쳤는데, 그때와 똑같은 허풍을 떨었다. 그 작전을 위한 훈련을 겸해서 군경과 전면전을 선택했다는 설이 있다. 그러나 반복된 토벌작전 결과, 사망자와 이탈자가 급증하여 몰락하지 않을 수 없었다.

전문가들은 해방시기부터 한국전쟁기까지 남로당 전략에 성급하고 과장된 측면이 많다고 비판한다. 남로당은 일찌감치 정권을 공고히 한 김일성에게 내세울 명분이 있어야 했다. 그 결과 허세를 부리는 게 일상화되었고 조급한 투쟁을 일삼게 되었다.

대표적인 사례가 1948년 여수순천사건이다. 국군 창설기에 요소요소에 침투한 공산세력은, 국군을 장악하여 남한의 공산화를 준비했다. 여수순천사건이 발생하자 군에서 대규모 숙군肅軍작업이 벌어졌고 공산세력의 뿌리가 뽑혔다. 북한이 여수순천사건을 실패로 규정한 이유가 여기에 있을 듯하다.

사실 여수순천사건은 남로당 지령에 의해 일어난 거사가 아니라 우발적으로 발생했다는 분석이 우세하다. 하여튼 국군 내부에 뿌리 내리던 공산당 조직이 이 사건을 계기로 와해되었다. 만약 사건이 일어나지 않았다면 공산당이 국군을 통째로 장악할 뻔했던 국가적 위기였다.

또한 전쟁 초기 인민군이 남한을 점령하자 숨어있던 남로당과 동조세력이 일제히 등장해서 인민위원회 등 공산당 활동에 성급하게 뛰어든 것도 책략이 부족했다고 평하는 전문가들이 있다. 공산당은 때가 왔다고 판단하고 일제히 표면에 드러나 활동했다. 북한군이 밀고 내려온 분위기에 들떠서 남한이 '해방'된 것으로 착각했던 것이다. 그러나 두 달도 못 돼서 북한군이 패주했고 공산당은 다시 지하로 숨어야 했다. 그러나 지상으로 나온 공산당원이 모조리 정체를 드러내는 바람에 운신이 어려워졌다. 산으로 피해서 빨치산 활동만 할 수 있었으니 민간 동조세력이 사라진 것이다.

전쟁 전에는 일반 국민 중에 좌익에 물든 사람이 많았지만 전쟁 기간 중에 좌익이 뿌리 내리기 힘든 상황으로 바뀐 것은, 남로당의 지도력이 그만큼 근시안적이었다는 걸 보여준다. 남로당이 현명했다면 우리나라에서 단기간에 공산주의를 몰아낼 수 없었을 것이다.

남로당은 스스로 김일성에게 제거될 명분을 제공했다.

아울러 수백 명에 불과한 무리를 '사단'으로 거창하게 호칭한 것도 '남로당의 허세'와 무관하지 않다.

이현상이 빨치산을 잘 이끌었을지는 몰라도, 근본적인 전략은 허장성세와 조급증에 바탕을 두었다. 이는 남로당 수뇌부가 휴전 전후 북한에서 몽땅 숙청된 원인이 되었을 것이다.

김일성에게 버림받은 빨치산

빨치산, 즉 유격대는 모든 자원을 스스로 조달해야 한다. 병력도 자체로 충원하고, 식량과 생필품도 가까운 지역에서 구하며, 무기도 노획하거나 구입해서 사용한다. 이를 위해서 활동지역 주민에게 지지 받아야 하고 자원을 확보할 수 있는 배후지를 확보해야 한다.

일제 때 만주에서 활동하던 유격대 성격의 독립군은, 배후에 일본의 영향에서 벗어난 조선인 마을과 소련이 있어서 병력과 물자보급이 용이했다. 그런데 활발했던 독립군 활동이 1930년대에 들어서자 시들해지고 말았다. 왜냐하면 일본 관동군이 만주를 차지했고, 공산화가 완료된 후 소련이 협조하지 않았기 때문이다. 청산리 전투[78] 등 독립군 활약은 1920년대의 일이었다. 이런 점을 보면 빨치산 활동에서 배후지가 얼마나 중요한 지 알 수 있다.

지리산은 배후지가 좁아서 물자보급이 여의치 못했다. 북한에서조차 남한 빨치산 수명을 2년으로 예측했다고 한다. 그들은 북한의

---

78) 1920년 10월 21~26일, 김좌진이 이끄는 북로군정서군과 홍범도가 이끄는 대한독립군 등이 주축이 된 독립군 부대가 만주 허룽현[和龍縣] 청산리 백운평(白雲坪)·천수평(泉水坪)·완루구(完樓溝) 등지의 10여 차례에 걸친 전투에서 일본군을 대파한 싸움. - 네이버 지식백과, 두산백과

지원에 의존해야 했지만 김일성은 명령만 내리고 지원은 하지 않았다. 뿐만 아니라 빨치산의 존재는 휴전협상에서 제외되어 북으로 돌아갈 희망마저 꺾였다. 빨치산 중 상당수는 북한군이었으므로 송환협상에 포함하는 게 당연했지만 김일성은 이들을 조금도 배려하지 않았다.

결국 그들은 귀순하든지 산에서 죽어야 하는 운명에 놓이고 말았다. 더욱이 휴전협정 체결 직후에 남로당 지도부가 미국의 간첩이라는 죄명으로 숙청당하자 북한에서 이들을 대변할 세력조차 사라지고 말았다. 결국 빨치산은 '지리산에 버려진 사람들'이 되었다.

그래도 그들은 김일성을 지지했다. 이는 일부 도당위원장 등 지휘부가 김일성을 추종했기 때문이다. 빨치산 지휘부는 1953년 8월~9월 지리산에서 개최된 조선인민유격대 회의에서 김일성이 행한 남로당계 숙청을 지지했다. 그리고 남로당계 이현상을 평당원으로 강등시키고 지리산 빗점골에 유폐시켰다.

이현상 사망에 이어 1954년 1월에 전북도당위원장 방준표의 자폭, 1954년 2월과 4월에는 전남도당 박영발과 총사령관 김선우가 차례로 사망하여 빨치산이 실질적으로 소멸되었다는 게 정설이다.

끈질기게 살아남은 빨치산은 하나둘 토벌되다가 1963년 11월 12일 산청군 삼장면 내원리에서 최후의 빨치산 정순덕이 체포되고 이홍희가 사살됨으로써, 한때 2만 명을 넘던 빨치산이 완전히 사라졌다.

내가 겪은 빨치산

나는 이 책을 통하여 보아라부대의 역사를 쓰고 있다. 아울러 내가 알고 있는 사항 위주로 빨치산을 설명하겠다.

일반인들은 '빨치산'하면, 대략 무리지어 산에 사는 공산당으로서 먹고 살기 위해 약탈하고 군경과 공공기관을 습격하며 사람을 죽이는 '공산주의 화적떼' 정도로 알고 있다.

이렇게 알려진 이유는 나쁜 점만 부각시켰기 때문이다.

빨치산은 주민을 이유 없이 죽이지 않았다. 빨치산과 주민은 물고기와 물에 비유된다. 물고기가 물을 떠나서 살 수 없듯이, 빨치산도 주민에 의존하여 살아가는 것이다. 빨치산은 주민에게 버림받으면 생존할 수 없다는 사실을 잘 알고 있었다.

국군 제11사단이 양민을 함부로 죽이는 만행을 저질렀다. 나는 빨치산에게 여러 번 끌려갔기 때문에 그들의 행태를 잘 알고 있으며, 국군의 만행에 대해서는 피해 주민들에게 직접 들었다.

빨치산은 나름대로 최적화된 조직을 갖추고 엄한 군율을 유지하던 비정규군이었다는 사실을 간과하면 안 된다. 북한의 지시를 받아 움직여야 했지만 무선통신이 불가능했다. 인편으로 지령을 전달하다보니 평양의 지령이 몇 달 후 지리산에 도달하기도 했다.

이들 중에는 대한민국 고위 지도층 못지않게 많이 배웠고 훌륭한 인격을 가졌으며 민생을 위한 자세를 가진 사람도 있을 수 있다. 이 글을 통해 그들의 실상을 조금이라도 이해했으면 좋겠다.

이와 관련지어 한국전쟁 때 국군도 적 후방에 유격대를 보내서 후방교란작전을 펼친 바 있었다. 1951년에 백골병단과 육군본부 직할 을지병단 등이 활약했는데[79], 이는 군사작전이었다. 북한에서 보면 남한에서 보낸 빨치산이었던 셈이다. 빨치산을 화적떼로 간주한다는 건, 우리나라 육군본부에서 북한으로 보낸 특수부대도 화적

---

79) 한국전쟁, 국방군사연구소, 1996, pp 484~488

떼로 간주하는 것이라고 말하면 지나칠까?

• 조직

　빨치산은 도당 중심으로 조직되었다. 도지사 격인 도당위원장이 있고, 도당을 지켜주는 도당사령관(도당 유격사령관)이 있었으며, 이 둘은 동급이었다.

　도당위원장 아래에는 시·군당위원장이 있고 그 아래 면당위원장이 있었다. 도당사령관 아래에는 지구사령관이 있었다. 도당위원장이 도당사령관을 겸하는 경우도 있었다. 전남도당은 도당위원장 박영발과 도당사령관 김선우로 분리되었는데, 이는 박영발이 다리가 불편하여 유격활동을 지휘하기 어려웠고 구빨치 출신의 김선우가 사령관직을 잘 수행했기 때문으로 추정된다.

　도당사령부를 지키는 부대를 보위부대라고 했다. 병력이 많으면 보위병단, 적으면 보위중대였다.

　규모에 따른 부대 명칭은 대략 사단, 여단, 연대, 병단, 중대 순이었다. 연대는 300명 내외, 병단은 100~200명이었고, 중대는 수십 명 이하였다. 1953년까지는 인원이 줄어들면 군당 등에서 충원하여 대체로 그 수준의 병력을 유지했다. 그리고 부대 편성일, 인원수, 인명 등으로 만든 부대명칭이 있었다.

　빨치산은 공산당 조직을 이어받았다. 앞에서 언급했다시피 군 지휘관은 사상을 맡은 군관과 군사기술을 맡은 군관이 따로 있었으며, '정치보위부' 조직이 있었다. 정치보위부는 우리나라의 중앙정보부(안기부, 국정원으로 개칭)나 군 보안대(기무사로 개칭)의 역할이었다. 북한에서 숙청을 주도하는 부서가 바로 정치보위부였다.

도당 등 큰 조직의 정치보위부 간부는 공산당 중앙에서 파견되었고, 하위 조직은 자체로 선출했는데 조직원 가운데에서 사상이 가장 투철하고 공정하며 냉정하게 일을 처리하는 요원을 선출했다.

정치보위부 요원은 공산당이나 조직을 비판하는 사람을 불러서 조사했다. 그들이 레포를 작성해서 상급부대에 보고했는데, 이 레포를 작성하는 정치보위부 요원은 생사여탈권을 쥐고 있었다.

우리에게 생포되었다가 부대원이 된 박윤순과 강희태는 전북도당 100부대 27대대 중대장들이었다. 100부대가 바로 정치보위부 소속으로 첩보과 임무를 수행했다. 첩보과 중대는 중대라고 해봐야 너덧 명이 고작이었다.

아울러 빨치산은 공산당처럼 조직을 중요하게 여겼다. 조직의 틀에서 벗어나면 자기편이 아니었다. 다시 말하면 전투에서 낙오되었을 때 비상선을 찾아가서 본대로 귀대해야 한다. 다른 곳에 숨어있다가는 토벌대에 포로가 된 것으로 간주하여 처벌의 대상이 되었다. 빨치산 수기를 보면 선이 떨어져서 산속에서 헤매는 것을 두려워했다는 사실을 알 수 있다. 빨치산은 끈 떨어진 조직원을 산돼지로 부르며 배제했고, 그것은 바로 죽음이었다.

• 무장

낙동강 전선에 있던 북한군 낙오병은 무장을 그대로 갖고 입산했으므로 기관포와 박격포 등 중화기까지 갖추었다. 개인 무장은 소련제 소총 및 따발총 등과 구빨치가 갖고 있던 일제 99식 소총 및 38식 소총 등 다양한 무기를 소지했다. 소모품인 탄약이 부족했으므로 사용한 탄피를 주워 재생 탄약을 만들었다. 큰 부대는 재생 탄약을 만드는 부대를 거느렸는데, 남부군은 하루에 1,000개의 총알을 만들었다고 한다.

탄약이 소진된 이후에는 대한민국 군경으로부터 노획한 M1소총 및 칼빈소총을 사용했다.

초기에는 무장병력 비율이 10%도 되지 않았다. 나머지는 빨치산에게 끌려간 짐꾼도 있었고 군경을 피해 따라다니던 양민도 있었다. 따라서 1,000명으로 구성된 대부대라도 총을 가진 병력은 100명 이하였을 수 있다. 빨치산 수가 줄어든 말기에는 대부분 총을 갖게 되었다.

빨치산부대의 무장, 비무장 병력을 표시하는 방법은 다음과 같다. '50-20'은 전체 인원 50명 중에서 비무장이 20명이란 의미이다. '200+500'은 무장 200명과 비무장 500명이란 의미이다. 비무장의 역할은 총만 없을 뿐 전투원과 같아서, 총기가 모자라는 상황에서 데리고 다니는 예비전력이었다. 전투과정에서 사망하거나 중상을 당한 동료의 총을 들었다. 이들은 전투력을 회복할 수 없는 동료를 총살하기도 했고 부상자를 후송하는 임무를 수행하기도 했다. 평소에는 생사고락을 같이 했어도 상황에 따라 동지를 총살하는 게 냉엄한 현실이었다.

• 보급사업

빨치산은 필요한 모든 물자를 보급사업을 통해 조달했으므로 보급사업은 그들의 생산활동이었다.

1951년 전후 세력이 왕성했을 때, 대한민국의 행정력이 미치지 않는 민주부락을 거느리면서 식량을 자체 조달했다. 그러나 무기와 약품 등은 약탈에 의존할 수밖에 없었다. 민주부락으로는 보급사업을 가지 않았으니 자기편 주민은 약탈하지 않았다.

남부군 이전에는 보급사업이 다소 무질서하게 이루어져서 관할구역이 아닌 마을을 털기도 했지만 남부군 조직 이후에는 지역 안에서 보급사업을 추진했다.

따라서 빨치산에게 물자를 제공했다며 양민을 괴롭히던 토벌활동은 문제가 있었다. 빨치산이 자기들에게 협조하던 민주부락엔 보급사업을 나가지 않았으므로, 정작 약탈당한 마을은 '통비분자'가 아닌 대한민국 국민들이 살던 곳이었다. 강압에 의해 쌀 등을 빼앗긴 것을 적대세력에 협조한 행위로 여겨서 학대하고 학살한 점은 근본적으로 잘못된 일이었다.

보급사업은 몇 명이 도둑처럼 움직이기도 했고 천 명 이상 대부대가 동원되기도 했다. 대규모로 보급사업을 추진할 때는 무장병력과 비무장병력이 역할을 나누어서 조직적으로 움직였다. 무장병력이 일정한 지역을 장악하여 안전이 확보되면, 비무장병력이 들어가서 물자를 약탈했다. 때로는 장기간 점령하면서 추수를 시키는가 하면 현물세를 거두어 갔다.

대부대가 동원될 때, 물자를 운반하는 길 이외의 모든 방향에 무장병력을 배치하여 군경의 공격에 대비했다. 부대 간 거리가 멀어지면 총소리로 신호를 주고받았다. 이쪽에서 '빵'하면 저쪽에서 알았다는 신호로 '빵' 총을 쏘았다. 이런 의사소통 방법은 보아라부대도 차용해서 세 발 신호를 사용했다.

보급사업을 할 때 대한민국이 전복되어 인민공화국이 될 때 갚겠다며 증서를 준 경우가 있었다. 갚을 의사를 갖고 있었을지 모르나 현실적으로는 약탈을 정당화한 잔꾀에 불과했다.

보급사업을 통해 가져간 물자는 일단 특무장80)에게 몽땅 내놓았고, 특무부 대원을 통해 예하 부대에 배급했다.

이들의 보급사업 대상 물품은 생활필수품 전부여서 눈에 보이는 건 싹 다 깨끗하게 털어갔다. 식량은 물론 석유 등 전략물자와 공책, 몽당연필, 지우개, 이불, 여자 속옷까지 몽땅 가져가서, 털리고 나면 남은 게 없었다.

약탈을 당한 마을에서 당한 피해를 군경이 보고받을 때, 주민은 줄여서 말했다. 많은 피해를 입었음에도 불구하고 "산 사람들이 와서 항아리까지 뒤져서 쌀 한 됫박 가져갔다"고 신고했다. 많은 피해를 입었다고 말하면 통비분자로 몰려서 호된 조사를 받을 수 있었기 때문이다. 약탈을 당해도 신고조차 하지 않는 경우도 많았다. 후기에 접어들어 서너 명이 도둑처럼 움직이게 된 이후에는 주민의 신고정신이 고조되어 빨치산이 버티기 어려워졌다.

빨치산은 보급사업을 계획적으로 추진했다. 조직이 와해되고 목숨 부지에 급급하던 후에는 달라졌지만 그 전에는 철저했다.

보급사업을 나갈 지역은 해당 지역 인민위원장의 허락을 받고 결정했다. 즉 군당위원장과 협의하여 대상 지역을 정하되 민주부락을 제외했다. 만약 해당 군당위원장의 허락을 받지 않고 보급사업을 하면 크게 문책 받았다.

군당위원장의 역할은 보급사업 대상지역을 정하는 것에 그치지

---

80) 병단급 부대 이상에 있는 보급책임자를 의미한다. 특무장은 다른 지역으로 작전을 나갈 때 해당 지역 빨치산으로부터 일체의 보급을 지원받는 업무도 수행했다.

않고 보급사업에 나선 부대가 그 지역까지 안전하게 이동하는 방안까지 강구해야 했다. 그래서 군당위원장은 이루 말할 수 없이 심각한 고민을 해야 했다.

보급사업과 관련지어 보아라부대에 입대하기 전에 빨치산에게 끌려갔을 때의 일을 소개하겠다.

끌려간 지 며칠 지나지 않을 때였다. 보급사업을 나간다며 내게도 배낭을 한 개 주면서 알아서 구해오라고 명령했다.

당시 식량이 궁핍했기 때문에 구하기 쉽지 않았다. 약탈에 시달리다보니 집집마다 식량을 숨겼다. 처음 보급사업에 나선 내가 얻거나 빼앗는 요령을 알 리 없었다. 다른 사람들은 용하게 식량을 구했지만 나는 빈털터리였다.

보급사업을 나가서 실적이 좋으면 사람들 앞에서 "바로 이게 빨치산이다"라는 칭찬을 듣지만, 실적이 없으면 자아비판을 해야 했고, 심한 경우엔 총살에 처하기도 했다. 먹고사는 게 시급한 빨치산이 밥값도 못하는 사람에게 자비를 베풀 리 없었다.

나를 산으로 끌고 갔던 최영훈이 보다 못해 닭 두 마리를 갖고 와서 내 배낭에 넣어주었다.

"내가 줬다고 하지 말고 네가 빼앗았다고 말해!"

보급사업을 마치고 돌아가서 중대장 앞에 모든 물품을 내놓았다. 중대장은 내가 처음 보급사업을 나갔는데도 닭을 갖고 오자, "계란이 엄마를 갖고 왔네"라며 크게 칭찬했다.

월동준비 할 때 가장 많은 인원이 동원되었다. 내가 있을 때 1,800여 명이나 동원된 적 있었다. 회문산에서 순창군 인계면, 동계면을 지나 남원까지 원정을 나갔다.

• 교육과 생활

　교육은 작전지도관과 문화부지도원이 맡았다. 작전지도관은 전투하는 방법과 살아남는 방법 등 군사 교육을 맡았고, 문화부지도원은 사상교육을 맡았다.

　빨치산은 쫓겨 다니면서도 이들에게 전투기술 훈련과 정신 교육을 받았다. 보통 밤에 활동하고 낮에 공산당 이론과 정신무장에 대해 학습했다.

　이들이 연구하고 교육하는 내용 중에는 해방되면, 즉 공산화가 되면, 산을 내려가서 취해야 할 내용이 있었다.

　포로가 소지한 교육노트를 빼앗아서 본 적 있는데, 소련 볼세비키가 빨치산을 낳고 빨치산이 공산당을 낳았다는 내용이 있었다.

　빨치산은 이런 교육내용을 필기하고 수시로 암기했다. 또한 도당위원장이 군당위원장에게, 군당위원장이 면당위원장에게 전달하는 교육체계를 갖추고 있었다.

　한편 보급사업에 의존하다보니 영양이 부실했고 환경이 불결한 관계로 각종 병에 취약했다. 특히 전염병이 돌면 죽는 사람이 많았다. 의사와 약품이 부족했기에 전투 중에 중상을 입으면 회복하기 어려웠다. 1951년 봄부터 재귀열이 크게 유행해서 애로를 겪었다. 피해가 대단히 커서 "재귀열병과의 투쟁은 조국을 위한 투쟁이다"라는 구호까지 나왔다고 한다. 치료할 방법이 없는 중상자는 총살했다. 특히 겨울에는 추위까지 견뎌야 했으므로 큰 부상을 입으면 사망과 진배없었다.

• 군율

빨치산은 체계적인 조직과 군율을 갖춘 비정규군이었다. 생활이 단순해서 법이 많이 필요하지 않았지만 집단의 안전을 위한 군율이 대단히 엄격했고 예외를 두지 않았다. 총살에 해당되는 군율을 위반하면 지위고하를 막론하고 적용했다. 아무리 중요한 요원이라도 군율을 위반하거나 민주부락민에게 폐를 끼치면 총살했다. 이건 대장의 판단이 아니라 전체의 군율이었다.

이태의 「남부군」에 엄한 군율을 알 수 있는 대목이 있다. 정찰대장이 군경에게 쫓기며 며칠 동안 굶주리고 잠을 자지 못한 상태에서 면당비트[81])에서 밥을 얻어먹고 잠깐 잠을 잤다는 이유로 총살에 처해졌다.

토벌 군경에게 쫓기다보니 의심이 많아서 조금이라도 석연치 않으면 총살했다. 특히 군경에게 잠시라도 포로가 된 경우, 돌아가도 인민재판을 거쳐 총살에 처했다. 군경에게 교육받고 가서 이적행위를 할 가능성이 있어서였다. 이 점이 군율 유지에는 보탬이 되었겠지만 거시적으로 보면 자수자를 양산한 결과가 되어 소멸을 단축시킨 원인이 되었을 것이다.

군율과 관계없지만 빨치산은 동료의 시체를 가져갔다. 희생을 무릅쓰고 그렇게 한 까닭은, 동료의 시체를 묻어주고 기회가 생기면 가족에게 무덤의 위치를 알려주기 위해서였다.

「또 하나의 전쟁」에 이현상의 시신에 대해 기술한 대목이 있다. 이현상의 시신이 서울 창경원에 전시되었다가 서남전경대 제2연대로 돌아왔다. 연대장 차일혁이 화장해서 섬진강에 뿌렸다. 이현상의 장례를 치러주었다는 사실을 알게 되면 문책 받을 수 있다는 점

---

81) 지역 공산당원이 산으로 피해서 숨은 아지트. 마을에 사는 가족이 음식 등을 갖다 주었다. 빨치산이 면당비트에 가서 잠을 자거나 음식을 먹는 행위는 민폐로 간주하여 엄하게 금지되었다.

을 알고도 강행했다. 차일혁 경무관의 인간적인 면모를 알 수 있지만, 빨치산의 우상 이현상의 시신을 빼앗길 소지를 없애기 위한 조치였을 수 있다.

• **기만 작전**

인민군으로 입산한 빨치산은 원래 정규군이었다. 그래서 군사작전에 대한 개념을 확실하게 갖고 있었다. 군경이 그들의 기만술에 말려들어 허를 찔린 사례를 소개하겠다.

빨치산은 생활에 필요한 모든 걸 스스로 마련해야 했는데, 식량 확보가 가장 중요했다. 집이 드문드문 떨어진 산골마을에서 약탈로 식량을 해결하기란 쉽지 않았다.

한국전쟁 시기에 남원은 토벌작전의 중심도시였다. 당시 남원은 지리산지구 전투경찰사령부, 남부지구 경비사령부, 특무대 사령부 등 3개 사령부가 있는 군사도시였다.

추수철이 되자 빨치산이 식량을 대대적으로 마련하는 작전을 수립했다. 병력을 총동원하여 남원 외곽도로를 모두 봉쇄하고,

"남원이 완전 포위되었으니 모두 항복하라!"

는 엄포를 놓았다. 이에 그친 게 아니라 실제로 남원 외곽 초소에서 공격을 받고 있다는 보고가 연이어 날아들었다.

군경은 황당하기만 했다. 군경에게 노획한 탄약으로 버티는 주제에, 세 개 사령부가 있는 군사도시 남원을 포위 공격하겠다니! 이 어이없는 상황을 맞아,

"그래! 며칠이나 버티나 보자! 실탄 떨어지면 도망가겠지."

라며 무시하다시피 했다. 그러나 빨치산의 엄포는 속내를 감춘 술

책이었다.

군경이 사태를 관망하고 있던 사이에, 빨치산이 비무장 인원을 총동원하여 주변 마을에 있는 수확물을 몽땅 털어갔으니 군경이 어이없게 희롱당하고 말았다. 이런 작전은 남원뿐만 아니라 순창, 곡성 등에서도 성공을 거두었다.

산에서는 식량을 개인별로 비장秘藏했다. 뚜렷한 근거지 없이 수시로 이합집산하는 사정상 어쩔 수 없었다. 식량을 감추는 방법이 워낙 교묘해서 다른 사람이 찾아내기가 불가능했다. 군경이 수색하다가 찾아낸 것조차 거의 없었다. 아무리 머리가 나쁜 사람도 일단 '산물을 먹으면82)' 바위틈, 나무 아래, 잡초 밭 등 남들이 도저히 찾을 수 없는 곳에 잘도 숨겼다. 심지어 잔디밭에 숨겨놓고 잔디를 심어서 주변과 똑같이 위장했다. 산에 숨긴 식량을 찾아내는 건 '해변에 떨어진 바늘 찾기'나 마찬가지였다.

• 문화재 소실에 대하여

지리산 등 빨치산이 활발하게 활동한 지역의 유서 깊은 사찰에 있던 문화재가, 한국전쟁기에 소실되었다는 설명을 흔히 볼 수 있다. 지리산 근처와 전라도 지역은 국군과 북한군의 전투가 거의 없었으므로 빨치산과의 전투에서 소실된 것이다.

그런데 누가 태웠는지에 대한 설명이 없다. 흔히 북한군이나 빨치산이 태운 것으로 짐작하지만 대부분은 그렇지 않다.

해인사 폭격을 거부한 김영환 대령의 사례83)나 지리산 화엄사를

---

82) 구술자의 표현. 산에서 물을 먹는다, 즉 빨치산이라는 의미이다.
83) 1951.9.18. 제10전투비행전대장 김영환 대령은 해인사에 몰려 있는 북한

소실시키라는 상부의 지시를 교묘하게 거부한 차일혁 경무관의 사례[84]를 보면 누가 문화재를 파괴했는지 짐작할 수 있다.

사찰을 불태운 주체가 빨치산인지 군경인지는 잠깐만 생각해보아도 추측할 수 있다. 보급사업으로 먹고 사는 빨치산이 먹거리를 구할 수 있는 사찰을 태울 리 있겠는가. 더구나 산골 민가보다 절에 식량이 많다. 먹을 걸 구할 수 있는 절을 불태우는 바보짓을 할 리 없다. 더구나 자기 동네의 문화재를 보호하려는 심정을 가진 빨치산도 있었을 것이다.

그러나 군경은 빨치산이 식량을 구하지 못하도록 주민을 강제로 이주시키고 집을 불태웠다. 울부짖는 주민을 억지로 끌어내고 집을 태우던 사람들이 절이라고 온전하게 놔두었을까?

빨치산이 국가 시설을 파괴하고 식량을 약탈했다고 해서, 극악한 행위만 저질렀다고 매도하면 곤란하다. 빨치산의 행동을 냉정하게 분석하여 잘잘못을 가리는 자세가 요구된다.

• **단편적인 시각에서 벗어나야**

빨치산에 대한 평가는 갖고 있는 시각에 따라 제각각이다. 이적 행위를 일삼는 빨갱이라는 극단적인 평가부터 불행한 시대에 태어나 생존을 위해 어쩔 수 없었다는 평가까지 다양한 스펙트럼으로 나뉠 것이다. 평가가 다양한 이유는 특정 시점의 모습을 전체로 확대해석하기 때문이다.

군(빨치산)을 폭격하라는 토벌대의 요청을 받았지만 해인사에 있는 팔만대장경을 소실시킬 수 없다며 폭격을 거부했다.
84) 차일혁 경무관은 지리산 화엄사를 태우라는 지시를 받고 고민 끝에 문짝만 떼어서 불태웠다.

어느 한 시점을 기준으로 사람에 대한 평가를 내릴 수 없다. 학생시절 모범생이 노년의 삶까지 성공적인 것은 아닌 것처럼, 똑같은 잣대로 인생 전 과정을 평가한다면 얼마나 어리석은 일일까? 또 영화의 한 장면만 보고 전체를 평가할 수 있을까?

빨치산 역시 마찬가지였다. 말기에 몇 명이 식량 도둑질로 목숨을 버티던 모습으로, 입산 초기에 세를 왕성하게 규합하던 시절을 평가할 수 없다. 빨치산 생성시기부터 세력이 절정에 이른 과정, 토벌활동 강화로 몰락하여 몇 명씩 무리지어 목숨을 부지하던 시절까지 전체를 통찰해야 비로소 올바른 평가를 내릴 수 있다. 그렇게 해야 그들을 이해할 수 있을 뿐만 아니라, 그 시대에 대한 안목을 키울 수 있다.

나는 빨치산에게 수차례 끌려갔고, 세력이 절정에 이른 그들과 맞닥뜨렸으며, 몰락과정까지 지켜보았다. 수없이 많은 포로와 대화를 나누었기 때문에 그들의 실상을 전체적으로 살필 수 있었다. 그 결과 그들 역시 평범한 인간이란 사실을 깨달았다. 누구든지 그런 상황에 처하면 그렇게 행동할 수밖에 없었을 것이다.

총을 든 빨치산 동료

끝으로 전향한 빨치산 동료와 함께 생활한 소감을 털어놓겠다.

독자들 중에 혹시 빨치산이었던 동료가 해치지 않을지 의심하지 않았냐고 생각하는 분도 있을 수 있다. 며칠 전까지 총부리를 마주하고 싸우던 사람을 동료로 받아들여서, 총과 수류탄을 주고 내 목숨을 의지하는 기분이 어떨까? 속내를 알 수 없는 사람이 보초를 설 때 안심하고 잠잘 수 있었을까?

그렇다! 우리도 사람인데 어찌 전혀 의심하지 않고 생활할 수 있었겠나. 간혹 무섭다는 생각이 들 때도 있었다.

'갑자기 수류탄이라도 까면.'

'저 총으로 나를 쏘고 도망치면 어떡하나.'

솔직하게 말하면 가끔 겁이 났다. 이런 생각이 떠오르는 건 나뿐만 아니라 다른 부대원도 마찬가지였다.

그래서 나름대로 대비책을 강구했다. 다만 드러내놓고 의심하면 감정이 상해서 돌발행동을 부추길 수 있으므로 조심했다.

밤에는 둘씩 보초를 섰고 한번 나가면 세 시간이었다. 합류한 지 얼마 되지 않은 전향 빨치산 대원과 믿을 수 있는 대원, 둘을 한 조로 편성했다.

검증되지 않은 대원과 잠복근무를 할 때, 내가 항상 유리한 위치를 확보했다. 만약 옆에 있는 동료가 돌발행동을 한다면 공격을 피하기 쉽고 내가 공격자세로 쉽게 바꿀 수 있는 자리를 차지했다. 그리고 혹시 총구를 내게 돌리지 않는지 감시했다.

밤에 잠복근무를 하다보면 온갖 잡념이 떠오르는 법이다. 그러다 문득,

'저 사람이 속내를 감추고 한편인 척 하는 건 아닌가?',

'날 쏠 궁리를 하고 있는지 모른다.'

는 생각이 들 때도 있었다. 한번 그런 생각이 들면 점점 심각해지는 법이다. 그럴 때는 "동무! 졸려?"라고 물어서 동태를 살폈다.

이런 측면에서 보아라부대원은 다른 군경이 가지고 있지 않은 긴장 속에서 걱정하면서 작전에 임했다. 서로 목숨을 의지하고 싸우는 전장에서, 옆에 있는 동료를 믿지 못한다는 건 걱정거리 정도가 아니라 불행이었다.

14. 복원돼야 할 보아라부대의 역사

이 글은 나의 회고록이기도 하지만 보아라부대에 대한 기록이기도 하다.

오랜 세월 묻혔던 이야기를 꺼내는 이유는 보아라부대의 존재를 알리기 위한 사명감이다. 그렇다고 해서 그때의 일이 자랑스럽기만 한 것은 아니다.

보아라부대 시절
(1954년)

한때 이웃이었을지도 모르는 사람을 죽이지 않으면 내가 죽는 절박했던 순간의 이야기이다. 같이 먹고 자며 생활하던 동료가 순식간에 싸늘한 시신으로 바뀐 삶의 무상에 대한 이야기이다. 그리고 피를 흘리며 고통 속에 신음하는 광경이 떠오르는 참혹했던 순간의 이야기이기 때문이다. 또한 작전 중 입은 부상으로 평생 지병을 앓게 되었으니 원망스러울 때도 있다.

때로는 기억에서 지워버리고 싶을 때도 있었지만 그럴수록 더욱 생생했다. 잊기를 간절하게 원해도 꿈에서 나타났다. 그때 일이 평생 내 몸과 정신을 괴롭히고 있지만 운명으로 받아들였다.

나는 사실이 사실대로 알려지기 바란다. 역사는 올바로 기록되어야 한다. 내 인생에 끼친 영향과 별도로 보아라부대의 실체가 역사에 남아야 한다. 그러나 지금까지 보아라부대에 대해 알려진 내용이 너무 부실하고 왜곡되어 있다. 이 일을 바로잡는 일이 생사고락을 함께 했던 전우에 대한 의무요 사명이라고 느낀다.

보아라부대의 성공요인

보아라부대는 국군, 인민군, 구빨치, 신빨치, 경찰, 일반인 등 다양한 출신의 젊은이가 모인 부대였다. 인원은 적어도 그렇게 다양한 사람들이 모인 부대는 흔하지 않을 것이다. 더구나 적지 한복판에서 살아남아야 하는 특수 전투부대였다. 또한 전향했을지라도 과연 대한민국을 위해 싸워줄지 100퍼센트 신뢰하기에는 의문이 가는 사람도 있었다. 즉 부대 운영에 약간의 문제만 발생해도 유지되기 힘든 조건이었다. 또한 전투경찰은 국군에 비해 대우가 열악했다. 그럼에도 불구하고 4년간 어느 부대 못지않게 훌륭한 성과를 이루어냈다. 보아라부대가 성공적으로 운용될 수 있었던 요인을 정리해보겠다.

무엇보다 중요한 것은 문순묵과 홍주승 등 초기부터 부대를 이끈 부대장의 리더십이 뛰어났고, 부대원 전원이 자기 임무를 잘 알고 충실하게 수행했다는 점이다. 그리고 부대원 전원이 순경으로 채용되어 지위에 대한 불안감이나 불평등 소지가 없었다. 아울러 부대원 각자 가진 경험과 지혜를 모아서 작전에 활용한 결과 어렵고 위태로운 상황에서도 성공적으로 작전을 완수했다. 마지막으로 한국전쟁이라는 국가적 위기를 맞아 시대적 요구에 부응하는 성과를 내기 위해 노력했다는 점이 아닐까 생각한다.

국가적으로 경제가 어려움에 처해 있고 최근에는 코로나19 팬데믹으로 전 국민의 활동이 위축되어 있다. 보아라부대의 성공요인은 다양한 구성원이 목표를 달성해야 하는 모든 조직에 시사점을 주고 있다. 보아라부대가 성과를 올린 원인을 분석하고 조직운영에 참고한다면, 공공기관·기업·친목단체 등에 도움이 될 수 있을 것 같다.

보아라부대의 실상이 잘못 알려진 이유

위와 같이 성공적으로 운영되었음에도 불구하고 보아라부대의 활약이 왜곡된 채 묻히고만 이유는 무엇일까?

첫째, 인원이 적다보니 증언할 사람이 적었다.

말기에는 150명 정도로 늘어났지만 보아라부대의 활약이 대단했던 초기, 지전사 시절에는 40~50명 수준이었다. 겨우 일개 소대 남짓한 작은 부대라서 관계된 사람이 너무 적었다.

게다가 단독작전만 수행한 탓에 더욱 알려지기 힘들었다. 다만 수색작전 위주로 전환된 후기에 군을 동원한 대규모 작전을 펼칠 때는 보아라부대도 참여했다는 점이 「대비정규전사」에 기록되어 있어 소중한 사료가 되고 있다.

뿐만 아니라 부대의 중추를 이루던 전향 빨치산 대원은 그 사실을 드러내기 싫어했다. 지금도 그렇지만 그때도 보아라부대는 빨치산으로 조직된 부대로 알고 있었다. 그래서 대원들이 보아라부대에 복무한 사실을 드러내는 걸 꺼렸다. 심지어 고향에 가서도 그랬다. 그렇다보니 사선을 넘나들던 전우조차 사회에서 만나는 것을 기피하게 되고 말았다.

빨치산 수기에서 전쟁이 끝나고 사회에서 우연히 동료를 만났을 때 외면하고 말았다고 실토하는 내용을 읽은 적 있다. 심지어 반공포로로 구성된 618부대원조차 전역 후 모른 척 했다고 한다. 그런 분위기에서 빨치산 출신으로 알려진 보아라부대원이 사회에서 존재를 드러내기란 매우 힘들었던 것이다.

둘째, 전투경찰대였다.

토벌작전이 활발했던 1951~1954년에 국군은 사단 병력 이상 대규모 군인을 동원한 작전을 전개했다. 전과는 사살 및 생포 인원수와 노획 무기의 합계로 기록되었고 부대별 세부 내역은 공개되지 않았다. 그래서「대비정규전사」등 국방부 관련 기록에서 전투경찰인 보아라부대의 활약이 기록에 남지 못했다. 전투경찰의 위상은 국군을 보조하는 데 그쳤다. 치안이 우선인 경찰당국은 한국전쟁 시기에 한정된 비정규전에서 전투경찰이 이룬 전과에 크게 신경 쓰지 않은 것으로 보인다.

보아라부대를 운용한 주체는 지전사와 서남전경대였다. 이 두 개의 사령부는 빨치산 토벌을 위해 한시적으로 존재한 임시조직이었다. 그렇다보니 해체 후 보아라부대에 대한 기록도 사라져버린 것 같다. 만약 도경이나 경찰서에서 보아라부대를 운용했다면 사찰유격대처럼 일부일지언정 기록이 남을 수 있었을 것이다.

셋째, 보아라부대의 작전은 비밀리에 신속하게 이루어졌다.

지전사 사령부에 중요한 정보가 입수되면 수뇌부와 보아라부대장이 회의를 거쳐 부아라부대 투입 여부를 결정했고 즉시 이루어졌다. 낮에는 이동조차 하지 않고 밤에만 이동하여 바로 작전을 개시했으므로 아군도 작전 경위를 몰랐고, 빨치산도 보아라부대에 당한 줄도 몰랐다. 이렇게 비밀리에 작전이 이루어지다보니 보아라부대의 존재가 알려지기 힘든 구조였다. 결국 보아라부대의 성과는 극소수만 알게 되었고 알려지지 않게 되었던 것이다.

넷째, 최초 기록된 원전의 오류가 널리 퍼졌다.

오류에 대해 이의를 제기한 사람도, 검증을 요구한 사람도 없었다. 그 결과 사전에조차 잘못된 내용이 실리게 되었다.

최초 원전이 잘못된 이유는 기록자의 의도에 있을 것 같다. 역사는 사실보다 해석이 중요할 때가 많은데, 사실이 제대로 알려지지 않았다. 실상을 제대로 모르는 상태에서 기록자의 주관이 개입된 글이 남게 되었다. 그것이 퍼진 결과 보아라부대의 진실이 묻히고 말았다.

그나마 적게 남은 사료가 부대의 실상보다 과시성 시각과 흥미를 유발하는 내용에 치중했다. 고관이 참석한 가운데 발대식이 열렸다는 설명과 최전성기의 남부군 사령관 이현상의 아지트를 찾았다는 기록은 그런 시각에서 비롯된 것으로 보인다.

다섯째, 토벌대 활동이 간과된 사회적 분위기도 실상이 묻히도록 작용했다.

군사정권이던 1980년대까지 사회적 분위기는 '빨치산'이란 단어 자체를 금기시했다. 그러다보니 '빨치산 토벌대'까지 언급하기 어려워졌다. 민주화 이후 좌익 관련 출판이 해금되자 북한 및 빨치산 관련 책들이 쏟아져 나왔다. '빨치산'이란 단어가 주는 희소성, 호기심 자극에 편승하여 각종 자료가 출판되었다. 한편으로는 냉정하게 판단하기보다 동정론 시각이 팽배되었다. 최후의 빨치산 정순덕을 떠받드는 일부 사람을 보면, 그들이 대한민국 국민인지 인민민주주의공화국 인민인지 모르겠다. 그녀의 말년이 아무리 불쌍했을지언정 양민을 함부로 죽인 죄는 용서받을 수 없는 행위였다. 그녀가 비단 빨치산이 아니었더라도 벌을 받아 마땅했다. 이런 시류에 따라 토벌대 활동이 관심을 받지 못했다.

토벌대 활동이 관심을 받지 못한 원인은 국군이 토벌작전에서 양민학살 사건을 저지른 점에도 있지 않을까 하는 조심스러운 생각을 하게 된다. 거창을 비롯한 곳곳에서 발생한 사건이 부각되면서, '토벌대'라고 하면 양민학살이 연상될 만큼 부정적인 이미지가 생겼다는 점을 부인할 수 없다. 실로 안타까운 일이다.

전적지 답사여행 길에 항미연대의 역습을 받았던 섬진강 중류에 갔을 때였다. 우연히 도로변에 '임실 군경토벌사건 희생지'라는 안내판을 보았다. 군경이 1951년 3월 토벌작전 중에 주민을 총살했던 장소라는 내용이었다. 토벌대의 부정적인 이미지가 떠올라 씁쓸했다. 이제라도 바로 잡기 위한 증언이나 자료 수집이 필요하다.

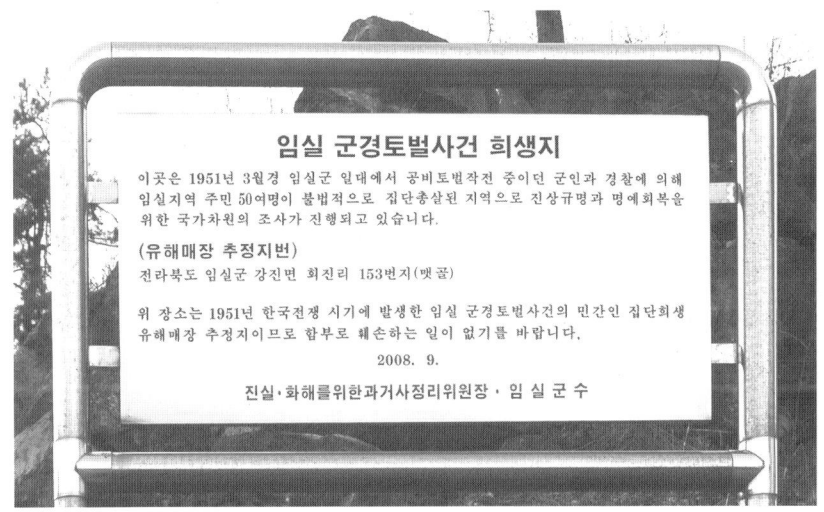

섬진강가에 있는 안내판

보아라부대 역사 바로잡기

보아라부대를 소개할 때 왜곡된 실상을 간략하게 언급한 바 있다. 여기에서 보다 상세하게 기술하고자 한다.

• 창설일자

일설에는 1951년 10월 12일 지전사 광장에서 보아라부대의 발대식과 무기수여식이 있었다지만 내가 알지 못하는 일이다.

최초 보아라부대원은 1950년 9월 1일자 순경발령이었으므로 이 날을 창설일로 보는 게 타당하다. 나는 9월부터 짐꾼을 거쳐 의경으로 작전에 참여했고 공식적인 발령일자는 11월 1일이었다. 발대식이 열렸다는 10월 12일은 정식 부대원인 순경이 아니었으므로 참석하지 못했을 수 있다. 그러나 그 시기에 보아라부대는 회문산 등 이곳저곳에서 작전을 하고 있었고 발대식이 있었다는 말은 듣지 못했다.

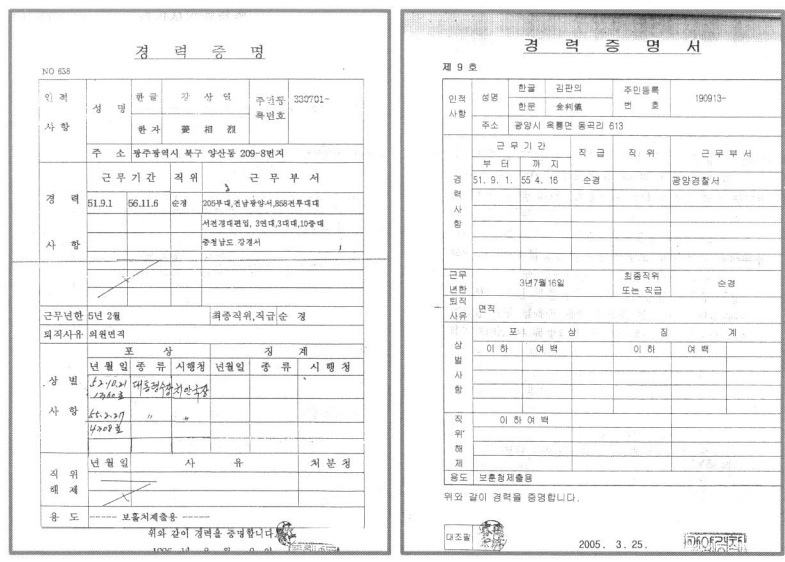

강상열 씨와 김판의 씨의 경력증명서. 채용일자인 1951년 9월 1일이 바로 보아라부대 창설일자이다.

만약 창설행사가 사실이었다면 형식적인 행사였을 것이다.

- **「대비정규전사」 전투편성표에 표시된 보아라부대**

「대비정규전사」는 「공비토벌사(1954.3.30)」, 「한국전쟁사(1974.12.10.)」, 「한국전쟁(1987.12.25.)」, 「한국경찰사(제2권,1973.10.21.」 등 국방부 및 내무부에서 발간한 빨치산 토벌 기록을 종합한 권위 있는 기록물이다. 한국전쟁기 및 이후의 비정규전 기록을 모아 최종 정리했다.

여기에 1955년까지 '보아라 전투경찰대대'가 작전에 참여한 기록이 있으며 전투편성표 및 작전 요도에 나와 있다. 특히 작전 요도를 보면 포위망 구축, 퇴로 차단 등 부수적인 작전에 동원되지 않고 최일선에서 참여한 것으로 표시되어 있어 對빨치산 작전에서 보아라부대의 위상을 알 수 있다.

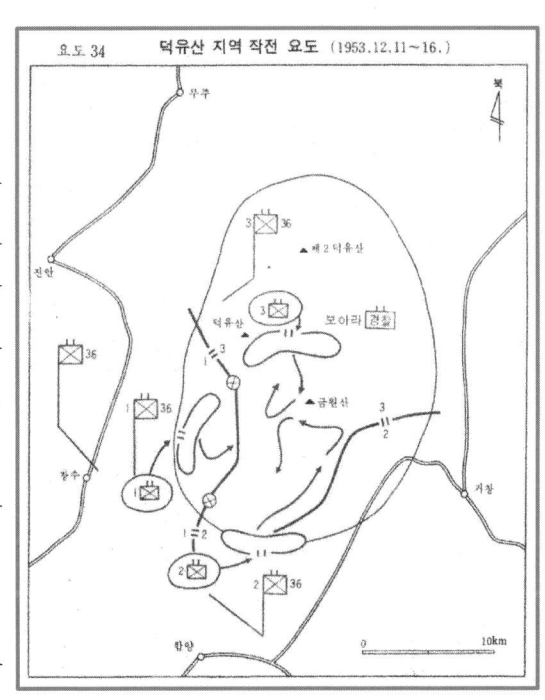

출처: 대비정규전사 pp 279

위의 '덕유산 지역 작전 요도'를 자세히 보면 보아라부대는 3대대와 함께 최일선에 배치되어 있어 포위망을 구축한 1대대 및 2대대와 비교된다.

또한 본문에 '보아라 전투경찰대대'가 작전에 참여했다고 기술되어 있다[85].

휴전 후에도 빨치산이 활동하자, 박전투사령부와 남부지구 경비사령부가 대빨치산 작전을 수행했다. 박전투사령부는 도중에 한신 부사령관이 사령관 직무대리를 맡아 한전투사령부로 개칭되었다. 이 박전사(한전사)와 남부지구 경비사령부의 기록에 보아라부대가 1955년 3월까지 작전에 참여했던 사실이 표시되어 있다.

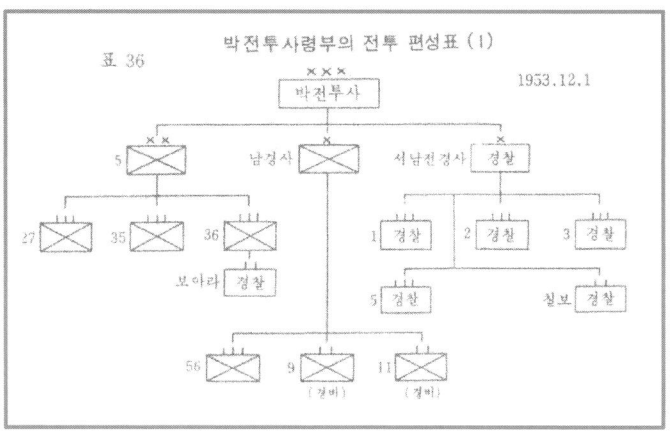

박전사 1단계 작전 (53.12.11~54.2.10). 앞의 책 pp 269

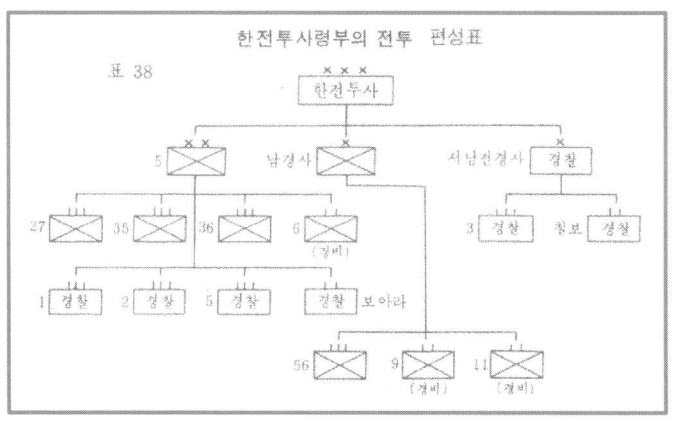

한전사 3단계 작전 (54.4.1~54.5.25). 앞의 책 pp 318

---

85) 대비정규전사 pp 324

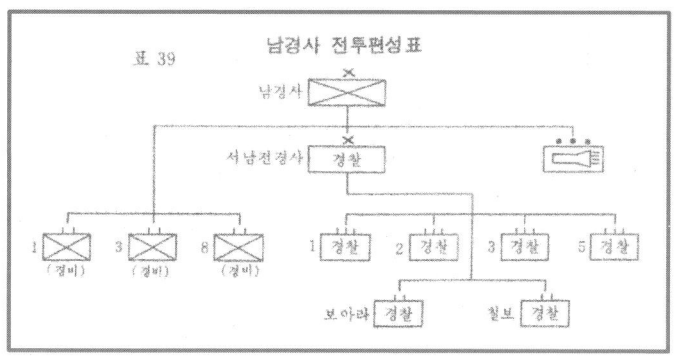

남경사 공비소탕작전 (1955.2.1.~3.31). 앞의 책 pp 340

전투편성표에도 보아라부대가 표시되어 있을 뿐만 아니라 본문에 '보아라 경찰대대'가 작전에 참여한 사실을 언급하고 있다[86].

이상의 전투편성표를 살펴보면 박전사(한전사)에서는 보아라부대가 국군 제5사단 소속이었다. 남경사로 작전권이 넘어갔을 때는 서남전경대로 복귀한 사실을 알 수 있는데, 공식 소속인 서남전경대 제3연대에 배속되지 않고 사령부 소속으로 표시되어 있다. 이는 보아라부대가 공식적인 소속보다 작전권을 가진 사령부 직속부대 성격을 띠었다는 점을 알지 못하면 이해할 수 없는 배치이다.

전투편성표를 보면 인원이 늘어난 보아라부대가 중대에서 대대급으로 격상되었음을 알 수 있다[87].

그리고 서남전경대 제2연대 연대장 차일혁 경무관의 자전적 기록 「또 하나의 전쟁」에 1953년 7월 서남전경대 제3연대 소속 보아라부대를 거론하고 있는 점으로 보아[88], 이 시기에 보아라부대가

---

86) 대비정규전사 pp 341
87) 전투편성표에서 ⊠는 사단급, ⊠는 연대급, ⊠는 대대급 부대 표시이다.
88) 또 하나의 전쟁, pp 311

존재했다는 사실을 인지하고 있었다. 다만 그때도 문순묵 부대장이 통솔한 것처럼 기록하고 있는데, 홍주승이 실질적인 부대장을 맡은 지 1년 8개월이나 경과된 시점이었다. 이는 차 경무관이 생전에 쓴 기록이 아니어서 생긴 착오이거나, 보아라부대의 실체를 당시 전투경찰 연대장도 잘 모르기 때문이었을 것이다.

- 해체일자

휴전 이후 육군본부는 박(한)전투사령부와 남부지구 경비사령부를 설치하여 빨치산을 토벌했다. 박전투사령부는 1953년 12월 11일부터 1954년 2월 10일까지 세 차례에 걸쳐 토벌작전을 실시했으며, 남부지구 경비사령부는 1955년 3월 31일까지 운용되었다.

남경사가 해체된 1955년 4월 1일 이후에는 서남전경대가 유일한 빨치산 전담 토벌대로 남았다. 같은 날 지리산에 대한 입산통제 조치가 해제되었다는 점은, 빨치산이 사실상 소멸되었다는 의미였다.

이즈음에는 빨치산의 조직적인 활동이 사라짐에 따라 약 150명으로 증원된 보아라부대의 역할도 축소될 수밖에 없었다.

서남전경대는 간부급 보아라부대원을 후방 경찰서로 보내기 시작했다. 그동안 세운 공적을 참작해서 원하는 곳으로 보내주었다. 구본기 경사, 송근호 경사, 박윤순 경사, 오기준 경사, 김판의 순경 등 공적이 많은 고참 대원들이 속속 전출되었는데, 작전 중에 갑자기 발령 받고 떠나기도 해서 정확하게 기억나지 않는다.

이어서 1955년 7월 1일 서남전경대가 해체되는 동시에 치안국 소속 기동대가 창설되어 빨치산 토벌 전담 사령부가 사라졌다. 3개 연대로 편성된 기동대는 일반 치안업무에 투입되었다.

서남전경대가 해체되자 보아라부대원의 소속은 기동대로 바뀌는 한편, 상부에서 정한 기준에 따라 예하 조직으로 뿔뿔이 흩어지고 말았으니 보아라부대의 실체가 사라지고 말았다. 따라서 보아라부대 해체일은 서남전경대 해체일로 보는 게 적절하다. 즉 보아라부대의 존속기간은 1951.9.1.~1955.7.1.로 3년 10개월이다.

기동대는 일반 치안업무 등을 맡아 약 1년 존속되었으며, 이후 나는 남원경찰서로 소속이 바뀌었다가 국군에 입대하게 되어 경찰에서 퇴직했다.

• **보아라부대의 작전 성과**

현재 알려진 자료에 의하면 보아라부대가 수행한 작전내용에 대해서는 회문산 작전과 가마골 작전의 개요만 설명하고 있다.

어떤 자료에 1951년 10월 보아라부대가 지리산 뱀사골을 수색해서 이현상의 아지트로 보이는 곳을 발견했으나 이현상이 자취를 감추었다고 나와 있는데 나는 모르는 일이다. 빨치산 우두머리 이현상이 지리산 등을 돌아다니며 은거했으므로 한때 뱀사골에 숨어 있을 수도 있고 그중 한 곳을 수색했을 가능성을 배제할 수는 없다. 이는 이현상이라는 거물을 부각시켜 부대의 활동을 홍보하려는 목적이 크지 않았나 하는 생각이 든다.

본문에 나와 있지만 그즈음 부대는 지리산으로 출동하고 나는 회문산에서 잡힌 포로들과 함께 남원에 남아 있었다. 어쨌든 이후로도 동료들로부터 이현상 아지트 운운하는 이야기는 들은 적 없다.

그 시기는 이현상이 이끌던 남부군이 토벌군경과 큰 전투를 치르면서 맹위를 떨치고 있었다.

전북도경 전투경찰 제18대대를 이끌던 차일혁 경무관이 승승장구하다가, 1951년 10월 15일 전북 무주 덕유산에서 남부군 휘하

57사단에게 많은 사상자를 낸 채 대패하여 전투경찰 대대장을 그만두었다[89]. 바로 보아라부대의 회문산 작전과 비슷한 시기였다.

앞에서 보아라부대가 투입된 주요 작전에 대해서 설명했다. 이 책에 기술한 작전은 큰 전과를 올렸거나, 인명피해가 컸거나, 특별히 기억에 남은 전투이다. 보아라부대는 이 책에서 기술한 작전 외에도 수시로 출동했으나 기억이 희미해져서 소개하지 못했다.

보아라부대의 작전은 빨치산 세력이 강력했던 시절과 소멸기로 나눌 수 있다. 그들이 활발하게 활동했을 때는 사령부 핵심 시설과 병력을 제거하는 작전을 펼쳤으므로 큰 성과를 냈다. 소멸기에는 수색작전 위주로 전개될 수밖에 없었다. 가마골, 백아산, 회문산 작전은 대략 전자 성격의 작전이었으며, 지리산 천왕봉과 노고단, 전남도당 체포작전은 후자 성격이 짙다.

보아라부대의 활동 복원 당위성

• 올바른 평가를 위해서는 정확한 사실 기록이 있어야

역사적 사실은 정확하게 기록되어야 한다. 시대에 따라 사실에 대한 해석은 달라질 수 있어도 사실 자체는 기록에 남아야 한다.

우리는 역사적 사실에 대한 해석이 상황에 따라 달라지는 예를 무수히 보고 있다. 심지어 정권이 바뀔 때마다 국사교과서의 내용이 논란의 대상이 되기도 했다. 군사정권 시절 「국가보안법」 및 「집회와 시위에 관한 법률」 위반으로 사형을 받았거나 투옥된 인사를 나중에 복권시키고 보상해준 사례는, 정권에 따라 해석이 극단

---

[89] 또 하나의 전쟁, pp 253~263

적으로 달라진다는 사실을 깨닫게 한다. 그리고 친일인사에 대한 논란은 최근까지 왕왕 튀어나온다. 해석을 달리하자니 지나간 역사가 뒤바뀌게 되어 시류에 따른 탁상공론이 벌어지곤 한다.

어쨌든 해석할 수 있기 위해서는 먼저 사실이 기록되어 있어야 한다. 보아라부대에 대한 정확한 기록이 있어야 평가를 내릴 수 있다. 내가 이 책을 통해 진실을 밝히고자 하는 이유는 다른 사람들이 올바른 평가를 내릴 수 있는 근거를 갖추기 위해서이다.

● **상대적 상실감**

주전선이 휴전선 부근에 고착된 1951년 중반 이후, 국군은 한 치의 땅이라도 더 확보하기 위해 북한군 및 중공군과 맞서는 한편 남한 각지에서 준동한 빨치산을 토벌하기 위해서 많은 병력을 후방으로 보냈다. 그 결과 전력약화는 피할 수 없었을 것이다.

이에 국군도 북한 후방에 유격대를 파견하거나 지원하여 배후를 교란하는 작전을 구사했다. 그런 부대 중에 '구월산 유격대'가 있었다. 「위키백과」는 구월산유격대에 대하여 다음과 같이 설명한다.

"구월산에서 활동했던 유격대는 초기에 750여 명으로 본래의 이름은 '연풍유격대'로 김종벽 대위가 부대장을 맡아 1950년 12월 창설하였다. 이들은 1·4후퇴 때 남쪽으로 이동하지 않고 구월산 일대에 잔류하면서 유격전을 벌였다. 후방 교란의 임무를 수행하여 984명의 중공군을 사살하고 296명을 생포하였다. 이들은 인민군 제26여단과 맞서 싸웠으며 휴전선이 고착되어서는 인민군 17사단과 중공군과 싸웠다. 구월산 유격대는 51년초 2천5백여 명에 달하였고, 휴전직후 부대해체될 때까지 8백 명 규모를 유지하였다."

구월산 유격대에 대해서는 널리 알려졌다. 뿐만 아니라 정부에서 구월산 유격대원을 참전유공자로 등록하는 제도를 시행했다. 또한 위령비와 기념비가 건립되어 있다.

위와 같은 점을 볼 때 보아라부대에 대한 전적비나 기념비 등 그 어떤 시설도 없다는 점은 유감이라고 지적하지 않을 수 없다. 국방부, 경찰청, 지자체 그 어느 곳도 보아라부대의 존재를 알리지 않고 있다.

부대원 중에서 생존한 전우가 몇이나 될지 모르겠다. 내가 부대에서 가장 어렸으므로 벌써 세상을 떠난 부대원이 많을 것이다. 지금이라도 생존한 대원을 찾아서 합당한 예우를 해주고 세상을 떠난 대원과 보아라부대의 활약을 추모하는 계기를 마련해주는 게 올바른 조치 아닐까?

우연한 기회에 충남 보령시의 전투기록을 보았다. 한국전쟁 초기 북한군이 밀고 내려오자 보령에서 경찰 54명이 북한군을 공격하기 위해 나섰다가 역공을 받았다. 퇴각하던 중 7명이 전사했고 9명이 포로가 되어 총살당했다[90]. 제대로 싸워보지도 못하고 당한 것으로 보인다. 보령시에서는 이어니재에 경찰전적비를 세워서 그들의 희생을 기리고 있다.

한편 2005년 5월 진실·화해를 위한 「과거사정리 기본법」이 통과되었고 그해 12월 「진실·화해를 위한 과거사정리위원회」가 출범하여 2010년까지 1기 활동을 했다. 한국전쟁에서 집단학살 당한 양민들의 조사가 이루어졌고 곳곳에 위령시설이 건립되었다.

구월산유격대와 이어니재 경찰전적비 사례, 그리고 각종 위령시설 건립과 비교할 때, 보아라부대의 전적이 제대로 평가받지 못하고 있고 용맹스러웠던 부대원에 대한 기념비나 공적비가 없다는 현

---

90) 애향 제20집, 보령문화원, 2016. 12, pp 61~78

실이 개탄스럽다. 어디에서도 보아라부대의 흔적을 찾을 수 없다. 어찌 상실감과 박탈감이 솟아오르지 않겠는가!

- **이달의 보훈인물**

국가보훈처에서 매월 '이달의 보훈인물(6·25전쟁 호국영웅)'을 선정하고 있다. 보아라부대는 거기에 선정될 만한 가치가 충분하다고 생각한다. 2016년 10월에 산청경찰서 사찰유격대장 강삼수 경위가 선정된 바 있다. 전투경찰 동료로서 자랑스럽지만 보아라부대원 입장에서는 왠지 씁쓸하다. 보아라부대가 선정되었으면 하는 희망을 갖고 있다.

한창 독기가 오른 빨치산 수백 수천 명이 진을 치고 있는 심장부에, 단 일 개 소대 병력의 부대가 침투하여 중심시설과 핵심요원을 제거한 작전은 사단급 부대도 해내기 쉽지 않은 어렵고 위험한 임무였다. 보아라부대의 전공에 대한 정당한 평가와 그에 따른 합당한 조치를 요구하는 이유이다.

보아라부대 기록복원 및 전적비 건립 제안

나 혼자 보아라부대의 기록을 복원하여 재평가 받을 수 있는 기반을 정립하는 일을 하기엔 버겁다. 전상군경으로 등록되려던 내 개인적인 일도 뜻을 이루지 못했으니 부대 차원의 일은 더욱 힘들 것이다.

사선을 넘나들며 나라를 위해 헌신한 보아라부대의 공적이 파묻혀버리고 마는 일은, 역사의 소중한 조각을 잃어버리는 일이 될 것이다. 결코 포기할 수 없지 않은가!

이 일은 국방부나 경찰청 등 정부기관이 나서야 한다. 관련 부처와 민간 기록을 찾아서 보아라부대 활동을 복원하고, 작전과정에서 희생당한 부대원의 넋을 위로할 수 있는 전적비 또는 위령비를 건립해달라고 제의하는 바이다.

빨치산 하면 으레 등장하는 가마골, 현

가마골 전적비 앞에서

재 가마골생태공원이 조성되어 있고 관련 시설을 만들어놓아 탐방객이 찾고 있다. 가마골이나 회문산 어디쯤 전적비를 건립하는 게 어떨까 한다. 보아라부대 역사상 가장 큰 전과를 올린 곳이고 빨치산 토벌을 상징하던 곳이기 때문이다. 굳이 많은 사람이 찾지 않는 곳이라도 좋다.

보아라부대가 족적을 남긴 곳에서 그 존재 의미와 희생을 기릴 수 있는 곳이라면 좋다.

보아라부대원 명단

다음은 본문에 등장한 보아라부대원 명단이다. 앞으로 보아라부대 복원사업이 진행된다면 도움이 될 것이다. 다만 특별히 기억나는 일이 없거나 대대 체제로 확대된 이후에 합류한 사람은 잘 기억나지 않는다. 불확실하긴 하지만 이를 바탕으로 모든 부대원 명단이 확보된다면 좋겠다.

(가나다순)

- **강금영*** 산동면 출신, 항미연대 기습 후 철수과정에서 부상
- **강상열*** 구림면 출신, 김옥규 부상 인우보증자
- **강재석** 산동면 출신
- **강희태** 구림면, 전북도당 100부대 중대장 출신
- **구본기** 산동면 출신, 전남도당 발견, 보아라 소대장
- **김균배** 조계산에서 체포 후 부대원 됨, 일반 경찰서로 전출
- **김기영*** 무주·국군 출신, 항미연대 기습작전에서 팔 부상
- **김수옥** 14연대 일등중사 출신, 부상 체포 후 부대원 됨
- **김영두*** 여수·14연대 일등상사 출신, 보아라 소대장
- **김옥규** '김삼차'란 이름으로 활동, 공동저자
- **김재선** 산동면 출신, 백운산에서 전사
- **김재춘** 노고단 정찰조 활동
- **김진규** 백아산에서 체포되어 부대원으로 활동
- **김판의*** 1919년생, 경기관총 사수, 작고
- **김평순** 지서장으로 입산, 부대장 역임
- **김학경** 전북도당 자폭 생존자
- **김형필** 김일성대학 졸업, 빨치산 수기 출판, 학원업
- **김호철** 월남주민, 100부대 5중대 문화부중대장 출신

- **김홍섭** 백아산 병기과 요원으로 자수, 작전 안내
- **문순묵*** 북한군 중좌 출신, 초대 부대장 역임
- **문흥길** 북한군 출신, 최연소(16세), 문순묵 따라 전출
- **민육선** 보아라 소대장, 노고단에서 전사
- **박간규** 목포에서 교장 역임, 보아라 중대장
- **박건구** 담양 출신, 회문산에서 여동생과 함께 생포, 담양경찰서로 전출
- **박기대** 백운산에서 부상, 경위시험 합격, 순창경찰서 근무
- **박성권** 회문산 내안골 정찰조 활동
- **박윤순** 구림면·전북도당 100부대 5중대장 출신, 소대장 및 정찰대로 활동
- **박경식** 해체 시 부대장
- **변종식*** 문순묵 따라 전출
- **서상학** 부대장 역임
- **송경태** 14연대 출신
- **송태옥*** 구림면 출신
- **송근호*** 경사
- **안재엽** 보아라 소대장, 주암호 계곡에서 전사
- **양평용** 보아라 소대장, 임실경찰서로 전근
- **엄금동*** 폐결핵이 악화되어 전출, 보아라 소대장
- **오광근*** 초기 서무보조로 활동
- **오근창** 대학교수 역임, 전북보아라 근무
- **오기준** 광양 출신, 정찰대 활동, 경사 승진 보아라 소대장
- **우양우** 백아산에서 발 부상
- **우점준*** 백아산에서 팔 부상

- **유양필** 북한군 출신
- **이상만** 구림면, 100부대 5중대원 출신
- **이선무** 북한군 출신, 보아라 소대장
- **이성기** 전남 출신, 부대장 역임
- **이용기** 구림면 출신
- **이인수** 추수보호작전에서 다리 부상
- **이재용*** 여수·14연대 출신, 보아라 중대장
- **이해성** 산동면 출신, 백운산에서 전사
- **이홍준*** 문순묵 따라 전출
- **임병귀** 송광사 인근 거주, 정찰대 활동
- **임종용** 전북도당 100부대 중대원 출신
- **정동재** 경기보조, 정찰조로 활동
- **정복용** 분대장, 광양에서 결혼
- **조병훈*** 전북 장수 출신, 추수보호작전에서 다리 부상(절단)
- **차근동** 백아산에서 전사
- **최대근*** 경남 남해 출신
- **최영훈** 평북 창성 출신, 구림면 거주, 100부대 중대원 출신
- **최익순*** 의무관, 백운산 전사, 이북출신 묘역에 안장
- **최순학** 남원시 산내면 출신, 2대 의무관,
  2000년 이전 작고(동네 주민 증언)
- **한명종** 북한군 출신
- **홍수복** 산동면 출신, 노고단에서 전사, 홍주승 동생
- **홍주승*** 산동면 출신, 2대 부대장(1951.12~1955),
  후방경찰서로 전근

이름에 '*' 표시가 있는 사람은 38명의 창설 부대원임

제3부

회한에 잠겨

1. 보아라부대를 떠나서

빨치산 토벌작전은 휴전 이후에도 지속되었다. 1953년 12월 11일 설치된 박전투사령부는 서남전경대와 함께 지리산 등에서 토벌작전을 전개했다. 박전투사령부 작전 완료 후 잔존 빨치산은 144명이었다[91]. 빨치산의 조직적인 활동이 없었으며 몇 명씩 무리지어 식량을 약탈하며 목숨을 부지하던 상황이었다.

토벌작전에 투입된 국군 남경사가 1955년 4월 1일 해체됨에 따라 빨치산 토벌이 경찰로 이관되었다. 1955년 7월 1일에는 서남전경대가 해체되고 경찰기동대가 창설[92]되어 잔존 빨치산을 색출하는 단계에 접어들었다. 기동대는 1년 남짓 존속하다가 1956년 가을에 해체되었다.

기동대 시절 경찰서장이 내게 말했다.

"이제 토벌작전이 종료되었으니까 군대에 가야하네. 한 달 이내에 영장이 나올 텐데 언제 가고 싶나. 그 동안 고생 많이 했으니까 그 정도 편의는 봐 줘야지."

"곧 겨울이 닥치는데 내년 봄에 가도록 해주시면 고맙겠습니다."

지금은 병역특례와 상근예비역이 있어서 현역생활을 하지 않는 젊은이가 많지만 그때는 전투경찰 복무가 병역으로 대치되지 않았다. 무려 4년간 군인과 같이, 때로는 훨씬 위험한 전투를 치렀어도 병역의무가 면제되지 않았다. 보아라부대 복무에 대한 배려는 입대 시기를 몇 달 늦춰준 게 전부였다.

---

91) 대비정규전사, pp 336
92) 대비정규전사, pp 342

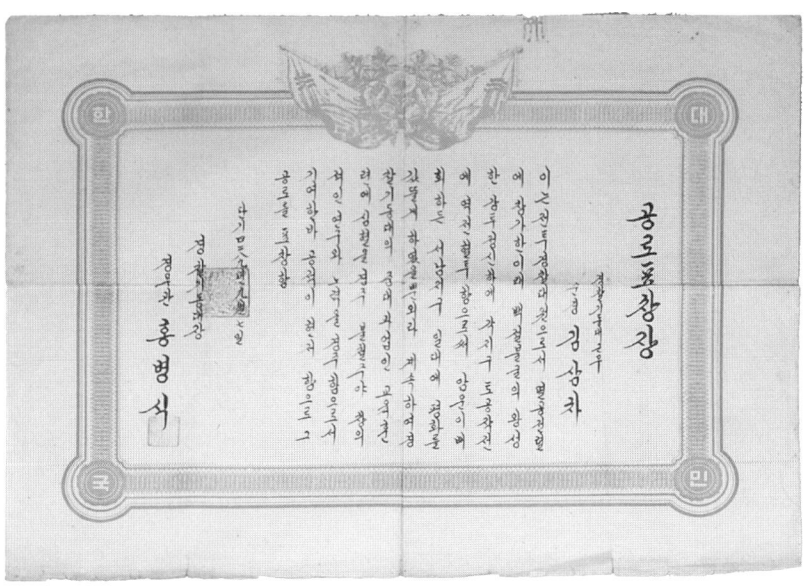

보아라부대 시절에 대통령 수장 외에 많은 표창장과 상장을 받았는데 모두 없어지고 기동대 시절의 상장이 남아 있다.

그렇게 경찰을 퇴직하고 아버지와 형이 사는 순창 집에서 겨울을 보낸 다음, 1957년 3월 논산훈련소에 입소했다. 이때 비로소 내 이름을 찾았으니 본명인 김옥규로 입대했다. 나이 미달로 전투경찰에 임용될 수 없자, 부대장이 정해준 김삼차라는 이름으로 5년에 걸친 경찰생활 동안 잊었던 내 이름이었다.

육군 입대 무렵

훈련을 마치고 춘천 제3보충대를 거쳐 강원도 철원에 있는 국군 제5사단에 배치되었다.

지리산, 회문산, 백아산, 백운산 등에서 전투를 치른 나는 군대생활에 어려움이 없었다. 상사와 부하에게 신임 받으며 순탄하게 30개월 동안 복무하고 1959년 10월 제대했다.

가장이 되어

사회에 나오니 젊음이 무르익은 20대 중반이었다. 이후 아버지와 형이 사는 순창에서 평범한 농민으로 살았다.

겉으로 보기엔 멀쩡했으나 수시로 찾아오는 허리 통증은 말할 수 없는 괴로움을 주었다. 좋다는 약초나 식물을 산과 들에서 구해 먹었다. 그러나 고통은 가시지 않았고 참는 길 외에는 달리 방법이 없었다. 찜질을 하고 안마를 해도 그때뿐이었고 고통에 신음하며 밤잠을 설치기 일쑤였다. 그때 몸에 좋다는 약초를 얼마나 찾아다녔는지 약초에 대해 잘 알게 되었다.

그렇게 일과 고통으로 시간을 보내는 동안, 보아라부대 시절의 일은 점점 희미해졌고 옛 전우의 모습은 잊혀졌다.

나는 군대시절에 결혼했다. 우리 세대는 부모가 정해준 사람과 결혼하던 시대였다. 생면부지 사람과 평생 살도록 운명처럼 주어지는 게 결혼이었다. 내가 군생활을 마치는 동안 아내는 남편도 없는 시댁에서 시집살이를 해야 했다.

어린 자녀들을
부양하던 시절

제대 후 10년 동안 아픈 허리 부여잡고 농사를 지었지만 결과는 허망했다. 고작 논 몇 마지기 농사지어서 살아갈 날을 생각하니 앞이 깜깜했다. 그 동안 자식 넷이 태어나 식구가 여섯으로 불어났으니 가족이 먹고 살기에도 부족했다.

그런 생활을 계속 할 수는 없었다. 장차 내 자식의 앞날은 어찌 될까? 나처럼 학교도 다니지 못하고 촌에서 일만 하도록 키울 수는 없었다. 헤아릴 수 없이 많은 밤낮 동안 고민 끝에 독립하기로 결심했다.

고향을 떠나다

1968년 객지에 가서 돈을 벌겠다는 결심을 굳혔다. 갈 곳이 정해지진 않았지만 어디에 가더라도 돈을 벌 자신이 있어서 고향을 떠나 경기도 용인군 수지면 죽전리에 자리를 잡았다.

이후 고속도로 건설현장, 건축현장 막일, 배추수확 등 닥치는 대로 일했다. 욕심 부리지 않고 할 수 있는 일을 찾아서 성실하게 했다. 그런 태도를 인정받자 일이 꾸준하게 들어왔다. 그렇게 일하던 중에도 손마디가 남아나지 않을 만큼 농사를 지었다.

어쨌든 세월이 흘러 논밭을 조금씩 장만하고 집도 마련했다. 다만 가족 부양에만 집중하다보니 내 몸을 챙기지 못한 탓에 위장병이 생겼다.

거기에 부상 후유증이 계속 괴롭혔다. 허리와 어깨에 워낙 큰 충격을 받은 데다가 변변한 치료도 못하고 생업에 쫓기다보니 나이가 들수록 고통이 심해졌다. 저녁마다 허리가 끊어질 듯 아팠지만 참고 일을 해서 돈을 버는 것 외에는 다른 생각을 할 겨를이 없었다. 그저 내 운명이려니 받아들였고 어디에 하소연한 적 없었다.

그렇게 살다가 환갑이 지난 1990년대 말엽 한국전쟁 참전용사 등록을 알아보게 되었다. 보아라부대 복무가 참전용사에 해당된다는 사실을 뒤늦게 알았기 때문이다. 그러나 문제가 있었다. 경찰자료에 김삼차라는 이름으로 등록된 문제부터 해결해야 했다.

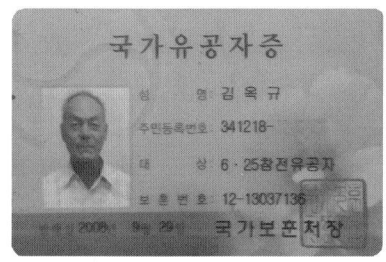  

국가유공자증, 국가유공자증서, 6·25 60주년 기념 호국영웅기장.
참전유공자로는 등록되었으나 전상군경으로는 지정되지 않았다.

퇴직기록이 남아 있는 남원경찰서를 찾아갔다. 연령 미달로 김삼차라는 이름으로 입대한 경위를 설명했다. 그리고 주민등록기록이 없는 김삼차가 나 김옥규라는 사실을 증명해달라고 요청했다. 그 결과 김옥규가 행정착오로 김삼차로 기록되었다고 인정 받을 수 있었다.

1. 보아라부대를 떠나서 • *315*

이후 몇 년이 지나 2004년이 되었을 때, 까맣게 잊었던 지난날을 일깨우는 전화 한 통을 받았다. 전혀 생각하지 않았던 통화로 인해 보아라부대 시절의 일이 되살아났다.

2. 옛 전우와 전상군경 신청

　보아라부대 창설요원인 강상열 씨로부터 전화가 왔던 것이다. 강 씨는 나보다 한 살 위였으므로 나와 함께 부대에서 가장 어렸고 같은 순창군 구림면 출신이라 가깝게 지냈다. 보아라부대 시절 다리에 총상을 입었지만 회복되어 장애가 남지 않았다.
　광주광역시에 사는 강 씨가 수원시 영통지구에 사는 아들 집에 다니러 왔다가, 순창에 살던 넷째 형에게서 내가 수원에서 산다는 말을 들은 게 떠올랐다. 꽤 오래 전 일이었는데 강 씨는 '혹시 지금도 살고 있을지 모른다'고 생각했다.
　수원시 전화번호부에서 '김옥규'란 이름을 찾아보았더니 열 명이 훨씬 넘었다. 맨 앞 사람부터 전화를 걸기 시작해서 몇 통화를 하고 나서야 나와 통화가 이루어졌다.
　그가 우리 집으로 찾아왔다. 무려 50년 세월이 흐른 후 만난 옛 전우! 총성이 요란하던 전장에서 살아남았던 어제의 용사는 기억에 남아 있던 그가 아니었다. 용감하게 전장을 누비던 청년은 어디 가고 잔뜩 주름진 노인이 앞에 있었다. 그를 본 순간 함께 생사의 고비를 넘나들던 장면이 파노라마로 스쳐갔다. 반가움은 이루 말할 수 없었고 다시 만났다는 건 놀라움을 넘어 기적이었다. 서로 살아 있어 고마웠다.

총알이 스친 사람도 상이용사 됐네!

　4년 동안 생사고락을 함께 하면서 전투에서 다쳤던 두 전우가

50년 만에 만났으니 감회가 어떠했겠는가. 예전 추억과 그간 살아온 세월을 이야기하자면 며칠 밤을 새워도 모자라리라. 지난 세월을 이야기하다가 내가 전상군경으로 등록되지 않았다는 사실을 알게 된 그가 깜짝 놀랐다.

"뭐라고? 자네가 여태 보훈 혜택을 받지 못했단 말인가? 총알이 스친 사람도 상이용사가 됐는데, 탄약고 폭파하다가 다친 자네가 안됐다니! 아마 한 1년 제대로 걷지 못했지? 다른 사람 같으면 부대에서 내보냈을 거네. 자네나 되니까 홍 부대장이 데리고 있으면서 작전에서 빼주고 그랬지."

백아산 작전에서 입은 부상으로 평생 고생했지만 전상군경 신청을 전혀 생각하지 못했다. 웬만하면 방법을 찾아보았을지 모르나 평생 우직하게 가족을 위해 일만 하다가 50년이란 세월이 훌쩍 흘러가 버렸다.

"애들도 출가했고 살 만한데 이제 와서 그런 걸……."

"무슨 말이여? 자네가 다친 건 하늘도 알고 땅도 알어. 그런 말 말고 신청해. 김판의가 아직 살아 있어. 두 사람만 보증서면 되니까 일도 아니네."

김판의 씨는 1919년생이므로 나보다 열다섯 살이나 많다. 살림이 넉넉했으며 인민공화국 시절에 리위원장을 했다. 북한군이 후퇴할 때 입산해서 잠깐 빨치산 생활을 하다가 자수했다. 체격이 좋은 그는 미식 경기관총 사수였다.

"그 형님이 아직도 살아 있어?"

"그럼! 광양에서 살아. 연락처도 알고 있고."

그렇게 해서 전상군경 등록을 알아보게 되었다.

전상군경 등록 신청

먼저 전북경찰청을 찾아갔다. 한국전쟁에 참전한 전투경찰로서 작전과정에서 부상을 입고 후유증을 앓게 된 사연을 설명했더니, 부상당한 사실을 증명해 줄 수 있는 인우보증인隣友保證人 둘을 구하라고 했다. 이미 강상열 씨와 김판의 씨를 확보했으니 어려움이 없었다.

광양에 사는 김판의 씨를 찾아갔다. 50년만의 해후였다. 그때 내가 일흔이었으니 그는 여든다섯 노인이었다. 청력만 제외하고 모든 신체 기능이 정상이었다. 그래서 질문내용을 종이에 써서 보여주면 대답했다. 나를 보더니 대뜸,
"자네가 이렇게 컸나! 키가 총 만했는데."
라며 수십 년 전 옛일을 회상했다. 그에게 기억된 나는 여전히 '꼬마'였던 것이다.

나는 강상열 씨와 김판의 씨가 써준 두 개의 인우보증서로 백아산 작전에서 입은 부상에 대한 증언을 확보했다.

그리고 수원보훈지청을 찾아가서 전상군경 등록 신청을 했다. 전상군경 등록 요건은 내 허리가 좋지 않은 게 탄약고 폭파임무 중 입은 부상이라는 사실을 입증하는 것이었다. 그것을 증명하기 위해 보훈지청에서 하라는 대로 다했다. 서울 이화여대부속병원과 보령 아산병원까지 물어물어 찾아가서 의견서를 떼었고, 서울보훈병원에서 '척추관협착증'이라는 진단을 받았다.

노년에 잘 보이지 않는 눈으로, 둘째 딸이 받아쓴 걸 세심하게 확인하면서 서류작성에 최선을 다하여 수원보훈지청에 제출했다. 그러나 보훈지청에서는 인터넷 의학 검색자료 운운하며 경찰병원

기록이 없고, 척추관협착증은 노화로 인한 흔한 질병이라며 기각했다.

　전상군경으로 등록되기 위해서는 경찰병원 입원기록이 있어야 한다지만 그런 게 있을 턱이 있나! 총상이 아니라는 이유로 경찰병원에 입원할 수 없었다. 입원해도 치료는커녕 방치되어 얼어 죽을 것이라는 부대장 판단 아래 적진 근처 민가에 방치되었다.

　보훈지청에서는 내가 제출한 진단서만으로는 부족하다며 나중에 정밀검사를 해보고 판단하겠다더니 정밀검사를 하지도 않고 기각시켜버렸다. 제출한 서류 몇 장만 보고 할일을 다했다는 식이었다.

　2005년 8월 국무총리행정심판위원회 재결을 청구했지만 역시 기각 당했다. 별다른 과정 없이 보훈지청의 의견을 수용하고 말았던 것이다. 그 통지서를 받았을 때 국가에 대한 서운함과 허탈감은 형언하기 어렵다. 나는 실망감으로 내가 신청했던 서류와 전투경찰 시절의 사진을 몽땅 꺼내서 불태워버렸다.

　보아라부대 시절 입었던 부상 후유증으로 평생 고생하고 있지만 보상을 바라지 않고 살았다. 그러나 후유증이 없어도, 총상이라는 이유만으로 국가에서 전상군경 혜택을 주고 있다.

　전투 중 입은 부상을 제대로 치료해주지 않고 쌀 한 가마 얹어서 동네 주민에게 맡긴 채 버려졌다. 회복되거나 말거나, 죽거나 말거나, 그건 나의 운명이라는 식으로 돌보지 않았다.

　전시상황에서 그렇게 처리한 것을 이해하지 못하는 건 아니다. 그러나 한강의 기적을 이루며 선진국으로 발돋움한 지금, 경찰병원에서 치료받은 기록이 없다고 외면한다는 게 국가가 취할 도리인가!

억울한 일이었지만 결정에 승복했다. 그저 내 운명이려니 여기고 받아들였다.

그때 제출했던 서류는 없어졌지만 둘째 딸이 간직했던 사본을 첨부한다.

[별지 제2호서식]   (앞 면)

등 록 신 청 서			처 리 기 간		
			·20일(전공사상 당시의 소속기관 및 보훈심사위원회의 심의기간과 상이자의 신체검사소요기간을 제외한다) ·14일(무공·보국수훈자 및 4·19 혁명공로자에 한한다)		

기등록사실없음

국가유공대상자 또는	성 명	김우주	주민등록번호	341218	군별(소속)	경찰 844
	입대일	1951.11.1	계급(직급)	순경	군번	경찰 844
	전공사상 포상훈격	☑전상 □공상 □전사 □순직 □상이 □사망 ☑포상(훈격: 대통령 표창)	전공사상·포상일	52.10.21 (1360호) 55.2.27 (4308)	전역일(퇴직일)	1956.10.13

신청인	국가유공자등과의 관계	본인	성명	김우주	주민등록번호	341218-
	주 소	경기도 수원시	(전화:)		상별	대통령표창 1360호, 4308호

유족신청인 및 가족포함사항입니다	국가유공자등과의 관계	성 명	주민등록번호	학력	직업	월소득
	본인	김우주	-			
		〃	-			
		〃	-			
		〃	-			

재산상태	부 동 산			기 타 부 동 산			월평균소득액(천원)
	종류	면적(m²)	평가액(천원)	종류	규모(단위)	평가액(천원)	

210×297mm(보존용지(1종)/70g/m²)

전상군경 등록신청서

경 력 증 명 서

제1615호

인적사항	성명	한글	김삼차(옥규)	주민등록번호	341218-
		한자	金三次(玉圭)		
	주소		경기도 수원시		

경력사항	근무기간		직급	직위	근무부서
	부터	까지			
	51.11. 1	56.10.13	순경		임/ 순경.
					제205전투부대(51.11.1~52.9.29)
					전남광양서
					제858전투부대(529.17~53.5.7)
					서남지구전투경찰대(53.5.8~55.7.1)
					치안국기동대
					전남경비과, 내무부
					전북청 남원서
					면직.

근무년한	4년 11월	최종직위 또는 직급	순경
퇴직사유	면직.		

상벌사항	포상				징계		
	년월일	종류	시행청	년월일	종류	처분청	

직위해제	년월일	사유	처분청

용도	보훈처 제출용

위와 같이 경력 증명합니다.

2005. 4. 2.

전 라 북 도 지 방 경 찰 청 장

경력증명서

국가유공자등요건관련사실확인서(2)

제 4681 호 (군경상이자용)

성 명	김옥규(金玉圭)	계급	순경	주민등록번호	341218-
주 소	경기 수원시			전화번호	
상이당시 소속	지리산전투사령부 제205부대			임용연월일	1951. 11. 1
상이 연월일	1951. 12. 24			상이장소	전남 화순군 소재 백아산 전투
상이원인	적과 교전 중				
원상병명					
현상병명	척추관 협착증, 요추 제4-5번, 의증				

상이경위 :
　1951. 12. 24 전남 화순군 소재 백아산 전투에서 적의 화약고를 폭파 중 폭발소리에 허공으로 날아가 땅에 떨어지면서 허리뼈(요추4-5번)손상의 상이를 당함.

　※ 경찰에 보존중인 공부상 자료없어, 조사자료첨부

퇴직시 소속	전북남원경찰서	퇴직근거	의원면직	퇴직일자	1956. 10. 13
확인자	소속	경찰청 총무과	계급	경정	직위 복지담당	성명 처 관 ○

국가유공자등예우및지원에관한법률시행령 제9조 제5항의 규정에 의하여 위의 사실을 확인합니다.

　　　　　　　　　　　　　　　　　　　　2005년 6월
　　　　　　　　　　　경　　찰　　청

국가보훈처장 귀하

스캔완료 | 박진숙

경찰청 요건사실확인서

수 원 남 부 경 찰 서

2005. 5. 10

수신 경기지방경찰청장
참조 경무과(경무계)장
제목 조사 보고서 (의견)

본 건에 대하여 다음과 같이 수사 하였기 보고 합니다

1. 조사사항
   가. 진술자의 국가 유공자 신청계기
   나. 상이기장대장상의 진술인의 부상장소와 진술인이 말하는 부상장소가 상이한 점
   다. 진술인이 말하는 백아산 전투에 대한 기억정도
   라. 진술인의 부상부위에 대한 현재 상태
   마. 진술인이 백아산 전투에 참여한 것을 알고 있을 것으로 기억하고 있는 사람

2. 조사내용
   가) 항에 대하여
   진술인은 6.25전쟁당시 경찰공무원으로 근무처인 지리산지구 전투경찰 사령부 205연대 10중대 연락병으로 근무를 하다가 전남 화순군 소재 "백아산 전투"에서 빨지산 전남도당 병기과 와 전투 중 완전소탕 후 화약고 폭파지시를 받고 폭파도중 부상을 당함으로서 몸이 불편한 상태로 경찰생활을 계속하지 못하고 56년 퇴직 후 현재까지 진술인의 부상을 당한 것에 대한 국가 유공자 해당여부나 기타 보훈혜택 등에 알지 못하고 있다가 지인으로부터 소식을 접하고 신청을 하게 된것이며,

   나) 항에 대하여
   상이기장대장에는 진술인이 부상을 당한 곳과 진술서 상의 부상장소가 모두 일치되어 백아산 전투시 부상당한 것으로 사료되며,

   다)항에 대하여

진술인은 고령의 나이임에도 불구하고 당시 백아산 전투에 대하여 상세히 기억을 하고 있었으며 부대장(경위 홍주승)으로부터 화약고 폭파지시를 받아 동료2명과 같이 폭파하였으며 이로 인하여 동료 차근동이 현장에서 사망한 것으로 정황상으로 보아 전체적인 기억력에 대해 신빙성이 있는 것으로 판단되고 아울러 백아산 전투는 단독으로 수행한 것이 아니고 다른 경찰관도 참전을 하였다는 진술이며,

　　　　　라) 항에 대하여
진술인이 말하는 부상부위에 대하여 확인한바, 허리(요추4-5번)이 파열되어 걸음걸이가 부자연스럽고 외관상 특별한 징후는 없었으며 병원에서도 상당기간동안 치료를 받았으나 회복 불능으로 확인되어 치료치 못하고 있다는 진술이며,

　　　　　마) 항에 대하여
진술인과 백아산 전투에 같이 참여한 부대원은 약39명으로 중대장은 사망을 하였고 같은 부대원 이었던 김판의(연락처 061-762-6197) 강상열(062-574-9766)은 참전여부를 알고 있을 것으로 생각하고 진술하였으며, 1956 10. 13. 전북 남원 경찰서에서 전상상처 통증의 사유로 사직을 하였다는 진술 등으로 보아 이에 대한 조사가 필요 할 것으로 사료되기에 보고합니다

　　　　　　　　　　　　　2005. 5. 10.

　　　　　　　　　　　　조사자 경사 정　　

　　　　　　　　수 원 남 부 경 찰 서 장

진 단 서

병록번호	00374971					원부대조필인
연번호	721		주민등록번호	341218-		

환자의 성명	김옥규	성별	남	생년월일	34년 12월 18일	연령	만 70 세
환자의 주소	경기 수원시				전화번호	031-	

병 명 ● 임상적추정 ○ 최종진단	척추관 협착증, 요추 제 4-5번, 의증	한국질병분류번호	

발병일	미상	진단일	년 월 일

향후 치료 의견	상기 환자는 2005년 3월 23일 본원 정형외과에서 시행한 이학적 검사 및 2005년 3월 7일 시행한 방사선학적 검사상 상기 소견을 보이는 자 임.

비 고	타과 소견 제외	용도	보훈처 제출용

위와 같이 진단함.

발 행 일   2005 년 03 월 23 일
의 료 기 관   서 울 보 훈 병 원
주   소   서울특별시 강동구 둔촌동 6-2
전화 및 FAX :   (02)2225-   (02)4
면허번호 제   호   의사성명   윤

※ 병원직인 및 계인이 날인되지 않은 진단서는 무효임.

서울보훈병원 진단서

진 단 서

병록번호 05002236
연번호 2005-000645
주민등록번호 341218-

환자의 주소	경기 수원시						
환자의 성명	김옥규	성별	남	생년월일	1934년 12월 18일	연령	만 70 세

병 명 ☐ 임상적 ☐ 최종	퇴행성 척추증	한국질병분류번호

발병일	6.25 전쟁(환자진술)	진단일	2005년 04월 21일

향후 치료 의견	6.25 전쟁시 하요추부 수상후 치료를 받았던 환자로 (환자 진술) 현재 하요추부 통증이 존재합니다. 하요추부 통증은 퇴행성 변화와 6.25 당시의 수상이 서로간에 상승작용을 하여 증상이 더악화된것으로 추정됩니다.

비 고		용 도	

위와 같이 진단함.

발행일   2005년 04월 21일

병·의원주소 충청 남도 보령시 죽정동 1번지

병·의원명   보령아산병원   ☎ 041-930-

면허번호   24   의사성명 정 기

※ 본서에 병원의 직인이 없으면 무효임.

보령아산병원

보령아산병원 진단서

보훈처장 귀하

- 민원인 : 김옥규 (341218~   )
- 주 소 : 경기도 수원시 권선구
- 연락처 : 031-238-   010-

탄원서

상기자는 당시 17세의 어린소년이었습니다.
1951년 11월 1일자 불법으로 순경에 임관되어, 후방치안확보를 위하여 창설
'지리산지구 경찰전투사령부 205연대 10중대'에 배속되어 복무중,
작전명령에 따라 부대장 경위 홍주승 인솔하에, 전남 화순군 소재
백아산에서 암약한 적 빨치산 전남도당 총사령부 병기과를
1951년 12월 24일 02시경 심야급습, 교전소탕하여 큰성과를 올렸으나
적화약고 화재폭발로 인하여 아군피해가 발생하여
전사 1명(차근동), 부상 3명(우정준, 우양우, 김옥규)등이 부상을 입고
부대는 전남 승주군 주암면 광천리에 총집결하여, 부대장의 명령에
따라 총상환자는 경찰병원으로 후송처리하고,
전상자 김옥규 본인은 총상이 아니라는 이유로, 자대의무관에게 치
하였기에 병원에 입원한 사실은 없습니다.
이 점, 깊이 고려하여 주시기 바랍니다.
전상자에게도 국가유공자 예우를 해 준다는 말을 듣고,
보훈지청에 문의하였으나, 병원 입원증명서가 없으면 접수가 안됩니다
라고하여 그동안 번번히 무산되고 말았습니다.

17세의 미성년 어린소년이 국가에 봉사중 부상으로 인하여
고통중에 병원후송을 그토록 원했건만, 부대장님은 환자에게
'나이가 어린 놈이 엄살이 매우 심하다'고 꾸중만 했습니다.

탄원서 1

엉성한 자대치료로 인해 상처는 점점 커져만 가고,
갑자기 부대는 진주 덕산 혹은 산청덕산이라 하는 아주 먼 곳으로
이동명령을 받고, 환자의 총기외 탄약, 의복마저 벗겨가지고 가면서,
전남 승주군 주암면 광천리 부녀회원에게 날 맡겨두고 갔습니다.
부녀회장과 부녀회원 모두가 밤낮을 교대로 3개월을 넘도록 정성껏
치료해 주시고 먹여주었습니다. 감사를 드립니다.
또한 부녀회에서 의복을 마련해주셨습니다.
과연 본인과 같은 자가 어디에 또 있는지는 모르나
나이 어린 자에게는 이래도 무방한 것인지 묻고 싶습니다.
위의 답을 주십시오. 정말 억울합니다.

52년 4월 5일, 진주덕산에 주둔한 부대를 찾아가
부대장에게 신고하고 계속 자대치료 하였으나, 제대로 된 치료를
받지 못하여, 통증이 이루 말할수 없이 심합니다.
끝으로 모든 전상자에게 억울함이 없도록 관용을 베풀어주시길
바랍니다.

　　　　　　　　　　2005년 4월
　　　　　　　　민원인 김 옥 규 (인)

탄원서 2

수원보훈지청

수신자   수신자 참조
(경유)
제목   국가유공자 요건비해당 결정 통보

1. 귀하의 건승을 기원합니다.
2. 귀하께서 우리지청에 국가유공자가 되고자 등록신청하신 사항은 국가유공자등 예우및지원에관한법률 및 동법시행령에 의거 소속기관장으로부터 통보된 국가유공자요건 관련사실확인서와 관련자료를 근거로 국가보훈처 보훈심사위원회에 요건해당여부 심의를 회부한 결과 붙임과 같은 사유로 국가유공자요건 인정기준에 해당하지 않는다고 의결되었기에 동 사항을 확인하여 동법을 제4조제1항의 적용 비대상자로 결정·통보합니다.
◎ 결정이유 : 별첨
3. 만약 위 결정에 불복하여 행정심판을 청구하실 경우에는 이 처분이 있음을 안 날로부터 90일 이내에 처분청인 수원보훈지청장을 피청구인으로 지정하여 심판청구서를 우리지청 또는 국가보훈처에 제출할 수 있으며, 행정심판을 거치지 아니하고 행정소송을 제기하실 경우에도 행정심판 청구기간과 마찬가지로 이 처분이 있음을 안 날로부터 90일 이내에 처분청을 피고로 지정하여 수원지방법원에 소를 제기하실 수 있음을 알려드리며, 기타 궁금하신 사항은 우리지청 관리과(등록담당: 양혜숙 031-259-1757)로 문의하시기 바랍니다.

붙임 : 결정이유 1부. 끝.

| 행정서기 | 행정주사 | 관리과장 | 전결 08/17 |

협조자
시행 관리과-5220   (2005.08.17.)   접수
우 440-816   경기 수원시 장안구 영화동 15-5
전화 031-259-1757   전송 031-248-4443   / memories@mpva.go.kr   /   / 공개
수신자 국가유공자등 요건 비해당 결정 통보자 명단(박일균 외 7명)

국가유공자 등록 거절 공문

심의의결서

05. 4. 7.

회의차수	2005년 제52차		
의결번호	제 30245 호	의결일자	2005.07.26.
의 제	전공사상군경 심의에 관한 건		
부의사항	김옥규(341218-)에 대한 심의 임.		
의결주문	위 자를 국가유공자등예우및지원에관한법률 제4조제1항제4호 전단의 요건에 해당하지 아니하는 자로 한다		

이

유

1. 신청인 진술에 의하면,
   신청인은 1951.11. 경찰에 투신하여 참전 중이던 1951.11.24. 전남 화순군 백아산 전투에서 적 화약고를 폭파하다 폭발 충격에 의한 허리뼈(요추) 손상을 입고 자대 의무관에게 3개월 간 치료하였다 함.

2. 경찰청에서는 국가유공자등요건관련사실확인서(제 4681호, 2005.6.24)상 경찰에 보존 중인 공부상 기록이 없어 조사자료를 첨부 통보하였음.

3. 관련자료
   가. 경력증명서 : '51.11.1 ~ '56.10.13. 제205전투부대 등 근무기록 확인
   나. 인우보증 : 김판의, 강상열
   다. 기타 : 진술조서(신청인, 인우인), 조사보고서 등

4. 현상(신청)병명 : 척추관협착증, 요추 제4-5번 의증.

5. 위 각 항의 사실 및 관련자료 등을 종합하여 판단해 보건대,
   신청인은 경찰 소속으로 참전 중 위 1항의 상이를 입었다고 주장하고 있으나, 경찰청에서 보존 중인 공부상 기록이 없는 것으로 통보된 점, 전시 참전 기록외에 치료기록은 확인 불가한 점, 신청인과 인우인의 주장 이외에 공무와 관련된 부상사실을 입증할 수 있는 구체적이고 객관적인 거증자료가 없어 부상경위 및 병명확인이 불가한 점 등으로 보아, 현상(신청)병명은 전투와 관련된 부상으로 인정할 수 없으므로 이는 국가유공자등예우및지원에관한법률에 규정된 전상군경 요건에 해당되지 아니함.

붙임	신청서류 1건

위와 같이 의결하였음을 통보합니다.
2005.07.26.

보훈심사위원회

수원보훈지청장 귀하

보훈심사위원회 심의의결서

행정심판청구서

청구인	성명	김옥규	주민등록번호	341218~1
	주소	경기 수원시		

선정대표자·관리인 또는 대리인	본인

피청구인	수원보훈지청장	재결청	국가보훈처장

처분 대상인 청구 내용	6.25사변 전투중 선우경찰로 지리산 공비토벌 작전에 참전중 총발에의한 허리부분총상으로 조기요양전역후육자

처분이 있음을 안 날짜	2005. 8. 20

심판청구 취지·이유	· 상이조정 2호의 자격취득 · 6.25사변 전투경찰(선무), 지리산 공비토벌 작전중 부상

처분청의 고지유무	통보받음(본지)	고지내용	90일 이내에 심판청구 가능

증거서류	경력증명, 인우보증서 2인.

근거법조	행정심판법 제18조, 동법시행령 제19조

위와 같이 행정심판을 청구합니다.

2005. 9. 12.

청구인 김옥규 (인) (서명 또는 날인)

국가보훈처장귀하

※첨부서류 : 민원(민원서) 1부. 경력증명, 인우보증서, 진단서 등

수수료
없음

행정심판청구서

「관인생략」
" 국민권익의 지킴이, 행정심판 "

국무총리행정심판위원회

수신자 김옥규

(경유)

제 목 답변서 부본 송달

    1. 귀하께서 청구한 행정심판의 사건번호는 0516344 국가유공자등록거부처분취소청구입니다.

    2. 귀하의 심판청구에 대하여 피청구인인 처분청이 제출한 답변서의 부본을 별첨과 같이 귀하에게 송달합니다.

첨 부 : 답변서 부본 1부. 끝.

국무총리행정심판위원회

| 담당자 | 행정사무관 | 심판지원팀장 | 전결 |

협조자
시행 심판지원팀 - 1335   (2005. 09. 27.) 접수
우 110-760   서울 종로구 세종로 정부중앙청사   / www.moleg.go.kr
전화 (02)724-1337-8   전송 (02)720-3965   /   / 공개

국무총리행정심판위원회 공문

답 변 서

/63½½

▶ 사건명 : 국가유공자등록거부처분취소 청구

▶ 청구인 : 김 옥 규
　　　　　주소 : 경기도 수원시 권선구 세류2동
　　　　　전화 : 031-　　　　(H.P 010-　　　　)

▶ 피청구인 : 수원보훈지청장
　　　　　　(담당자 :　　, 전화 :　　)

▶ 재결청 : 국가보훈처장

▶ 심판청구서 제출일 : 2005. 9. 12

▶ 심판청구의 대상이 되는 처분의 내용
　2005. 4. 7.자 청구인의 국가유공자등록신청건에 대하여 국가유공자등예우및지원에관한법률(이하 "예우법"이라 한다)에 따라 적용대상 요건을 심의한 결과 동법의 적용기준과 요건에 해당되지 않아 2005. 8. 17.자로 청구인에 대하여 국가유공자 비해당 결정(이하 '이 건 처분'이라 한다) 통지

▶ 고지의 유무 및 내용
　관리과-5220(2005. 8. 17)호로 이 처분에 불복할 경우에는 이 처분이 있음을 안 날로부터 90일 이내에 처분청을 피청구인으로 지정하여 처분청과 재결청에 행정심판을 제기할 수 있음을 고지

▶ 답변취지

"청구인의 청구를 기각한다"라는 재결을 구합니다.

▶ 답변이유

1. 사건개요

청구인은 1951. 11. 경찰에 투신하여 참전 중이던 1951. 11. 24. 전남 화순군 백아산 전투에서 적 화약고를 폭파하다 폭발충격에 의한 허리뼈(요추) 손상을 입고 자대 의무관에게 3개월간 치료하였다하여 2005. 4. 7. 국가유공자 등록신청을 하였으나, 피청구인은 경찰청으로부터 통보된 국가유공자등요건관련사실확인서 등 관련자료를 참고로 하여 청구인의 진술이외에 전투와 관련하여 부상하였음을 입증할 수 있는 병상일지 등 구체적이고 객관적인 거증자료가 없어 신청병명인 "척추관협착증, 요추 제4-5번 의증"을 전투와 관련한 상이로 인정하기가 곤란하다고 판단한 보훈심사위원회의 심의·의결을 거쳐 청구인을 예우법 소정의 전상군경 요건 비해당자로 결정하고 2005. 8. 17.자로 이 건 처분을 통지하였습니다.

2. 청구인의 주장

청구인은 1951. 11월 당시 17세의 어린나이로 순경에 임관되어 지리산지구 경찰전투사령부 205연대 10중대에 배속되어 근무 중 전남 화순군 백아산 전투에서 적 화약고를 폭파하다 1명은 전사하고 3명이 부상당하였으며, 이때 청구인은 허리뼈를 다쳤으나 총상이 아니하고 하여 경찰병원으로 후송되지 못하고 자대 의무관에서 치료하였기 때문에 병상일지 등 치료기록은 보관되어 있지 않은 것이 사실인바, 청구인의 현 상태는 당시 치료를 제대로 받지 못하여 통증이 극심한 상태이므로 이를 감안하여 청구인을 국가유공자로 인정하여 주기를 바랍니다.

3. 이 건 처분의 적법·타당성

가. 처분의 근거(관계법령)

○ 예우법 제4조 제1항 제4호, 제6조, 제83조 제1항
○ 예우법시행령 제3조, 제8조, 제9조, 제9조의2, 제102조 및 별표1

　(1) 예우법의 제4조 제1항 제6호에 의한 '전상군경'은 군인 또는 경찰공무원으로서 전투 또는 이에 준하는 직무수행 중에 상이를 입고 전역 또는 퇴직한 자로서 그 상이정도가 국가보훈처장이 실시하는 신체검사에서 제6조의4의 규정에 의한 상이등급에 해당하는 신체장애를 입은 것으로 판정된 자로 규정하고 있고,

　(2) 예우법시행령 제3조에는 전투 또는 이에 준하는 직무수행 중에 입은 상이를 전상으로 규정하고 있으며,

　(3) 예우법시행령 제9조의2에서 '국가유공자등 결정'은 상이등급 판정을 위한 신체검사를 실시한 후에 법의 적용대상여부를 결정하여야 하고 동법시행령 제14조의 별표3에서 상이등급구분 1급1항에서 7급까지로 규정하고 있습니다.

나. 처분의 적법성

　(1) 청구인은 1951. 11. 경찰에 투신하여 참전 중이던 1951. 11. 24. 전남 화순군 백아산 전투에서 적 화약고를 폭파하다 폭발충격에 의한 허리뼈(요추) 손상을 입고 자대 의무관에게 3개월간 치료하였다하여 2005. 4. 7. 국가유공자 등록신청을 하였으나, 피청구인은 경찰청으로부터 통보된 국가유공자등요건관련사실확인서 등 관련자료를 참고로 하여 청구인의 진술 이외에 전투와 관련하여 부상하였음을 입증할 수 있는 병상일지 등 구체적이고 객관적인 거증자료가 없어 현상(신청)병명인 "척추관협착증, 요추 제4-5번 의증"을 전투와 관련한 상이로 인정하기가 곤란하다고 판단한 보훈심사위원회의 심의·의결을 거쳐 청구인을 예우법 소정의 전상군경 요건 비해당자로 결정하고 2005. 8. 17.자로 이 건 처분을 통지하였습니다.

　(2) 청구인이 제출한 2005. 3. 23.자 서울보훈병원 발행 진단서에 의하면 상병명은 '척추관협착증, 요추 제4-5번 의증'으로 기재되어 있고, 발병

일은 "미상"으로 발병시점이나 발병경위 등의 확인은 불가하며, 경력증명서 상 1951. 11. 1 - 1956. 10. 13까지 순경으로 임용되어 근무한 사실은 확인되나 경찰병원에 입원 진료기록이 없으며, 또한 청구외 강상열 등 1명의 인우보증내용으로는 『보증인은 청구인과 함께 순경으로 재직 시 1951. 12. 24. 02시경 당시 부대장의 인솔 하에 전남 화순군 소재 백아산에서 적과 전투 중 화약고가 폭발하여 허리에 부상을 입었으나, 총상이 아니라고 하여 경찰병원에 후송되지 못하고 자대 의무관에게 약 3개월간 치료를 받은 사실이 있다.』고 진술하고 있으나, 인우인의 진술이외에 객관적인 증거자료가 없어 청구인을 전상군경으로 인정하기가 곤란하다고 한 피청구인의 이 건 처분은 적법·타당하다 하겠습니다.

(3) 또한 "척추관협착증"에 대한 인터넷의학검색자료에 따르면, 『척추관협착증은 척추관이 좁아져서 다리로 가는 신경이 눌리기 때문에 나타나는 증세로 요추관협착증 또는 퇴행성전방전위증이라고 한다. 그 원인으로는 태어날 때부터 척추관이 좁은 선천적인 척추관협착증도 있지만, **나이를 먹으면서 노화현상으로 나타나는 퇴행성인 경우가 대부분이다. 퇴행성 척추증으로 인한 협착증은 40대 후반부터 50- 70대에 많이 발생**하고 그 중 일부는 상하 척추가 서로 어긋나서 위에 있는 척추가 앞으로 미끄러져 있는 퇴행성 척추전위증이 있는데, 이것은 40-50대의 여성들에게 많이 발생한다.』라고 되어있는바, 위자료를 참고하더라도 청구인의 현상(신청)병명은 사회생활 중 취업이나 고령 등 여러 가지 요인에 의하여 발병할 수 있는 가능성을 배제할 수 없는 점으로 볼 때, 청구인의 현상병명을 전투와 관련하여 입은 부상으로 보기는 어렵다 할 것이므로 피청구인의 이 건 처분은 적법·타당하다 할 것입니다.

4. 결 어

따라서, 청구인의 현상병명이 군 공무수행과 상당한 인과관계가 있다고 인정할 수 없으므로 피청구인의 이 건 처분은 적법·타당하다 하겠으며, 청구인의 청구는 이유 없음으로 마땅히 기각되어야 하겠습니다.

국무총리행정심판위원회 답변서 4

답변서에 대한 반박문

- 사건번호 : 국가유공자등록거부 처분취소청구 0516344
- 청 구 인 : 김옥규
        주소 : 경기도 수원시 권선구
        전화 : 031-238-   (휴대전화   )
- 피청구인 : 수원보훈지청장
- 반박문 제출기관 : 국무총리행정심판위원회, 수원보훈지청장
- 반박문 제출일 : 2004. 10. 4

- **반박의 내용**
  2005. 4. 7.자 청구인의 국가유공자등록신청건에 대하여 국가유공자등예우및지원에 관한법률(이하 "예우법"이라 한다)에 따라 적용대상 요건을 심의한 결과 동법의 적용 기준과 요건에 해당되지 않는다는, 피청구인의 2005. 8. 17.자 국가유공자 비해당 결정 처분에 대한 반박.

- **청구에 대한 피청구인의 기각 이유(요약)**
  (1) 청구인이 경찰에 투신하여 참전 중이던 1951. 12. 24. 전남 화순군 백아산 전투에서 적 화약고를 폭파하다 폭발충격에 의한 허리뼈(요추) 손상을 입은 것에 대해, 자대에서 치료받았다고 주장할 뿐 **병상일지 등 구체적이고 객관적인 거증자료가 없어** 예우법에 따른 "전투와 관련한 상이"로 인정하기 곤란하다.
  (2) 2005. 3. 23.자 서울보훈병원 발행 진단서에 의한 상병명은 "척추관협착증, 요추 제4-5번 의증"으로, 발병시점이나 발병경위 등의 확인이 불가하며 전투 중 입은 상처라는 것에 대해, 인우인의 진술 이외에 객관적인 증거자료가 없어 전상군경으로 인정하기 곤란하다.
  (3) 척추관협착증은 인터넷의학검색자료에 따르면, 노화현상으로 나타나는 퇴행성인 경우가 대부분이므로 역시 전투와 관련하여 입은 부상으로 보기 어렵다.

- **청구 기각 이유 (1)번에 대한 반박**
  부상을 입은 1951. 12월 전투는 속칭 '지리산 빨치산 토벌' 전투로 당시 17세에 불과하던 청구인이 징집된 지 3개월 경과된 시점에 벌어졌다. 청구인은 '지리산지구 경찰전투사령부 205연대 10중대' 소속으로 부대장 경위 홍주승(사망)의 인솔하여 백아산에서 암약한 '빨치산 전남도당사령부 총사령부'와의 교전에 참가하여 교전 중, 동료대원 4명과 함께 적 무기고를 폭파하라는 부대장의 명령을 받고 목표물에 접근하여 수류탄

답변서에 대한 반박문 1

을 투척, 무기고를 폭파하는 임무를 완수했으나 이 과정에서 무기고(화약고) 폭파 충격으로 동료대원 차근동이 사망하고 청구인과 다른 2명의 대원은 부상을 입었다.
당시 청구인과 함께 전투에 참가했던 인우보증인 2인의 진술조서(청구서에 첨부)에 따르면 청구인의 부상은 총상이 아니므로 경찰병원 후송에서 제외되어 **자대치료(후송하지 않고 자대 의무대에게 치료받는 것의 의미나 당시 상황은 자대치료조차 받지 못해 민가에 맡겨 치료받게 했음)**를 받았으므로 병원에 관련 치료기록이 있을 수 없는 상황이었다.
17세 소년을 강제 징집할 정도로 긴박했던 지리산 토벌전투에서 전남도당사령부 병기고(무기고)를 폭파한 큰 전공을 세운 청구인에게 변변한 치료조차 해주지 못한 것은, 625전쟁이라는 위급한 상황을 맞았던 국가의 책임이다. 그럼에도 불구하고 **병원기록이 없다는 이유로 청구를 기각하는 것은 국가가 완수하지 못한 책임을 도리어 개인에게 전가하는 행위이다.**
따라서 병상일지 등 관련기록이 없어 청구를 기각하는 것은 타당하지 않다.

• 청구 기각 이유 (2)번에 대한 반박
서울보훈병원 발행 진단서에 의한 "척추관협착증"의 발병시점이나 발병경위 등의 확인이 불가하고 인우인의 진술 이외에 객관적인 증거자료가 없어 전상군경으로 인정하기 곤란하다고 하나 이 역시 당시 상황을 무시한 처사로 보지 않을 수 없다.
인우보증인 2명은 청구인 부상 당시 동료대원(총 39명으로 구성된 토벌대)으로 청구인이 무기고에 수류탄을 투척했으며 그 폭파충격으로 허리부상(인우보증인 중 김판의는 당시 부상을 입은 세 명중 청구인이 가장 큰 부상을 당했다고 기억)을 입었다는 목격상황을 진술하고 있다.
한편 인우보증인의 진술에 따르면 전투 중 부상을 당한 것은 부대의 위신이 깎인다는 이유로 상부에 보고하지 않고 부대 의무병에게 치료받게 하던 관행이 있었다는 것을 알 수 있다.
따라서 청구인이 전투 중 허리부상을 당했다는 주장은 사실이란 것을 알 수 있으므로 청구인의 척추부상이 전투 중 입은 부상으로 확인할 수 없다는 피청구인의 처분은 부당하다.

• 청구 기각 이유 (3)번에 대한 반박
피청구인은 2005. 3. 23.자 서울보훈병원이 진단한 "척추관협착증"이, 인터넷의학검색자료에 따르면 노화현상으로 나타나는 퇴행성인 경우가 대부분이므로 역시 전투와 관련하여 입은 부상으로 보기 어렵다고 주장하고 있다.
그러나 피청구인이 인터넷검색자료를 근거로 청구인의 부상은 전상이 아니라고 판단하는 것은 문제가 많다고 보지 않을 수 없다. 척추관협착증의 원인이 오직 퇴행성만일 수는 없기 때문이다.

답변서에 대한 반박문 2

청구인은 71세의 고령에도 불구하고 전투 중 부상을 입은 허리부분 이외에는 팔, 다리, 무릎 등 퇴행성 질환이 잦은 부위 어느 곳에도 이상이 없다. 또한 2005. 4. 21자 보령아산병원 및 2005. 5. 23자 이화여자대학의과대학부속동대문병원의 진단은, 1951년 전투 당시 골절이 있었던 것으로 추정되며 이것이 나이듦에 따라 허리통증을 악화시켰을 것으로 진단하고 있다.

따라서 청구인이 앓고 있는 허리통증은 1951년 전투 당시 입은 부상이 원인이 되었다고 보지 않을 수 없다. 허리통증의 원인이 전투 중 입은 부상과 상당한 인과관계에 있으므로 예우법의 적용대상이 되지 않을 수 없다.

• 결어

청구인은 17세의 어린 나이에 지리산토벌대에 징집되어 625전쟁에 참전했고 '빨치산 전남도당사령부' 무기고 폭파라는 어려운 임무를 완수하던 과정에서 허리에 부상을 입었다. 이것은 분명한 전투 중 부상임에도 불구하고 당시 열악한 의료상황과 총상이 아닌 부상은 병원에 후송하지 않는다는 부대장의 판단에 따라 열악한 치료환경에 놓였다. 청구인은 국가가 아닌 민간인의 도움과 본인의 의지로 부상을 극복했다. 그리고 3개월 후 자대에 복귀했으나 부상후유증으로 비교적 경미한 경찰업무에 투입되다가 1956. 10월 경찰 복무를 마쳤다.

이는 피청구인에게 제출된 전라북도지방경찰청의 경력증명서와 아직까지 생존한 동료 2명의 인우보증서 및 청구인·인우보증인의 진술조서(관할 경찰서 작성)를 종합해볼 때 명백한 사실이다.

청구인은 이후 평생 부상후유증으로 고생을 했으나 국가로부터 어떤 도움도 받지 못하며 살아왔다. 그러나 2년전 뜻밖에도 지리산 토벌대 시절 동료의 연락을 받고 청구인이 입은 부상이 예우법에 해당될 수 있다는 사실을 알았으며 뒤늦게 청구하게 되었다. 이에 청구인은 수차례의 진단과 진술, 50년 이상 연락이 두절되었던 동료 중 생존해 있는 인우보증인을 찾아 관련 사실을 입증할 수 있는 서류를 어렵게 작성하여 수원보훈지청에 제출했으나 병원기록 등 객관적인 거증자료가 없다는 이유로 청구를 기각당했다.

이에 국무총리행정심판위원회의 의결을 거쳐 청구에 대한 재결을 구하는 바이다.

입증자료
갑제1호증 : 탄원서
갑제2호증의 1 : 보령아산병원 진단서
갑제2호증의 2 : 이화여자대학교의과대학부속동대문병원 진단서

2005. 10. 4
청구인 김옥규

답변서에 대한 반박문 3

인 우 보 증 서

수원시 　　　　　　　　　　호

　　　　　　　　　　김 옥 규

주민번호 341218-

상기자는 1951년 후방치안 확보를 위하여 창설된 지리산 지구 전투경찰대 순경으로 임관되어 경찰 205연대 10중대에 배속 되어 보증인과 같이 복무중 작전 명령에 의하여 1951년 12월 24일 02시경 부대장 당시 경위 홍주승 인솔하에 전대원 39명이 전남 화순군 소재 백아산에서 암약중인 빨치산 전남도 당 사령부 병기과를 급습 하여 적을 섬멸하는 전투에서 아군의 피해가 발생하여 순경 차동근이 사망하고 순경 우양우 순경 우점순 순경 김옥규 등이 부상을 입고 순경 김옥규는 적의 화약고가 폭발하여 허리에 부상을 입었으나 총상이 않이다는 이유로 경찰병원 후송에서 제외되어 자대 의무관에게 약 3개월간의 치료를 받은 전상 사실이 확실하기에 보증합니다.

　　　　　　　　서기 2005년 3월 　일
　　　　　광주 광역시　　　　　　　　4번지
　　　　　전직 경찰　　　　　　강　상　열 ㊞
　　　　　　　　　　　　　　　330701-

☎062-
☎017-

강상열 인우보증서

진 술 조 서(참고인)

성명 : 강 상 열 주민등록번호 : 330701-

직업 : 무직 전화번호 : 017-316-

주소 : 광주

주거 : 광주

　　위의 사람은 1951. 12. 24. 전남 백아산 전투에서 적의 화약고 폭발로 부상을 당한 김옥규에 대하여 2005. 5. 20. 광주북부경찰서 일곡지구대 건국치안센터에서 다음과 같이 임의로 진술하다.

1. 저는 위 주거지에서 특별히 하는일 없이 지내고 있습니다
1. 저는 1951. 12. 24. 전남 백아산 전투를 김옥규과 같이 참전하였는데 이에 대하여 물으신다면 숨김없이 진술하겠습니다.

이때 위 진술의 내용을 더욱 명확히 하기 위해 다음과 같이 임의로 문답을 행하다.

문　진술인이 강상열 인가요
답　그렇습니다 본명 외에 다른 이름은 없습니다

문　진술인은 언제 경찰로 배속되었는가요
답　1951. 9. 1 순경으로 임관되었습니다

문　그러면 첫 근무지는 어디인가요

강상열 진술조서 1

답   지리산 지구 전투경찰대 205연대 10중대로 배속되었습니다

문   그곳에서 어떠한 업무를 하였는가요
답   당시 6.25전쟁중인데 당시 제가 배속된 근무지는 지리산에서 빨치산 토벌작전이 주업무였습니다.

문   진술인은 김옥규를 알고 있는가요
답   김옥규는 저와 같이 근무한 직원이고 저보다 한달 늦게 저희 부대로 배속되었습니다.

문   진술인은 김옥규와 같이 빨치산 토벌작전를 많이 하였는가요
답   그곳에서 지리산 빨치산 토벌작전임무를 수없이 하였습니다

문   그러면 주로 어디에서 토벌작전 수행을 주로 하였는가요
답   호남일대, 지리산 주변 일대를 수없이 다니면서 토벌작전을 수행하였습니다

문   작전중 김옥균이 부상을 당한 일시 및 장소가 어디인가요
답   1951. 12. 24. 새벽2시경 전남 화순군 소재 백아산 빨치산 전남도 당 사령부입니다.

문   당시 상황에 대하여 상세히 진술을 하시오
답   저와 김옥균은 지리산지구 전투경찰대 경찰205연대 10중대에 배속되어 호남일원, 지리산근처일대를 빨치산 토벌작전임무를 수행하고 다녔는데 김옥균이 부상을 당한 날이 1951. 12. 24. 새벽 2시경으로 당

강상열 진술조서 2

시 부대장 경위 홍주승의 인솔로 전대원 39명이 백아산에서 암약중인 빨치산 전남도 당 사령부 병기과를 급습하기 위하여 침투하는 과정에서 김옥균이 선두로 수류탄을 들고 병기고를 급습하는 과정에 병기고에 있던 적의 화약고가 폭발하면서 폭발로 인하여 김옥균이 넘어지게 되었고 그로 인하여 허리 부상을 당하였습니다.

문 그후 어떻게 되었는가요
답 당시 저희들은 임무를 계속 수행을 하기 위하여 부상병들은 인가에 두고 저희들은 다른 곳으로 이동을 하였습니다

문 그러면 김옥규도 인가에 두고 다른곳으로 이동을 하였는가요
답 예 그렇습니다

문 백아산 전투에서 사상자가 많이 있었는가요
답 대원 1명이 사망을 하고 김옥규 포함하여 3명이 부상한 것으로 기억이 됩니다.

문 당시 왜 바로 병원으로 후송을 하지 않았는가요
답 당시에는 총상을 입지 않으면 경찰병원 후송이 제외가 되었는데 김옥규도 당시 총상이 아니였기 때문에 경찰병원으로 후송되지는 못하였고 인가 및 자대의무관에서 3개월정도 치료를 받고 나중에 다시 부대로 복귀를 하여 근무를 하였습니다.

문 당시 병기고를 급습하였다고 하였는데 병기고는 무엇인가요
답 저희들이 급습한 빨치산 전남도 당 사령부는 무기탄약,수류탄을 만드는 곳으로 그곳 화약고를 폭발시킬 때 부대장 지시로 선두에 김옥

강상열 진술조서 3

규외 2명이 화약고에 슈류탄을 던지기로 하고 그뒤로 저희들이 총을 쏘면서 대응하기로 작전을 세우고 그대로 작전을 수행하면서 화약고가 폭발을 하면서 그 폭발로 인하여 김옥규이 넘어지게 되었고 그로 인하여 허리를 다치게 되었습니다

문 이상 진술이 사실인가
답 예 사실입니다.

강상열 진술조서 4

인우 보증서

수원시   4호

김 옥 규

주민번호 341218-

상기자는 1951년 후방치안 확보를 위하여 창설된 지리산 지구 전투경찰대 순경으로 임관되어 경찰 205연대 10중대에 배속 되어 보증인과 같이 복무중 작전 명령에 의하여 1951년 12월 24일 02시경 부대장 당시 경위 홍주승 인솔하에 전대원 39명이 전남 화순군 소재 백아산에서 암약중인 빨치산 전남도 당 사령부 병가과를 급습 하여 적을 섬멸하는 전투에서 아군의 피해가 발생하여 순경 차동근이 사망하고 순경 우양우 순경 우접순 순경 김옥규 등이 부상을 입고 순경 김옥규는 적의 화약고가 폭발하여 허리에 부상을 입었으나 총상이 않이다는 이유로 경찰병원 후송에서 제외되어 자대 의무관에게 약 3개월간의 치료를 받은 전상 사실이 확실하기에 보증합니다.

서기 2005년 3월   일

광양시   번지

T;061-

전직경찰 김 판의

190193-

김판의 인우보증서

진 술 조 서 (참고인)

성 명 : 김 판 의 (金判儀)   주민등록번호 : 190913-

직 업 : 무직   (전화번호 : 762-   )

주 거 : 광양시

본 적 : 상동

    위의 사람은 김옥규의 국가유공자요건관련사실확인서 발급요청에 대한 민원사건에 관하여 2005년 5월 3일 광양경찰서 읍내지구대 옥룡치안센터에서 다음과 같이 임의로 진술하다.

문	진술인이 김판의 인가요
답	예. 제가 광양시 번지에 거주하는 김판의입니다.
문	진술인은 김옥규의 국가유공자 신청과 관련하여 인우보증서를 작성한 사실이 있는가요?
답	예, 그런 사실이 있습니다.
문	진술인이 김옥규의 인후보증서를 작성한 계기는 무엇인가요?
답	지난 3월말 쯤 김옥규가 어떻게 알았는지 제가 살아있다는 것을 알고 사람을 보내왔습니다. 이야기를 들어보니 아직 국가유공자로 선정되지 않았던지 인후보증을 서 달라고 하기 모르는 사람도 아니고 해서 인후보증을 서게 되었습니다.

김판의 진술조서 1

문   진술인은 김옥규를 언제부터 알게 되었나요

답   1951년 205부대 10중대 창설 당시 같은 부대원이었으므로 그때 처음 보게 되었습니다.

문   205부대 10중대는 어디에 위치해 있었나요?

답   지리산지구 전투사령부로서 남원에 위치해 있었습니다.

문   당시 진술인의 계급과 나이는 어떻게 되었나요?

답   당시 제 나이가 30세 정도 되었고 계급은 순경이었습니다.

문   당시 김옥규의 계급과 나이는 어떻게 되었나요?

답   김옥규는 부대장 연락병을 했던 것으로 기억하는 데 20세가 안되어 보였습니다. 계급은 순경이었습니다.

문   김옥규와는 어떤 관계였습니까?

답   같은 부대원이었을뿐 그다지 절친하지는 않았습니다. 나이 차이도 있고 해서 잘 어울리지는 않았지만 저녁밥 먹고도 그날 저녁 전우가 죽어가던 시절이라 부대원 중 누구하나 어렵게 지내는 법은 없었습니다.

문   김옥규는 근무중 전투에서 부상을 당했다고 주장하는데 진술인은 그 사실을 알고있었나요?

답   예, 허리를 다친 것을 기억합니다.

문   당시 김옥규가 부상 당하는 모습을 목격하였는가요?

답   예, 직접 목격하였습니다.

문   당시의 상황을 구체적으로 진술하시오

답   1951. 12. 24 02:00경 당시 우리는 지리산전투부대 사령부의 직속부대로서 사령부의 명령을 받고 반란군의 정보를 입수코자 경위 홍주승의 인솔

김판의 진술조서 2

하에 전대원 39명이 화순 백아산의 반란군 아지트를 습격한 일이 있었습니다. 반란군과의 치열한 교전 중에 반란군 50여명을 사살, 생포하였고, 우리 부대원은 순경 차동근이 사망, 순경 우양우, 순경 우점순, 순경 김옥규가 큰 부상을 입었습니다. 김옥규는 교전 중에 화약고가 폭발하였는지 총상을 당했는지는 몰라도 허리에 부상을 당했는데 당시 부상자 중 가장 큰 부상을 당하였던 것으로 기억합니다. 나중에 반란군의 아지트에서 습득한 서류를 확인하고 그날 우리가 전투에서 습득한 반란군의 서류를 보고 그곳이 빨치산 전남도당 사령부인 것을 알게되었습니다.

문 김옥규는 당시 어떤 치료를 받았는가요?
답 경찰병원으로 이송되어 치료를 받은 것으로 알고 있습니다.
문 당시 경찰병원은 어디에 위치해 있었나요?
답 지리산 지구 전투경찰대 경찰병원이므로 남원에 있었습니다.
문 김옥규는 당시 경찰병원으로 후송되지않아 치료를 제대로 하지 못했다고 주장하는데 이에 어떻게 생각하는가요?
답 부대원들로부터 경찰병원으로 이송되었다고만 들었지 직접 입원하여 치료를 받는 것은 보지 못하였습니다. 당시에는 부상을 당한 것이 상부에 보고되면 부대의 위신이 깎인다고 해서 더러는 보고하지 않고 부대 의무병에게 치료를 받는 경우가 더러 있었습니다. 사람 이하의 생활을 하면서 생사를 넘나드는 출동이 잦아 김옥규에게 크게 신경을 쓰지 못했습니다. 52. 5월경 김옥규가 치료를 받고 다시 우리 부대에 복귀를 하였는데 허리를 심하게 다쳤는지 출동에도 제외되었었습니다.

김판의 진술조서 3

문　당시 김옥규를 마지막으로 본 때가 언제인가요?

답　우리부대가 처음 39명으로 창설되었지만 나중에 점차 인원이 늘어 소대가 바뀌고 하다보니 63년 제가 광양경찰서 후방 배치를 받을 때까지 부대에서 보고 그 이후로는 보지 못했습니다.

문　당시 그 전투에 참가한 경찰관중 현재 알고있는 사람이 있는가요?

답　알고 있는 사람이 더러 있었지만, 지금은 어디에 살고있는지 살아있는지 여부도 잘모르겠습니다.

문　205부대의 사령관은 누구였는가요?

답　지리산 전투부대 사령부 경무관 신상묵이었습니다.

문　이상 진술이 모두 사실인가요?

답　예, 사실이 틀림없습니다.

문　참고로 진술할 내용이 있는가요?

답　같이 전투에 참여하고 부상을 당했음에도 불구하고 국가유공자가 되지 못했다는 것이 안타깝습니다. 국가유공자가 될 수 있도록 도와주시기 바랍니다.

김판의 진술조서 4

후기

1. 집필 소감

김 석

구술에 입각한 집필

내가 집필하면서 놀란 점은 구술자, 장인어른의 기억력이었다. 녹취하던 2016~2017년 여든이 넘은 고령에도 불구하고 무려 60년이 훨씬 지난 옛날 일을 생생하게 기억하고 있었다. 작전 시기는 산천과 초목의 모습을 바탕으로 기억하고 있었다. 그건 그렇다고 쳐도, 수십 명의 이름과 특징을 기억하고 있다는 점에 대해서는 놀랄 수밖에 없었다.

장인어른은 몇 남지 않은 보아라부대 시절의 메모를 바탕으로 옛 기억을 더듬어 전상군경 등록신청을 했다. 그러나 경찰병원 진료기록이 없다는 이유로 보훈지청으로부터 거절당했다. 이어서 국무총리행정심판위원회마저 재심을 기각하자, 화가 나서 제출했던 모든 서류와 사진을 불태워 버렸다고 했다. 그것들이 남아 있었다면 이 책 내용이 보다 정확해지고, 생생한 사진을 넣을 수 있었을 테니 참으로 안타까운 일이다.

그런데 천만다행으로 그때 서류작성을 도왔던 둘째딸(내 아내)이, 제출한 서류의 사본을 간직하고 있던 덕에 집필에 큰 도움이 되었다.

본문에 첨부된 '답변서에 대한 반박문' 세 장은 2005년 10월 4일자로 작성되어 있는데, 장인어른의 구술을 바탕으로 내가 작성했다. 자료를 살피던 중 그것이 있어서 감회가 새로웠다.

서두에 말했듯이 이 책에 기록된 내용은 모두 장인어른의 말에 살을 붙인 것이다. 결코 경험하지 않고는 알 수 없는 무수한 내용들, 읽은 독자들은 모두 사실이라는 느낌을 받았을 것이다. 그 뜻을 거스르지 않는 범위에서 시대적 배경과 사실에 대한 해석은 내가 했다.

본문 중에 나오는 문장과 대화도 구술한 대로 옮겼다. 예를 들어서 "징글징글하게도 고생했던 인생", "국군은 빨치산 만드는 기계" 등 표현과, 인민군이 순창에 들어왔을 때 한 말, 그리고 정찰대로 선발되어 보초를 체포할 때 나눈 대화 등도 구술 그대로이다.

한편 '대발쌈', '풀국' 등 사전에도 실리지 않은 단어와 빨치산이 도정하는 방법 및 빨치산 노트의 내용은 당시 풍습과 빨치산 생활상을 알게 해주는 귀중한 사료라고 하겠다. 그리고 빨치산이 사람을 데려가서 죽이는 것을 "깐다"고 표현한다는 것은 새로 알게 된 사실이며, 보급사업을 나갈 때 해당 군당위원장의 허락을 받아야 한다는 것은 빨치산 수기에서도 본 적 없고 오직 장인어른에게만 들었다. 그밖에 며칠 전 군호를 사용할 수 있다는 것, 보초가 용무를 묻지 않는 것, 물 떠간 흔적을 확인하는 방법 등과 피 묻은 군복에 대한 묘사는 경험자만 알 수 있을 것이다.

전북도당위원장 방준표가 죽은 곳은 모든 자료에 덕유산이라고 나와 있다. 그러나 장인어른은 당시 정황을 자세하게 설명했고, 장소가 임실군 성수면이라고 정확하게 기억하고 있었다. 방준표와 함께 자살을 기도했던 보아라부대원에게 들은 말이니 틀림없을 것이다.

기존에 알려진 내용과 장인어른의 말이 다를 경우에는 각주에 설명했다.

  장인어른은 여수순천사건과 거창양민학살사건에 대해서도 자세하게 알고 있었는데 실존인물과 관련된 이야기가 많아 넣지 않았다. 이 책의 초점이 보아라부대이므로 간략하게 설명하거나 각주를 달았다.

  그러나 보아라부대에 대해서는 기존에 알려진 내용이 다를 경우 구술에 따랐다. 왜냐하면 인터넷 등에서 볼 수 있는 출처 미상의 내용은 경험자가 아닌 제삼자의 말을 옮긴 것에 불과하기 때문이다. 인터넷에 떠도는 보아라부대의 존속기간은 하나같이 1년 6개월이다. 공식적인 자료가 없다보니 누군가 처음 한 말이 계속 인용되어 사전에도 그렇게 설명되어 있다.

  그러나 국방부가 출간한 「대비정규전사」와 차일혁 경무관의 수기 「또 하나의 전쟁」에는 그 이후까지 보아라부대가 존재했다는 사실이 분명하게 기록되어 있다. 이 사례만으로 기존 보아라부대에 대해 알려진 내용이 전부 사실이 아니라고 단정할 수는 없겠지만, 항간에 알려진 보아라부대에 대한 다른 설명에도 상당한 오류가 있다고 판단된다.

  내가 이처럼 구술을 굳게 믿는 이유는 세 가지이다.

  첫째, 작전 시기는 철 따라 바뀌는 초목의 모습을 기억하는 등 상황을 잊지 않고 있었다. 특히 가장 기억하기 어려운 게 사람 이름인데, 이 글에 등장하는 보아라부대원 60여 명의 이름을 기억하고 있었다. 뿐만 아니라 특징을 일일이 기억하고 있으니 그저 놀라울 따름이었다. 잠시 스쳐간 사람이 아니라 4년간 생사고락을 같이 했던 전우이므로 잊지 않았을 것이다. 또한 대화내용까지 기억하고 있다면, 모든 내용이 사실이기 때문이다. 장인어른은 말을 만들어서 늘어놓는 분이 아니다.

둘째, 구술하면서 표현하는 단어가 보아라부대 시절의 용어였다. 구술 내내 '국군'은 '국방군', '암호'는 '군호', '빨치산'은 '공산당' 또는 '동무'로 표현했다. 보아라부대 시절 완벽한 빨치산으로 위장하기 위해 훈련했던 용어가 평생 언어습관으로 굳어졌다. 국방군, 공산당, 동무 등은 구술의 중심이 되는 단어이다. 장인어른은 구술 내내 빨치산이란 단어를 사용하지 않고 공산당이나 동무로 표현했다. '빨치산'은 내가 집필하면서 사용했다.

또한 빨치산이 식량 등을 약탈하는 용어는, 빨치산이든 토벌대든, '보급투쟁'이라고 한다. 그런데 장인어른은 일관되게 '보급사업'이란 용어를 사용했다.

보급사업과 보급투쟁이란 용어는 대동소이하지만 뉘앙스에 차이가 있다. 보급사업은 빨치산이 보급품을 조달하는 업무를 말한다. 즉 "오늘 보급사업 나갑니까?", "보급사업 잘 했네." 등처럼 사용할 때 적절하다. 보급투쟁은 보급사업을 나가서 원활하게 조달하지 못하고 감춘 것을 빼앗거나 충돌 또는 전투가 수반된다는 의미가 들어있다.

그리고 일반적으로 빨치산의 영향 아래 놓인 마을을 '해방구'라고 부른다. 그러나 장인어른은 줄곧 '민주부락'으로 표현했다.

보급사업과 민주부락이란 용어가 보아라부대 시절에 사용하던 단어였기 때문이다. 다른 책에서는 하나 같이 보급투쟁과 해방구로 표현하고 있다. 중요한 단어를 일관하여 다르게 사용한다는 점은 구술 내용 전체가 보아라부대 시절의 실화이기 때문이다.

셋째, 장인어른은 청년기 이후 두뇌를 사용하는 일보다 몸을 사용하는 농사와 건축업에 종사했으므로 그 전에 기억된 내용을 잊지 않았을 것이다. 복잡한 사무처리를 하는 사람은 기억해야 할 내용이 많은 탓에 망각되는 것도 많다.

또한 장인어른의 인생을 통 털어 볼 때 보아라부대 시절이 워낙 강렬하고 무게감이 있기에 그때의 기억이 지워지지 않고 남아 있을 것이다. DNA에 새겨졌다고 하면 지나친 표현일까?

나는 빨치산이 탄약열차를 습격했다는 내용에서 구술을 더욱 신뢰하게 되었다.

장인어른은 사건 발생 시기를 보아라부대 입대 무렵인 1951년 9월경으로 기억하고 있었다. 그러나 아무리 인터넷을 뒤지고 당시 신문보도를 검색해도 남원 근처에서 발생한 열차 사고에 대한 보도가 없었다.

다만 네이버 지식백과의 '오수역' 정보에 '1951.11.9, 공비 습격으로 역사 소실'이란 내용이 있지만 탄약열차 폭파 사건이 아니었다.

'장인어른 기억이 틀렸을까? 시기에 두 달 차이가 나는 건 심한데······.'

그렇게 의아하게 여기며 자료를 조사하던 중, 「남도빨치산」 4권에 경남도당 기관지 「불길」지 보도를 인용하면서 추풍령 터널 폭파와 함께, 1951.9.13. 12:45 전북 빨치산이 남원시 사매면 서도리에서 열차를 폭파시켰다는 기록을 보고 눈이 번쩍 뜨였다. 빨치산은 호송병 40명을 사살하고 실탄과 군수물자를 약탈했는데, 바로 장인어른이 말한 시점이었다. 「남도빨치산」의 저자 정관호 씨는 이 사건이 9·28 서울수복 1주년을 앞두고 빨치산이 대대적으로 일으킨 일련의 사건 중 하나라고 기록했다. 장인어른은 한술 더 떠서 습격한 부대가 407연대라고 밝혔다[93]. 당시 정보를 취급했던 빨치산 첩보중대장의 말이니 정확할 것이다.

또한 같은 책에 11월 9일 오수역을 습격했다고 증언하고 있어 네이버 사전의 내용과 같았다.

신문기사(동아, 조선) 검색서비스에서 위의 두 사건에 대한 내용을 찾을 수 없었다. 전선 상황은 보도했지만 빨치산 활동은 보도통제를 한 것으로 보인다.

이처럼 인터넷에도 나오지 않는 내용을 알고 있다는 점은 기억이 정확하다는 반증이다. 아울러 군대 시절 부분대장과 동료 사병의 군번까지 기억하고 있었는데, 이는 분대장으로서 근무일지를 작성하다보니까 외워졌다고 말씀하셨다. 장인어른은 실로 전율을 느낄 만한 기억력을 갖고 있었다.

수 차례 구술을 받으면서 깨달은 점이 있다. 장인어른은 잔인한 장면을 언급하지 않았고 표현도 순화된 단어를 사용했다. 가령 사망 몇 명, 부상 몇 명이라고 말했을 뿐 적나라한 상황을 묘사하지 않았다. 마치 '6하원칙에 의한 통신문' 같았다.

특히 군복무 시절에 휴전선을 사이에 두고 북한군과 있었던 일화

---

93) 앞에서 설명했듯이, 407연대는 기포병단의 후신이며 항미연대의 전신이다. 회문산 최강의 기포병단은 '남해여단'에서 떨어져 나온 부대로 1951년 초 토벌대의 대규모 공격을 받은 이후 남부군 방침에 따라 46사단 예하 407연대로 개편되었다가 다시 항미연대로 바뀌었다. 따라서 407연대라는 명칭은 약 1년 남짓 사용된 것으로 보인다. 1951년 9월 탄약열차를 습격한 부대가 407연대라는 말은 단기간 존재했던 이 부대명칭을 사용한 시기와 일치하므로 대단히 정확한 내용이다.

는 전혀 말하지 않았다. 북한군이 철책을 넘어와서 국군 초병의 목을 베어간 사건 등을 겪은 바 있다고 들었는데, 집필을 위해 구술할 때는 거론하지 않았다. 보아라부대와 관계없기도 하지만 잔인한 장면을 말하기 싫어하는 성격 때문이라고 생각한다.

또한 어릴 적 고생했던 이야기나 보아라부대원이 전사한 이야기 등 감회가 깊은 이야기를 하실 때는, 눈시울이 붉어지면서 잠시 말씀을 그치시곤 했다. 그 모습에서 보이는 진정성에 나도 엄숙해졌다.

내 욕심으로는 다른 증언이나 관련 기록을 더 확인하고 싶었다. 장인어른이 알지 못하는 보아라부대의 일이나 누락된 내용이 보완된다면 더욱 충실하게 기록할 수 있었을 것이다. 그러나 워낙 오래 전 일이었고, 개인적으로 쓰는 회고록인 관계로 한계가 있다. 혹시 자료가 더 확보되고 개정판을 펴낼 기회가 주어진다면, 보다 생생하게 복원될 수 있을 것이다.

참고 자료에 대하여

이 책을 쓰기 위해 인터넷을 수없이 검색하고 여러 권의 책을 읽었는데 주로 참고한 서적은 세 권이었다. 빨치산 입장에서 쓴 「남부군」, 토벌대 입장에서 쓴 「또 하나의 전쟁」, 그리고 국방부 기록 「대비정규전사」였다.

「남부군」은 기자였던 저자가 사실대로 기술하려는 의지가 돋보이는 기록이다. 빨치산의 실상을 잘 알 수 있고 사실에 입각해서 쓴 흔적이 역력하다. 다른 수기는 빨치산 입장의 편협한 시각이 엿보이기도 하지만 「남부군」은 그렇지 않다. 입산 직후 인민군 편제를 유지하던 빨치산이 차츰 쇠약해진 과정을 객관적으로 기술하고 있다. 특히 초기에 저자가 속한 부대가 전북도당 소속이었고, 보아라부대가 그들 영역에서 전투를 많이 치렀으므로 상호 검증이 가능한 부분이 있다. 추위와 굶주림에 시달리면서 토벌군경과 싸우던 상황이 자세하게 묘사되어 있다. 영화와 드라마로 히트 친 이유도 여기에 있을 것이다.

「남부군」에서 아쉬운 점은 말단 전투원이 쓰다 보니 사령부 동향을 피상적으로 알 수밖에 없다는 점이다. 그리고 저자가 속했던 부대에 대해서만 쓴 관계로 다른 부대의 실상을 알 수 없다. 예를 들어 보아라부대가 조우했던 김지회부대나 남태준부대의 전력이 어느 정도였고 얼마나 활발하게 움직였는지 알 수 없다.

남부군만 읽으면 저자가 생포된 1952년 봄 즈음에는 빨치산이 생존에 급급했던 것으로 착각할 수밖에 없다. 나 역시 처음에는 그랬다. 그러나 그건 이현상이 이끌던 남부군 수뇌부가 그런 상황에 처했을 뿐이었고 곳곳에 강력한 빨치산부대가 존재했다.

한편 통계를 보면 1952년 이후 토벌전과가 급격하게 줄어들었다. 이런 점에서 발생한 착시현상으로 인해 빨치산 세력이 약해졌다고 판단하면 곤란하다. 나도 관련 자료만 살폈을 때는 1952년 이후에 빨치산 활동이 잠잠해진 줄 알았다. 그러나 장인어른은 전혀 그렇지 않다고 강조했다.

그 이전에는 무고한 양민을 전과에 포함했던 것이다. 즉 1951년 토벌전과가 1,000명이라도 무기를 들고 군경과 대결하던 정예 빨치산은 수십 명 정도였다. 1953년 이후 전투원 한 명을 생포하는 전과가, 그 이전 수십 명 생포보다 어려웠다는 사실을 알아야 한다.

「또 하나의 전쟁」은 토벌대장의 글답게 작전 과정을 잘 묘사하고 있다. 사령부 동향을 알 수 있고 토벌이 시급한 지역이 어디였으며 어떤 부대가 활동했는지 알 수 있게 해준다. 또한 토벌 군경의 태도도 가감 없이 묘사한 것으로 보인다. 특히 차일혁 서남전경대 제2연대장이 반공포로로 구성된 618부대 직속상관이었으므로, 다른 자료에서 볼 수 없는 618부대 현황을 알 수 있다.

차 경무관은 토벌작전을 전반적으로 알고 있던 연대장으로서 문순묵과 보아라부대에 대해 단편적으로나마 몇 군데에 기록했다. 자세한 활약은 알 수 없지만 토벌작전에서 보아라부대의 위상을 알게 해준다. 특히 다음과 같은 평가가 눈에 뜨인다.

"내가 지휘하는 2연대의 병력 1,200명 중 믿을 만한 전투력은, 내가 임실경찰서에서 그대로 데리고 온 수색대 31명뿐이라고 해도 과언이 아니다. 유격전에서 대대적인 병력으로 몰아붙이는 토끼몰이식 작전이 반드시 옳은 것은 아니다. 3연대에 배속된 지리산 전투사령부 직속부대인 문순묵이 지휘하는 보아라부대와 같이, 귀순공비들로 구성된 1개 연대만 있어도 지리산 지구의 공비 토벌은 가능했다[94]."

이 책에서 아쉬운 점은 당대 당사자의 기록이 아니라 저자의 자제분이 나중에 자료를 모아서 쓴 한계를 극복하지 못하고 있는 점이다. 위의 인용글은 서남전경대 시절이다. 그런데 1년 전 해체된 지전사와 이미 전북도경으로 떠난 문순묵을 언급하고 있다.

위의 두 책에 1951년 7월 전북 장수군 명덕리에서 있었던 토벌대 대표와 빨치산 대표의 협상에 대한 기록이 있어 흥미롭다.

---

[94] 또 하나의 전쟁, pp 311

그것은 일종의 정전협상으로 양측 모두 협상내용이 지켜지지 않으리라 예상한 점에서는 같지만 참석자에 대해서는 다르다. 「또 하나의 전쟁」에는 이현상과 방준표가 참석했다고 기록되어 있지만 「남부군」에는 그렇지 않다고 나와 있다. 이는 두 책의 저자가 그 회의에 직접 참석하지 않았고 양측 대표단이 신분을 속인 과정에서 발생했을 것이다.

「대비정규전사」는 빨치산 토벌작전에 대한 국방부의 기록이란 점에 의의가 있다. 전쟁기간은 물론 전후 토벌작전과 결과가 잘 정리되어 있다. 전체적인 군경의 토벌작전 흐름에서, 보아라부대의 개별작전 의미를 간접적으로 파악할 수 있다.

보아라부대의 입장에서 이 책의 가치는 존재시기와 역할을 증언하고 있다는 점이다. 본문에서 자세히 기록하진 않았지만 도표에서 1953년 이후 보아라부대가 참전했다는 사실을 알려주고 있으며, 작전도를 보면 빨치산 지휘부 가까운 곳에 위치를 표시했다. 이는 작전에서 보아라부대의 중요성을 알게 해준다.

앞의 두 책은 저자의 주관적인 판단이 작용하지 않을 수 없지만, 전사에는 객관적으로 기술된다. 이미 거론했듯이 보아라부대가 소속된 전투경찰에 대해서 너무 간략하게 기술되었다. 어쨌든 본문과 작전도에 보아라부대가 나와 있기에 중요한 자료이다.

보아라부대를 보는 시각에 대한 유감

본문에서 거론한 '한국향토문화전자대전'과 S씨의 블로그를 보면, 보아라부대에 대해 정확하게 알고 있지 못하고 신상묵 사령관

개인의 공적에 맞추는 듯한 태도를 보여 유감이다.

부대를 창설한 사람이 신 사령관인 점에 대해서는 유감이 없다. 그러나 신 사령관이 지전사를 떠나자 챙겨줄 사람이 없어서 부대가 해체된 것 같은 뉘앙스를 풍기고 있다.

"그러다가 부대를 창설했던 사령관이 교체되어 새로운 사령관이 부임해 오자 곧 해체되고 말았다. (그러한 특수한 성격의 부대가 그 이상 오래 존속될 수는 없는 운명이었다.)"

고 똑같이 쓰고 있다. 보아라부대 존속 기간도 1951년 10월부터 1953년 4월까지 1년 6개월이라고 설명하고 있다.

1952년 9월 보아라부대 창설 1년만에 지전사가 해체되자 신 사령관은 떠날 수밖에 없었다. 새로운 사령관이 부임해서 해체되었다는 발상과 근거는 어디서 온 것일까? 신상묵 사령관이 보아라부대에 크게 기여한 점은 사실이다. 그러나 그의 개인 부대처럼 설명해서는 안 된다. 그것은 보아라부대의 실체, 다시 말하면 역사를 왜곡시키는 일이다.

군사작전을 '사건'으로 설명하는 사전

인터넷에 엄청난 정보가 쌓이고 유튜브를 통해 사소한 일까지 널리 알려지는 시대이다.

2022년 7월 현재까지도 네이버에서 보아라부대를 검색하면 다음과 같은 결과 하나가 출력된다.

설명 내용이 왜곡되어 있다고 앞에서 기술한 바 있다.

아울러 사전에 나와 있는 제목은 「보아라 부대 회문산 급습 사건」인데 제목부터 황당하다. 사건이란 "사회적으로 물의를 일으켜

주목을 받을 만한 뜻밖의 일"이며 법률적으로는 수사, 기소, 재판 등 사법 적용의 대상이 되는 일이다.

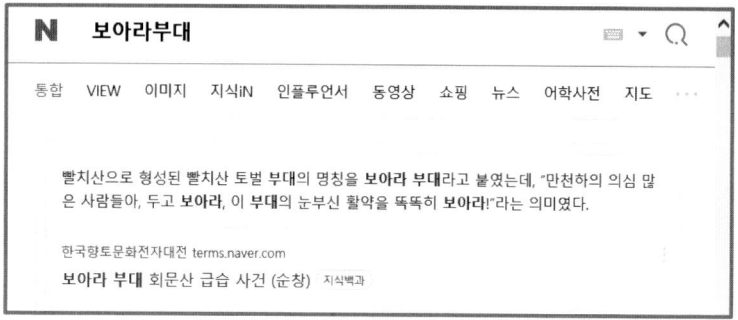

'회문산 급습 사건'이라니! '인천상륙사건' 또는 '함흥철수사건'이란 말 들어 보았나? 사정을 모르는 사람들이 제목만 본다면, 보아라부대가 사회적으로 물의를 일으킨 사건의 주범으로 알 것 같다. 불과 40명의 대원이 기관포까지 설치하고 위세를 부리던 빨치산 본부를 기습한 군사작전을 사건이라고 하니 어이가 없을 뿐이다. 빨치산이나 북한 입장에서는 사건으로 볼 수도 있겠다.

전시에 적을 물리치기 위한 작전이므로 '사건'이란 단어는 당연히 '작전'으로 바뀌어야 한다. 명색이 사전을 편찬하면서 그런 잘못된 단어를 사용한 것 자체가 보아라부대에 대한 부정적인 시각을 확산시키는데 한몫 하고 있다. 공신력이 요구되는 사전에 그런 제목을 붙였다는 점은, 은연중에 보아라부대에 대한 인식이 왜곡되도록 작용할 수 있다.

유튜브에서는 보아라부대로 검색되는 게 없다. 이는 보아라부대가 관심을 받지 못함은 물론 알려지지도 않고 있는 현실을 알 수 있게 해준다.

보아라부대에 대한 시선은 지금도

본문에서 보아라부대원이 해체 후 만날 기회를 갖지 못했다는 말을 거론했다. 4년 동안 생사를 같이 했던 전우라면, 사회에 나와서도 모임을 가질 만했지만 그렇지 못했다.

장인어른에게 그 이유를 물어보고 공감이 갔는데, 보아라부대에 대한 사회적 인식이 근본적인 문제였다. 보아라부대는 빨치산으로 여겼고, 아무리 예전의 일이었을지언정 빨치산은 대하기 거북한 존재였던 것이다. 그러니 전우를 만날 분위기가 조성되지 못했다.

이 책에서 수차 기술했듯이 보아라부대는 빨치산 출신이 소수였음에도 불구하고 전원 빨치산으로 조직된 부대라고 알려졌다. 지전사 등에서 과시용으로 알린 결과 그렇게 되고 말았다. 그래서 부대원들은 고향에 돌아가서도 보아라부대에 복무했다는 사실을 감추었다. 왜냐하면 보아라부대에 있었다고 말하면 빨치산으로 알고 거리감을 두었다는 것이다. 지금은 나아졌지만 과거 군사정권 시절에 '빨치산 출신'이라고 하면 거의 간첩 보듯이 했다. 따라서 부대원끼리 만나고 싶어도 연락하지 못했다.

전적지 답사여행을 하는 동안, 보아라부대에 대해서 아직까지도 부정적인 시각이 남아있다는 걸 느낀 적 있었다.

세 차례 답사여행을 하는 동안 여러 사람을 만났다. 장인어른이 한국전쟁 때 보아라부대에 근무했으며 빨치산을 잡았다고 말하면, 모두들 고생 많았다는 말과 함께 경의를 표했다. 특히 나이든 노인들은 함께 옛일을 회상하며 처음 만났어도 오래 알고 있던 전우를 대한 듯 반가워했다.

그런데 금성지서 앞에서 전투경찰 생활을 했다는 노인과 대화를 나눌 때였다.

장인어른이 금성여관이 있던 자리를 물었다. 오래전 전우를 만난 듯 반가워하던 노인은, 장인어른이 보아라부대원이었다고 말하자 표정이 싹 바뀌었다. 같이 대화하던 장인어른과 처남은 그걸 느끼지 못한 것 같았다.

그러나 몇 걸음 떨어져 있던 내게는 미세한 표정 변화가 읽혔고, 눈빛이 갑자기 바뀐 걸 알아챘다. 그 노인이 무의식중에 경계하는 듯한 표정을 띠었는데, 전투경찰 복무 중 보아라부대에 대해서 알고 있었다. 그렇다면 보아라부대가 빨치산으로 구성되었다고 알고 있었을 테고, 장인어른을 빨치산으로 여겼을 것이다. 60년 이상 세월이 흘렀지만 보아라부대에 대한 잔상은 여전히 빨치산이었고, 자기도 모르는 사이에 거리감을 두고 대해야 할 존재로 여겼던 것 같다.

왠지 씁쓸했다. 그것이 보아라부대에 대한 일반적인 인식이었을 것이다.

한국전쟁 동안 그 어느 부대보다 용감하게 싸웠고 훌륭한 전과를 올렸음에도 불구하고 그 존재가 파묻혀버린 보아라부대, 국군도 경찰도 지자체도 간과해버린 보아라부대, 정보의 홍수시대에도 그 존재가 희미해진 보아라부대.

보아라부대가 흔적을 남기지 못한 원인에 공감이 갔다. 부대원 스스로 드러내지 못할 형편이었으니 누가 실상에 관심을 가졌겠는가. 이제 산 증인들이 사라지고 있으니 실로 안타까운 일이다.

거듭 강조하지만 나는 장인어른 기억이 사실이라고 확신한다. 다만 착각에 의해, 기억의 편린이 다른 곳에 들어갔을 수는 있다. 그것을 이제 와서 정확하게 파악하기란 불가능하다. 혹시 생존한 보아라부대원이 있어, 이 책의 내용을 보완하거나 바로잡을 내용을 제보해주면 고맙겠다.

장인어른 증언 이외에 내가 쓴 해설에 대해서는 논란의 여지가 있을 수 있다. 독자가 가진 가치관에 의해 달리 볼 수 있기 때문이다. 기술된 내용 중 마음에 들지 않는 부분에 대해서는 당시 상황을 폭넓은 시각으로 관조하는 차원에서 이해해주기 바란다.

이 책 출판이 묻혀 있던 보아라부대의 역사가 새로이 조명 받고 정당한 평가와 사후조치가 이루어지는 초석이 되길 바란다.

사관의 심정으로

세계기록유산 조선왕조실록, 이를 기록한 사관들은 목숨을 내놓고 사실을 기록했다. 절대권력을 가진 왕에 대해 기술하다보면 그 위신을 깎아먹는 내용도 있었을 것인데, 그것을 사실대로 기록하다가는 목이 잘릴 수 있었다. 실제로 선비들이 대규모로 처형당한 연산군 시절 1448년 무오사화는, 실록의 기초가 되는 사초로 말미암아 발생했다.

이 책에는 알려지지 않은 새로운 사실이 많다. 기존의 통념을 바꾸거나 뒤집는 사실이 세상에 나오면 비판이나 반발을 감수해야 한다. 새로운 사실을 발표한다는 것은 그런 리스크를 갖고 있다. 그것이 두려워 밝히지 못한다면 역사의 발전이 있을 수 없다는 작가적 사명을 갖고 집필했다고 감히 말할 수 있다.

이 책을 쓰면서 사실로 믿어 의심치 않은 구술, 이 책의 가치를 높여줄 내용이지만 넣지 않은 이야기가 꽤 많다. 그럼에도 불구하고 일부 사람들이 보기에는 불편한 내용이 곳곳에 있을 수 있다.

예를 들어서 한국전쟁 초기에 인민군보다 대한민국 군경이 무서워서 피난을 가지 않았다든지, 마을에 진주한 인민군이 주민들에게 선행으로 환심을 샀다는 내용은, 속 좁은 극우인사들에게 불쾌감을 줄 수도 있다. 또 국군 11사단이 양민을 살해하여 원성을 샀다는 내용에 화를 내며 나를 빨치산을 옹호하는 용공분자로 여기는 사람도 있을 수 있다. 아울러 '반공을 국시'로 삼았던 시기를 겪은 기성세대들이, 빨치산을 옹호한다고 지탄할 표현이 도처에 있다.

혹시 이 책의 내용이 좌익에 치우쳤다는 의심이 드는 독자가 있다면, 「진실·화해를 위한 과거사정리위원회」의 보고서를 살펴보기 바란다. 그 내용을 본다면 광복 직후 발생한 제주 4·3, 여수순천, 그리고 한국전쟁 시기에 발생한 양민학살사건 등을 조사한 정부 관계자들을 몽땅 빨갱이라고 치부할지도 모르겠다.

어쨌든 논란이 될 내용을 굳이 책에 넣지 않아도 쓸 수는 있다. 그러나 일부 편협한 독자의 시각을 의식하여 사실을 덮어버린다면 보아라부대의 활동을 복원하는 의미가 크게 퇴색되고 만다.

책 곳곳에 역사적 사실에 대한 나의 해석이 들어있다. 그것은 작가적 양심에서 역사적 사실을 냉철하게 본 것으로 작가의 의무이며 책임감이고 후세를 위한 '사료'이다.

아무토록 미시적 시각에서 마음에 들지 않는 표현이라고 매도하지만 말고, 거시적 시각에서 시대상황을 이해하는 것으로 받아들이길 간곡하게 부탁한다.

2. 전적지 답사여행

이 책은 회고록으로 장인어른인 구술자가 겪은 일을 공동저자인 내가 녹취하고 편집자 시각에서 구성하면서 해설을 곁들였다. 따라서 이 책의 뼈대는 장인어른의 경험이며 뛰어난 기억력 덕에 내용이 충실해질 수 있었다.

그러나 구술에만 의존하자니 사실감을 제대로 묘사할 수 없었다. 60년 이상 세월이 흘렀지만 느낌을 좀 더 생생하게 표현하기 위해 3차에 걸쳐 현장을 답사했다.

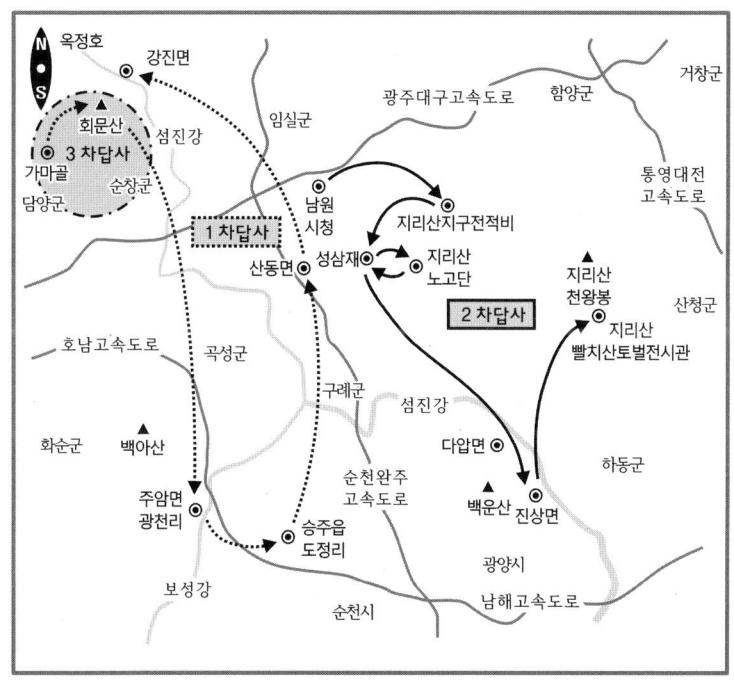

전적지 답사 여행
(1차: 2016.12.29., 2차: 2017.3.11., 3차: 2017.9.9.)

보아라부대 작전지역은 대부분 깊은 산중이었으므로 예전 모습이 크게 바뀌지 않았다. 다만 남원시내, 담양군 금성지서는 옛 자취가 사라지고 없었다. 그리고 당시 침투경로 그대로 발길을 옮기고 싶었지만 고령의 장인어른이 감당하기 힘들고 일정이 빠듯해서 엄두를 내지 못했다. 다만 정식 보아라부대원이 되어 처음 참가했으며 보아라부대 사상 최대의 전과를 올린 가마골 현장만은 노구에도 불구하고 올라가는 집념을 보았다.

현장을 답사하면서 그때를 기억하고 있는 고령의 노인들을 만났다. 대화를 나누며 옛일을 회상하는 모습을 보면, 초면에도 불구하고 오랫동안 알던 지인처럼 보였다. 아울러 그 분들로부터 장인어른에게 듣지 못한 사실을 알게 된 점도 있어서 집필에 도움이 되었다.

1차 전적지 답사

2016년이 저물어 가던 12월 29일, 장인어른과 아들, 둘째 딸, 둘째 사위인 나, 넷이 전적지 답사여행에 나섰다.

엄동설한, 초목도 얼어붙은 계절에 왜 찾아갔을까? 보아라부대가 큰 성과를 낸 전투는 주로 겨울에 있었다. 그때 분위기를 조금이라도 실감하려면 겨울이어야 했다.

- 황량한 옛집에 들렀다가 가마골로

순창읍에서 출발해서 가마골로 가는 길에 순창읍 구림면 성곡리에 있는 옛집에 들렀다. 장인어른이 고향을 떠난 이후 아버지와 형이 살다가 면소재지인 운남리로 이사하였다. 그 집에서 살지는 않았지만 집수리도 해주었으니 손때가 많이 묻어 있었을 것이다. 가마골 가는 길에 잠깐 들렀다.

장인어른의 아버지는 그 집에서 살다가 돌아가셨고 형도 그곳을 떠나 다른 곳으로 이주했으며 이후 빈집으로 방치되었다. 이사 갈 때 넣어둔 살림살이가 방안에 방치되어 있고 이웃집에서 관리하고 있었다.

옛집의 추억을 뒤로하고 담양군 용면에 있는 가마골로 이동했다.

순창읍 구림면 운남리 옛집

가마골 입구에 있는 생태공원관리소

가마골은 보아라부대 사상 최대 전과를 올린 곳이다.

담양군이 운영하는 가마골생태공원에 들어서자 통나무로 지은 멋진 건물이 맞이했다. 건축할 때는 카페로 지었으나 운영할 사람이 없어서 공원관리소로 쓰이고 있었다.

탐방객이 전혀 없었고 눈길이 얼어 있었으며 날씨가 추웠다.

겨울에도 불구하고 흘러내린 계곡물이 아담한 폭포에서 콸콸 소리 내며 떨어지고 있었다. 입석에 '영산강의 발원지 용소'라는 글자가 선명했다. 맑은 물이 발을 담가보라고 유혹하는 듯했다.

용소　　　　　　　　　사령관계곡 입구

　눈이 얼어붙은 계곡길을 잠시 올라가자 '사령부동굴터'라는 안내판이 나왔다. 바로 거기였다. 1951년 11월 보아라부대가 기습하여 최대의 전과를 올린 곳! 빨치산 사령부가 부상을 입고 죽어가는 동료들을 조용한 곳으로 끌고 가서, "인민공화국 만세"를 외치게 하고 그들 방식대로 '안락사'시켰던 곳이다. 썰렁한 겨울산 어디엔가 그들의 유골이 남아있을지도 모를 일이다. 또한 1951년 8월 군경합동 토벌작전이 벌어졌을 때 군경과 빨치산의 사망자 및 부상자가 1,200명 넘었다. 그 일대는 그들이 흘린 피로 얼룩졌을 것이다.
　침투현장으로 올라가는 오솔길에 군데군데 눈이 쌓여있었다. 마음 같아서는 현장을 가보고 싶었으나 길이 미끄러웠다.
　"날씨 좋을 때 한번 가보자."
　"그러죠. 봄에 다시 와요. 얼마 되지 않으니까 살살 올라가면 될 겁니다."
　아쉬움을 뒤로 하고 그쯤에서 발길을 돌렸다.
　관리사무소에 들렀다. 분위기 있는 벽난로의 온기가 맞이해주었다. 직원이 한가한 듯 우리 일행을 반갑게 맞이했다. 이차저차 해서 왔다고 말하니 관심을 갖고 들어주며 벽난로에서 따끈따끈한 군

고구마와 차를 내왔다. 겨울 산에서 움츠러든 몸이 풀렸다.

관리사무소 직원과 담소. 왼쪽 아들과 둘째딸, 오른쪽 장인어른

관리사무소에서 나와 담양군 금성면으로 향했다. 가마골에 이르는 계곡은 담양호에 잠겨 있어 굽이굽이 돌아 금성지서에 도착했다.

지서는 깔끔하게 신축되어서 주위에 있었다는 해자 자취가 전혀 남아있지 않았다. 가마골 작전을 마치고 휴식을 취했던 금성여관은 헐리고 없었다. 몇 사람에게 물어보았지만 여관이 없었다니 꽤 오래 전에 헐린 모양이었다.

그런데 80대 후반의 한 노인이 한국전쟁 때 담양지서 전투경찰로 참전했다면서 금성여관이 있던 자리를 알려주었다. 뿐만 아니라 보아라부대의 존재를 알고 있어서 장인어른과 함께 옛일을 회상했다.

• 회문산

일행이 회문산으로 이동하여 안시내를 지나 내안골 입구에 주차했다.

차 타고 몇 분 만에 휙 갈 수 있는 그 길을, 작전할 때는 얼마나 조마조마한 마음으로 가슴 졸이며 갔을까? 열일곱 살 때 처음으로 총을 들고 나선 전투였다. 비가 내리는 칠흑 같은 어둠 속에서 언제 날아올지 모르는 적탄에 신경을 곤두세우며 발걸음을 떼었을 것이다.

회문산 전적비가 맞이했다. 한국전쟁 발발 이후 1954년 12월까지 4년 6개월 동안 700여 회나 되는 전투가 있었다니, 하루걸러 전투가 벌어졌던 셈이다. 그리고 전사하거나 부상당한 경찰이 2,500명, 즉 이틀에 세 명 꼴로 사상자가 발생했다. 그렇다면 얼마나 많은 빨치산이 피를 흘리며 쓰러졌을까, 또 얼마나 많은 양민이 피해를 입었을까? 지리산은 넓기나 하지, 밀도로 치자면 회문산이

회문산 내안골에 있는 회문산 전적비

야말로 가장 치열한 비정규전 현장이었다.

　산으로 꽤 들어간 곳에 회문산 자연휴양림 주차장이 있고, 불과 10분 만에 전북도당사령부가 있던 곳까지 걸어갈 수 있었다. 현재 회문산역사관이 있는 곳보다 약간 위쪽이다. 그쯤에서 1953년 5월 항미연대를 공격할 때 내려온 능선이 빤히 보였다. 거기까지 불과 200~300미터나 될까? 마음 같아서는 올라가서 사방을 둘러보고 싶었다.

　회문산역사관에는 순창지역의 역사와 빨치산 시설 모형이 전시되어 있었다. 겨울철 해가 빨리 떨어지는 산에서 시간에 쫓겨 다음 일정을 서둘렀다.

　주차장에서 내려와 만일사로 넘어가는 길로 들어섰다. 건너편에 지들재로 올라가는 꼬부랑 고갯길이 선명했다. 회문산 2차 작전을 마치고 철수했던 길이다. 여름에는 녹음에 가려 보이지 않을 텐데 눈이 얼어 있어 잘 보였다.

　만일사로 가는 좁은 비포장길은 눈이 녹지 않은 곳이 있어 위험

회문산에서 본 지들재, 성미산과 무직산 사이에 있다.
눈이 녹지 않은 고갯길이 보인다.

했다. 조심해서 만일사로 이동하다보니까 산안마을에서 올라오는 길이 제길이었다.

순창고추장의 시원지라는 만일사, 종루 옆에 큼직한 항아리들이 소담스럽게 놓여 있었다.

만일사 전경과 만일사비

장인어른에게 보다 의미 있는 장소는 만일사 아래에 있는 산안마을이다. 산안마을은 1951년 9월~10월 보아라부대가 두 차례에 걸쳐 침투했던 곳으로 전북도당 정치보위부 첩보부대 중대장 둘을 사로잡은 곳이다.

저녁이 되어 마음이 급했기 때문에 베틀마을로 바로 이동하는 바람에 체포 장소를 지나치고 말았다. 다음에 갈 때 돌아보기로 했다.

베틀마을은 어려서부터 한국전쟁기까지 살던 곳이다. 친구들과 놀던 추억이 서려있고 빨치산에게 수차례 끌려간 기억이 생생한 곳이다. 장인어른이 알던 노인을 찾아갔다. 장인어른보다 연상이었고 반가움을 표현하긴 했으나 너무 연로한 탓에 의사표현이 자유롭지 못했다.

산안마을

베틀마을

• 총사고지

다음날 아침 쌀쌀한 아침 공기를 맞으며 길을 나섰다. 순창에서 곡성을 거치는 27번 국도는 섬진강을 끼고 이어진다. 25번 순천완주고속도로와 나란히 달리며 도중에 보성강을 만난다.

장엄한 자태로 길게 늘어선 백아산 줄기가 끝난 곳에 순천시 주암면이 있다. 장인어른은 옥과, 석곡 등 익숙한 지명 안내판을 볼 때마다 회상에 잠긴 듯했다.

백아산 작전의 베이스캠프였던 주암면 광천리. 부대장 숙소와 부대원 숙소, 두 개를 얻었는데 부대원 숙소는 옛 모습 그대로 남아 있었다. 장인어른은 사람이 살지 않는 듯한 집을 들여다보며 추억에 잠겼다. 부대장 숙소 자리에는 신축한 건물이 들어섰다. 그 집에 사는 노인은 한국전쟁 당시에 그 마을에 살았으므로 빨치산이 준동하던 시절을 기억하고 있었다. 다만 서로 직접 대면한 기억이 없는 점이 아쉬웠다.

그리고 넉 달 동안 치료받았던 집은 신축되어 옛 자취를 찾을 수 없었다. 그 집에서 치료해주었던 가족은 전쟁이 끝난 후 백록마을로 돌아갔다니까 거기 가서 수소문하면 혹시 만날 수 있을지 모르지만 백아산 총사고지로 향했다.

광천리에서 북쪽으로 약 3km 들어가자 운룡리 초입에 이르렀고 양쪽으로 긴 능선이 시작되었으니 백아산 남쪽 끝자락이다. 왼쪽 능선 어디쯤에 백아산 전투에서 전사한 차근동 순경을 매장했고 이어지는 능선이 전남 유격사령부 병기과 침투로였다.

계곡길을 따라 운룡리를 지나서 산 초입에 있는 용두마을에 도착했다. 작전 당시 그쪽으로 가지 않고 밤에 능선으로 올랐던지라 마을이 있는지 알지 못했다고 했다. 멀리 우뚝 솟은 봉우리가 총사고지 같다고 생각했지만 확신하지 못했다.

마침 어떤 할머니가 지나가기에 장인어른이 물어보았다.

"저게 총사고지 맞습니까?"

"마저요!"

전남도당 총사령부에서 유래한 듯한 총사고지란 지명은, 지도에 나오지 않고 곡성군 홈페이지에 있는 글에 한번 언급되어 있었고 마을사람들만 알고 있는 지명이다. 두 사람은 총사고지를 묻고 대답하는 것만으로도 교감이 통하는 듯했다.

할머니가 한 곳을 가리키며 말했다.

"저기 곡식을 숨겼는데 그놈들이 저 위에서 망원경으로 감시했던지 와서 싹 가져가 버렸잖우."

용두마을에 살던 주민들은 피난 갔다가 빨치산이 근절된 후 돌아왔다고 했다.

장인어른과 할머니는 초면인데도 불구하고 잘 알고 지내던 이웃처럼 대화를 나누었다. 그 모습이 참으로 훈훈하게 보였다.

● 축내저수지

다음 이어진 여정은 경남도당위원장을 생포한 순천시 승주읍 도정리였다.

다른 곳은 행정지역명이 바뀌지 않아서 찾기 쉬웠다. 그러나 '쌍암'이란 지명이 순천시에 없었다. 기억만으로 찾아가자 쌍암장터가 나왔다. 알고 보니 승주군 쌍암면이 순천시에 합병되면서 승주읍으로 바뀌었다.

쌍암장터에서 식사하면서 몇몇 주민에게 쌍암저수지 위치를 물어보았다. 주변에 저수지가 많다보

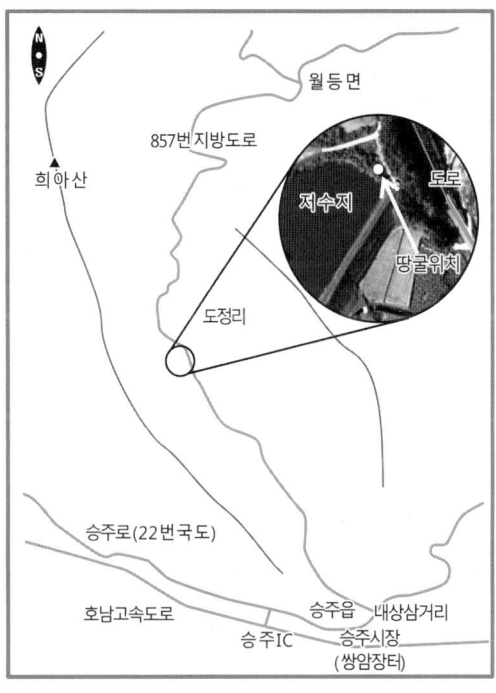

축내저수지

2. 전적지 답사여행 • *381*

니 여기저기 알려주는데 헷갈리기만 할 뿐이었다.

"양쪽으로 능선이 길게 있고 산에 저수지가 있었는데."

"요짝에 있는 거 말하는 건가? 저짝에도 있는디."

일단 승주로(22번 국도)를 따라 찾아 나섰다. 장인어른이 도로변에 있는 낡은 집을 가리켰다. 거기 살던 할아버지가 한방으로 부대원을 치료해주었다고 하니 그 근처가 틀림없었다.

곧 내상삼거리가 나왔다.

"길에서 한참 들어갔는데……."

구례로 가는 857번 지방도로로 약 4~5km 들어갔다. 얕은 능선 사이로 계곡이 이어졌지만 개울이 보이지 않았다. 저수지가 있다면 그 아래에 개울이 있을 텐데 아무리 살펴도 없었다.

고령의 할아버지가 버스정류장에 앉아 있기에 몇 번 물어보아도 말귀를 알아듣지 못하더니 우물우물 모른다고 대답했다.

길을 되돌려 나왔다. 약 한 시간 동안 국도에서 빠지는 길마다 들락날락해도 도대체 저수지가 나오지 않았다.

"아버님, 아까 그 길로 가면 구례가 나오니까 다시 가도록 하겠습니다. 가다가 저수지가 있으면 좋고 없으면 그냥 올라가죠."

"그래라."

그렇게 해서 다시 내상삼거리에서 857번 지방도로로 들어갔다. 약 6km 들어갔을 때 장인어른이 소리쳤다.

"여기야, 여기!"

거기까지 찾아갔다가 허탕 치는 줄 알았는데 찾게 되어 다행이었다.

한 시간 전에 왔던 곳에서 불과 1km도 더 가지 않았는데 왼편에 방죽이 있고 작은 저수지가 있었다. 겨울철 갈수기인 관계로 흐르는 물이 없었고 멀리서 봤을 때 오래된 저수지 방죽이 산능선처럼 보여서 발길을 돌리고 말았던 것이다. 그 할아버지가 옳게 대답해주었다면 한 시간 이상 헤매는 수고를 하지 않았을 것을. 저수지 이름은 축내저수지였다.

저수지옆 대나무와 도로 사이에
땅굴이 있었다.

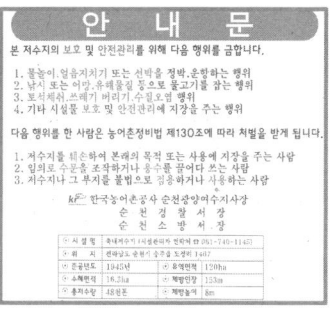
축내저수지 안내문

지금은 농로와 저수지 사이, 10미터 남짓 좁은 공간에 열여섯 명이나 숨었던 땅굴이 있으리라곤 상상하기 힘들다. 서남전경대 1,500명이 작전을 마치는 날까지 그 일대를 집중 수색했어도 찾지 못할 만했다.

허리 높이의 산죽만 있었다던 곳에 대나무가 높이 자랐고 땅굴 흔적은 없었다. 열여섯 명이 생활했던 공간이니 좁지 않을 테고, 당시 미처 수습收拾하지 못한 물건 조각이 묻혀 있을 것 같은 기분이 들었다. 먼 훗날 혹시 그곳을 발굴한다면 한국전쟁 유적으로 여길지 모르겠다.

• **중동마을과 섬진강**

우리는 축내저수지를 돌아보고 나서 구례 쪽으로 방향을 잡았고,

곧 19번 국도로 접어들었다. 19번 국도는 구례에서 지리산 서쪽을 통해 남원으로 연결된다.

섬진강 건너편으로 지리산 영봉을 거느린 노고단이 위엄한 자태를 드러냈다. 책에는 노고단 전투 하나만 소개했지만 보아라부대 시절 수없이 출동했던 그 일대를 어찌 둘러보고 싶은 심정이 들지 않으랴. 일정이 바빴지만 슬쩍 물어보았다.

"아버님, 산동마을에 잠깐 들러볼까요? 길에서 조금만 들어가면 됩니다."

"그러자!"

우리나라 산수유의 주산지 구례군 산동면. 입구에 온천관광단지가 들어섰다. 거기서 더 들어가자 아담한 중동초등학교가 있었다. 홍주승 등 중동마을에서 입대한 대원들이 다녔을 것이다.

노고단으로 오르는 길은 아스팔트 포장이 되어 있어 옛날 자취를 찾을 수 없었다. 잠시 차를 대놓고 둘러볼 때 마을 사람 한 분이 다가왔다.

아무도 없는 겨울날 오후에 그곳을 서성이는 우리에게 말을 걸어왔다. 만복대가 어디고 무넹기가 어디쯤이라며 잠시 대화를 나누고 나서 차에 올랐다.

지리산 일대는 워낙 가봐야 할 곳이 많아서 다음 기회로 미루고 임실로 향했다. 회문산 내안골에서 항미연대를 기습하고 철수하다가 역습 받은 섬진강 중류로 방향을 잡았다.

남원을 경유해서 순창을 지나 임실군 강진면, 목적지에 도착했다. 회문산 북쪽 급경사면 아래, 옥정호 물이 섬진강댐에서 나와서 임실, 곡성으로 흘러가는 곳이다. 장인어른이 강 건너 오디를 따먹던 대원을 관찰하던 지점에 차를 세웠다.

유유히 흐르는 섬진강, 얼핏 보면 어디가 상류인지 모를 정도니 한적하고 평화롭기만 하다.

"왜 아버님 혼자 건너왔습니까? 동료들은 배가 고파서 오디를 따먹고 있었다면서요."

"그냥 먹기 싫더라구."

살다보면 우연한 계기가 결정적으로 좌우하기도 한다. 만약 그때 다른 대원들처럼 오디를 따먹고 있었다면 어떻게 됐을까? 보아라부대의 특기인 기습공격을 역으로 받아 큰 피해를 입을 뻔했다.

그쯤에서 첫 번째 전적지 답사여행을 마쳤다. 4년에 걸친 보아라부대 시절에 얼마나 많은 계곡과 산을 누볐을까? 여행 중 느낀 점은 추억이 깃든 곳을 빠짐없이 들르길 바란다는 사실이었다. 60여년 만에 갔으니 어찌 그 현장을 보고 싶지 않으랴. 우리 일행이 생업에 쫓기지만 않았다면 며칠이고 돌아보겠지만 시간이 없어 유감이었다.

2차 전적지 답사

2017년 3월 11일 추위가 물러갔다.

지리산 주위로 2차 전적지 답사 일정을 잡았다. 멤버는 1차와 동일한 넷이었다.

한국전쟁에서 '지리산 전투'라고 하면, 빨치산 토벌을 의미한다. 당시 지리산은 산발적으로 전투가 벌어지던 비정규전, 게릴라전 현장이었다.

보아라부대 역시 지리산으로 수십 번 출동했다. 본문에서 천왕봉 경남도당 연락과 공격과 노고단 작전만 언급했다. 그 외에는 큰 전과를 올리지 못했고 특별한 기억이 떠오르지 않았을 뿐 수시로 지리산에서 작전을 수행했다.

그런데 장인어른은 생각보다 지리산 주위 지명을 적게 알고 있었다. 지리산 능선과 계곡을 누비며 때로는 산에서 비박했다. 그렇다면 지명을 잘 알고 있음직한데 왜 그럴까?

왜냐하면 주로 야간에 이동했기 때문이다. 캄캄한 밤에 안내원을 따라 이동했으니 어디가 어디인지 몰랐던 것이다.

- **남원시, 지리산지구전적비**

일행이 오전 11시쯤 남원시청에 도착했다. 지전사가 있던 자리에는 남원시청이 신축되었다.

남원시청 건너편에 10여 년 전까지만 해도 이흥여관으로 쓰이던 2층 목조건물이 남아 있었단다. 지금은 새 건물이 들어섰다. 그 옆은 남원역 광장이었고 철로가 있었는데, 역이 옮겨가면서 철로만 좁은 이면도로로 바뀌었다.

오른쪽 가운데는 남원시청. 왼쪽 뒤쪽 건물이 이흥여관이 있던 자리

1차 전적지 답사를 마치고 돌아올 때,

"노고단 아래까지 길이 있다고 하던데? 운봉이나 구례에서 갈 수 있고."

라고 말하는 걸 유심히 들어두었다.

　노고단에 오르고 싶을 터, 남원시 산내면에서 달궁계곡을 통해 성삼재에 이르는 '지리산로'로 여정을 잡았다.

　나는 지리산과 섬진강 일대를 꽤 여러 번 여행했다. 그 덕에 답사 경로를 쉽게 잡았고 표지판만 보고 길을 제대로 찾을 수 있었다.

　도중에 산내면 소재지에 들렀다. 보아라부대 제2대 의무관 최순학 씨가 산내면에 산다는 말을 들었기 때문이다. 60여 년 만에 옛 전우를 만날 기대를 갖고 가게로 들어가서 수소문했다. 그러나 아쉽게도 20년 전에 돌아가셨다는 말을 들었다. 보아라부대 전우들이 살아있다면 90세 전후이니 얼마나 살아 있을지. 옛 전우를 만날 수 있으리라는 기대가 무산되었다. 아쉬움을 안고 산내면 부운리 반선마을에 들렀다.

　뱀사골 입구에 있는 반선마을은 1949년 여수순천사건 반란군 대장 김지회와 홍순석이 사망한 곳이다. 반선마을 식당주인의 신고를 받고 출동한 토벌대가 김지회 등을 사살함으로써 약 1년간 지속됐던 반란이 종지부를 찍었다. 이후 빨치산이 복수에 나서서 그 식당주인을 처참하게 살해했다는 글귀를 어디선가 보았다.

　지리산국립공원 북부사무소와 지리산지구전적비, 그리고 충혼탑이 반선마을에 있다. 토벌작전에서 숨진 군경 및 민간인 7,268위位의 위패와 명단이 있어 그 혼을 위로하고 있다.

지리산지구전적비   토벌작전에서 숨진 군경과 민간인의 명단 앞에서

반선마을에서 달궁계곡으로 들어섰다. 지리산 북서쪽인 그 일대는 민가가 적다보니 보급사업을 다니지 않아서 충돌이 없었단다.

심원마을 입구에서 잠시 정차했다. 산세를 둘러보더니 혼잣말하듯이,

"대수말 같은데……."

라고 말하자, 처남이 스마트폰으로 검색했다.

"맞습니다! 대수말."

역시 장인어른의 기억력이 뛰어났다. 보아라부대는 그 지역을 통해서 만복대와 노고단으로 수차례 출동했단다. 산 모양과 함께 기억된 지명, 수십 년 전에 각인된 지명이, 산세를 보자 봉인이 해제된 것이다.

• 노고단

일행이 성삼재에 도착했다. 자동차로 지리산에 접근할 수 있는 가장 높은 곳인 성삼재는 해발 1,100m에 있다. 약 400m만 더 올라가면 노고단에 이른다. 2.7km에 이르는 등산로는 완만하고 잘

정비되어 있어서 많은 등산객이 찾고 있다.

3월 중순까지도 등산로 입구에 쌓인 눈이 녹지 않았다. 양지는 눈이 녹아 질퍽였고 음지는 눈길이었다. 보아라부대가 작전하던 때에는 눈이 2미터까지 쌓였으며 4월까지 녹지 않았다고 한다.

성삼재에서 시작되는 노고단 등산로. 3월 중순이 되었는데도 눈이 녹지 않았다.

수많은 등산객이 오르내리고 있었지만, 가장 나이가 들어 보이는 사람도 60대, 장인어른보다 한참 젊게 보였다. 평소 등산으로 단련된 몸이지만 80대 연로한 몸으로 노고단길은 만만치 않아서 자주 쉬면서 올라갔다.

드디어 노고단 정상 돌탑에 도착했다. 1953년 겨울, 빨치산 토치카가 있던 자리! 지금은 평탄하게 정리하고 돌탑을 쌓아놓았지만

노고단 정상.
돌탑 근처에 있던 토치카를 폭파시키던 기억을 더듬으며.

그때는 큰 바위가 있었고 그 위에 토치카가 있었다. 바위를 엄폐물로 불과 몇 미터 위에 있던 빨치산과 총격전을 벌였다. 휴대했던 탄약을 모두 소진하고 마지막 몇 발 남았을 때 자살폭탄이라고 불리던 진공탄을 던졌다. 토치카 위에서 공중폭발을 일으켰고 그 충격으로 안에 있던 빨치산 6명이 즉사했다.

돌탑 앞에서 기념사진을 찍는 등산객들은 그저 포토존으로 여기리라.

천왕봉이 미세먼지로 뿌연 하늘 멀리 보였다.

노고단에서 약 27km 떨어진 천왕봉이 희미하게 보인다.
왼쪽은 반야봉

장인어른이 빤히 보이는 반야봉을 가리키며 말했다.

"가까운 것처럼 보이지? 저기 가려면 하루 종일 걸려."

60년도 넘은 옛날, 며칠 분 식량을 지고 수없이 오르내렸다는 지리산, 그때를 회상하고 있었다.

- 백운산 자락

성삼재에서 구례 방향으로 내려가자 19번 국도가 맞이한다. 19번 국도는 경남 남해에서 하동, 전남 구례, 전북 남원, 무주, 충북

영동, 옥천, 충주, 강원 원주, 횡성, 홍천까지 이어진다. 개발이 덜 된 지역을 주로 지나므로 운치가 있다. 요즘은 국도가 직선화되면서 예전만 못하다.

섬진강 건너 백운산 산줄기가 이어진다. 곳곳에서 빛나는 전과를 올린 보아라부대가 유독 성과를 올리지 못하고 희생자를 냈던 백운산. 동료들을 잃은 아픈 과거가 떠오르는지 굳이 답사를 고집하지 않았다.

화개에서 남도대교를 건너 광양군에 진입했다. 도로 양쪽에 매화가 만발했고 향긋한 매화향기가 차 안까지 스며든다.

해가 뉘엿뉘엿 기울고 있어 마음이 급한데 뻥 뚫렸던 도로가 갑자기 막혔다. 매화마을 축제에 참석한 차가 몰린 탓이었다. 관광길이었다면 잠시 내려서 매화향에 취할 기회를 가졌을 텐데.

섬진교에 이르러 신원삼거리에서 차를 세웠다. 광양군 다압면 신원리로 보아라부대장 문순묵의 처가동네이다. 마을입구 가게에 들어가서 수소문 했지만 워낙 오래 전 일이라 아는 사람이 없었다. 마을에 들어가서 노인들에게 물어보면 혹시 아는 분이 있을지 모르지만 다음날 일정으로 인해 지리산 천왕봉 아래, 산청군 시천면 중산리로 이동했다.

- **천왕봉을 바라보며**

전날 저녁 중산리로 이동한 이유는 '지리산 빨치산토벌전시관'에 들르기 위해서였다.

지리산 맑은 아침 공기가 상쾌하게 맞아주었다. 전날 밤 하동에서 삼성궁 산길을 넘어 중산리로 이동한 탓에 주변 산세를 살필 수 없었다.

답사여행 동안 장인어른은 지명보다 산세를 보고 전적지를 찾아갔기에 산과 능선 모양을 보는 것이 중요했는데 유감이었다. 장인어른은 중산리란 지명을 모르고 있었고 전시관에 있다고 해서 따라오셨다.

전시관은 9시부터 입장할 수 있었다. 아침을 먹고 갔는데도 8시가 되지 않았다. 야외 전시물만 살펴보았다. 먼 일정을 고려하여 귀갓길에 나서기로 했다.

중산리에서 시천면으로 나오자 그때서야 산세를 보고 옛 기억을 떠올렸다. 주로 북쪽 능선을 통해 천왕봉에 올라갔다가 남쪽 계곡으로 하산했다며 손짓을 했는데, 바로 방금 내려온 중산리 방향이었다. 65년 전 보아라부대 시절 천왕봉에서 내려오던 하산길이었지만, 잘 닦인 도로로 내려오다 보니 몰랐던 것이다.

그래서 다시 중산리로 들어가서 마을 사람을 만났다. 멀리 희미하게 보이는 산봉우리를 가리키며 물었다.

"저게 천왕봉입니까?"

"맞습니더!"

천왕봉을 말없이 바라보았다. 경남도당 연락과 등 수차례 작전을

경남 산청군 시천면 중산리. 멀리 천왕봉이 보인다.

벌였던 천왕봉이었으니 어찌 감회가 새롭지 않겠는가!

연로한 몸에 그곳까지 갈 수는 없지만 한 걸음이라도 더 가까이 가서 천왕봉을 보기 위해 중산리 민박촌에서 산길로 1~2km 들어갔다. 그렇게 천왕봉을 조금 가까이에서 쳐다보고 중산리로 내려오자 9시가 넘었고 전시관 문이 열려 있었다.

- **지리산 빨치산토벌전시관**

답사여행에서 빨치산토벌전시관에 큰 의미를 두지 않았다. 다만 소식 기관단총 등 각종 무기류에 관심을 두고 갔다. 전시된 무기에 그 기관단총은 없었다.

장인어른은 야외에 전시된 조형물에 관심을 두었다. 특히 빨치산 동상을 톡톡 치면서 "내려가서 자수해라"라고 말하는 유머감각을 보여주었다.

전시관 둘러보기를 마지막으로 2차 답사여행을 마치고 귀가했다.

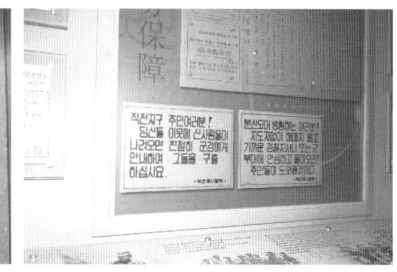

지리산 빨치산토벌전시관 전시물

3차 전적지 답사

　책 초고를 완성할 무렵, 장인어른이 순창에 한번 더 다녀오고 싶다고 말씀하셨다. 이제 연세도 연세이니 만큼 움직일 수 있을 때 고향마을에 가서 친지도 만나보고 전적지도 더 둘러보고 싶었으리라. 1차 답사 때 모두 갔던 곳이었지만 다시 들러서 자세한 설명을 듣기로 했다. 특히 1차 답사에서 미루었던 가마골 사령관계곡을 올라가보고, 회문산 작전에서 100부내 중대장 둘을 사로삽던 상황을 듣는 게 3차 답사의 핵심이었다.

　공교롭게도 인민군 창설기념일이며 북한 수소폭탄 핵실험으로 인해 국내외 관심이 고조되던 2017년 9월 9일, 1차 및 2차 답사와 동일한 네 명이 순창길에 나섰다.

• 베틀마을에서 산안마을로

장인어른은 처남이 모시고 가고, 나와 아내는 우리 집에서 각각 출발하여 구림면 금천리에서 만나기로 했다.

우리는 서해안고속도로 부안IC에서 국도로 나갔다. 신태인읍, 칠보면, 옥정호를 지나는 길로 노정을 잡았다.

한적한 농촌 풍경을 보며 칠보면에 들어서자 유역변경식 섬진강발전소의 거대한 수로가 눈에 들어왔다. 섬진강댐으로 생긴 옥정호 물을 이용해서 수력발전을 하는 곳이다. 일제강점기에 발전소 건설공사를 시작했다가 해방으로 중단되었고, 정부보조로 힘들게 완공되었다가 한국전쟁 때 시설이 파괴되는 등 우여곡절이 있었다. 종전 이후 발전용량이 증설되어 연간 1억 8,000만 kWh의 전력을 발전하고 있다.

한국전쟁 때 그곳을 두고 토벌대와 빨치산이 치열한 전투를 벌이던 상황은 「또 하나의 전쟁」에 실감나게 묘사되어 있다. 75명의 토벌대가 2,000여명의 빨치산을 상대로 승리를 거둔 기적 같은 전투 과정에서, 아군과 적군이 국가 중요시설을 파괴하지 않기 위해 서로 노력했다는 전설 같은 이야기를 간직하고 있다.

회문산 자락에 접어드니 옥정호 드라이브 길이다. 드라마 「대장금」 장금이의 고향이라는 장금리에 이르자 회문산이 눈앞에 다가왔으니 정읍시 종성리 일대이다. 바로 장인어른이 태어난 곳이다. 첩첩산중 어디엔가 생가터라도 남아있을까? 어릴 적 기억이 없다고 해도 감회가 남다르리라. 사실재 터널을 통과했다. 쌍치면을 통해서 구림면으로 연결될 것이라 짐작했는데 바로 장군봉 서쪽을 넘어 구림면 베틀마을이 나왔다.

금천리 작은다리목에 놓인 다리 옆에 장인어른과 처남이 기다리고 있었다.

"칠보 쪽에서 사실재터널로 오니까 바로 황계마을이 나오던데요?"

"그래? 거기 길이 생겼구나! 그럼 장금리로 왔겠네."

"예."

장인어른은 놀라움을 금치 못했다. 옛날 호랑이가 살았다는 종성리, 어린 시절 넘던 꼬부랑 산길에 도로와 터널이 건설되었다니 놀랄 만했다.

예전 작은다리목에는 '제2금천교'가 놓였다. 거기서 구빨치가 경찰을 습격하던 상황을 설명했다.

작은다리목에 놓인 제2금천교. 왼쪽은 높이 10미터 이상 큰 바위로 이루어져 있다. 구빨치가 그 아래에 참호를 파고 매복했다가 경찰을 기습했던 상황을 설명하고 있다. 장인과 처남.

곧 베틀마을에 들렀다. 장인어른은 거기서 국군이 쏜 총에 맞은 김호철을 구해주었던 장소와 최영훈에게 정치보위부로 끌려갈 뻔했던 상황을 자세하게 설명했다.

이어서 산안마을로 이동했다. 한국전쟁 당시 그 일대는 빨치산의 영역이었다. 산안마을에서 오른쪽 산길로 만일사를 지나면 내안골이고, 만일사 뒤편으로 곧장 올라가면 장군봉이나 회문산에 이른다.

산안마을에서 5중대원 등 비무장 빨치산을 체포했는데, 이는 외곽을 지키던 무장부대를 따돌리고 그들이 장악한 내부지역까지 들어갔다는 의미였다.

회문산 1차 작전에서 침투했던 산안마을. 여기서 만일사로 가는 능선에서 100부대 5중대장 박윤순 및 중대원 등 빨치산을 생포했다.

작전현장에서 설명을 듣다보니 그 전에 녹취했던 상황보다 자세한 내용을 들을 수 있었다. 책을 쓰면서 느꼈던 점은 녹취를 할수록 장인어른이 점점 자세한 상황을 설명했다는 것이다. 즉 희미해졌던 옛 기억이 되살아났다. 특히 전적지에 직접 갔을 때 더욱 생생한 설명을 들을 수 있었다.

회문산 2차 작전에서 강희태 등을 체포한 상황까지 설명을 듣고 나서 용인으로 이사하기 전에 살던 구림면 성곡리 호곡마을로 이동하여 옛집을 찾았다. 본채는 흔적도 없이 사라졌고 누에를 키우던 잠사 한 채가 그대로 남아 있었다.

장인어른은 그 동네에 살고 있는 두어 분을 만나 오래전 옛 추억을 나누었다. 반갑게 이야기를 나누고 헤어졌지만 연로한 노인들 마음속에는 다시 만날 수 있을지 의구심이 들었으리라.

• 가마골 사령관계곡

가마골은 순창군에 속한 구림면, 팔덕면, 쌍치면, 복흥면으로 둘러싸여 있어서 전북 순창군에 있는 것으로 알기 쉽다. 그러나 행정구역이 높은 산 능선을 경계로 정해지다보니 그렇게 되었을 뿐, 남쪽 계곡을 통해 드나들게 되며 행정구역은 전남 담양군 용면이다.

순창에서 강천산 입구를 경유하여 담양으로 가는 국도는 꼬불꼬불한 산길이다.

"열두 살 때 봉산면까지 심부름 갔는데, 가는데 하루 오는데 하루 걸렸어."

"이 산길을 혼자 걸어갔다는 말씀이세요?"

"그럼! 맨발로."

"꽤 멀 덴데요."

"백리도 넘었으니까 한 50~60킬로는 될 걸."

"무슨 심부름을 그렇게 멀리 다녔습니까?"

"부고 전하러 갔지. 그땐 전화가 없었으니까."

"하루 종일 걸어가려면 도시락 싸 갖고 가셨겠네."

"도시락이 어딨어! 굶고 가는 거지."

이제는 장인어른 어렸을 적 일을 여러 번 들어서 놀라지 않지만, 열두 살 어린이가……

그렇게 이야기 나누며 가마골에 도착했다.

1차 답사 때 춥고 미끄러워서 오르지 못했던 사령관계곡. '사령관 동굴터 1km'란 안내판을 보고 사령관계곡으로 올라갔다.

장인어른이 처음에는 특별한 기억이 나지 않는 듯하더니 잠시 올라가자 작전 당시 능선에서 내려오던 길이라고 했다.

돌로 이루어진 계곡길에 풀은 자라지 않았지만 길 옆 잡목가지가 길을 가로 막기도 했다. 처남이 앞에서 등산지팡이로 가지를 제거하며 길을 인도했다.

험한 산길을 오르던 장인어른이 가쁜 숨을 몰아쉬었다.

"힘들면 쉬세요."

"여기 왜 올라가는 거지?"

"당시 침투로였다니까 가보는 겁니다. 힘드시면 그만 내려가죠."

둘이 쉬면서 숨을 고르고 있을 때 처남이 올라가보고 오겠다며 가더니 한참 있다가 내려왔다.

"거리로 봐선 사령관동굴을 지났는데. 우리가 올라온 길이 1.2km거든요."

"중간에 빠지는 길이 있었나. 그냥 내려가자. 동굴이 중요한 건 아니니까."

그렇게 해서 발길을 돌려 내려왔다. 장인어른은 기억이 떠오르는 듯 설명했다.

"이 길로 밑에 있는 계곡까지 내려가서 기습했던 거 같아."

"지휘부 막사는 어디에 있었습니까? 늦게까지 전등을 켰고, 솜이불로 막사를 덮었다면서요?"

"안내판 있는 데 있었지. 거기까지 내려가서 위쪽에 있던 막사와 아래쪽에 있던 막사를 공격했어."

장인어른이 당시 상황을 설명했다. 나는 이미 수차례 녹취하면서 들은 내용이지만, 처남은 처음 듣는 대목에서 질문을 하기도 했다.

사령관계곡을 오르다가 휴식

사령관계곡 입구, 표지판 근처에 당시 빨치산 지휘부 막사가 있었다. 지금은 평탄하게 정리되어 있지만 사령관계곡으로 내려온 보아라부대원이 기습했을 당시에는 돌과 바위로 된 계곡이었다.

이상으로 3차 전적지 답사를 마쳤다. 살아 있는 보아라부대원이 있어서 만날 수 있었더라면 금상첨화였을 텐데, 못내 아쉬웠다.

당초 답사여행 목적은 현장상황을 생생하게 표현하기 위해서였다. 3차에 걸친 여행 중 보고 느낀 점으로, 본문에 당시 상황을 나름대로 충실하게 표현할 수 있었다.

전적지를 다녀온 것은 참으로 잘한 일이었다. 책 내용도 내용이려니와 연로한 장인어른 마음 깊은 곳에 자리 잡고 있던 장소를 돌아보기도 했으며 실로 오래간만에 친지를 만났으니 얼마나 기뻤을까. 효도여행이 어디 유명한 곳을 다녀오는 것뿐이랴!

그런데 막상 답사를 가자 장인어른은 녹취할 때 말씀하지 않았던 세세하고 구체적인 부분까지 말해주어서 내용이 충실해졌다. 막연하게 생각할 때 미처 떠오르지 않았던 기억이 현장에서 되살아났던 것이다.

마지막으로 열 번 이상의 구술과 수시로 통화하는 과정에서 내용이 점점 충실해졌다. 워낙 오래전 일이었으므로 얼핏 생각나는 대로 말했다가, 그것을 정리한 다음 보완할 점을 추가로 물어보면 잊었던 기억이 떠오르기 때문에 그랬을 것이다. 원고가 정확한지 확인하려고 여쭐 때마다 더 상세한 내용이 추가되었다. 출판 직전인 2022년 9월초 전체 원고를 보여주며 최종 확인할 때도 새로운 내용을 말씀하셨다. 계속 확인하려다가는 출판이 마냥 미루어질 테고, 고령의 나이에 건강이 갑자기 악화될 수 있어서 원고를 완성시키고 출판에 착수하게 되었다.

3. 아버지 회고록 발간을 축하드리오며

둘째딸

나는 아버지가 겪으셨던 전쟁시절 전투경찰 이야기를 무시로 들으며 잔뼈가 굵었다. 용인 수지에서 초등학교를 다닐 무렵부터 아버지의 입에서는 순창, 남원, 임실, 담양, 구례, 승주, 지리산, 회문산, 백아산, 모후산 등 낯선 지명들이 수없이 튀어 오르곤 했다. 어린 나는 알지도 못하고 가보지도 못한 낯선 지명들에 대한 호기심과 외경심을 가지고 성장했다.

2017년 3월 지리산 노고단 산행길에서

그 곳들을 이야기할 때의 아버지는 동네 아저씨들과는 다른 뭔가가 있었고 그것이 나는 자랑스러웠다. 내가 자라 고교시절에 아버지의 이야기를 들었을 때는 그 눈빛과 몸에서 지리산 회문산 골짜기의 엄동 속 칼바람이 느껴졌고, 얇은 군복으로 추위와 배고픔에 밤새 웅크린 채 생존을 위해 버텨야 했던 처절한 모습이 그려지곤 했다.

그 때마다 아버지는

"참, 더런 놈의 세상을 살아 낸 거지…"

하고 쓰디쓴 얼굴을 하시었다.

그 때의 아버지는 젊으셨다. 오후 5시경이면 마루에 둔 라디오를 크게 틀어 '국군의 방송'을 거르지 않고 들으셨는데 우리 형제들은 그 방송을 들으며 자랐다. 그래서 나는 자연스레 군가를 많이 외우게 되었다. 우리 형제들은 아버지가 안 계실 때 장롱 위 선반에 놓여 있는 아버지의 물건들을 꺼내어 가지고 놀곤 하였는데 그것은 아버지의 전투경찰 시절 수여받은 대통령 표창장과 경찰제복을 입고 찍은 빛바랜 작은 사진들이었다. 그 시절의 아버지는 그 전쟁 중에도 꽃미남처럼 단정한 모습에 품위가 있어 보였다. 사진 아랫부분에는 흰색으로 '지리산에서' 혹은 '섬진강 벌에서' 혹은 '하사관학교 졸업'이니 하는 글자가 써 있었다. 그 귀한 사진들이 하나 둘 없어져버리고 만 것이 못내 안타깝다. 그래서 나는 경찰이나 군복이 낯설지 않고 친근한 아이로 자랐다. 나의 농촌 친구들과는 다른 뭔가를 가슴에 씨앗처럼 품고 성장했다. 나의 핏톨 어딘가에 전라도, 그 낯선 땅의 알 수 없는 애잔한 슬픔과 뜨거운 피가 강물처럼 흐르고 있음을 느꼈는데 그것은 근원을 향한 그리움 같은 것이었다.

그리곤 나의 가슴 한켠에 전라남북도 어느 산골짜기를 훑던 스산한 바람이 가끔씩 쓸쓸하게 휘몰아치곤 하는 것이었다. 나는 고교

시절부터,

 '나는 언젠가 아버지의 이야기를 꼭 써야 되겠다. 꼭 써야 한다'고 결심하였다. 그것은 단지 내 아버지의 이야기여서가 아니라. 이 땅에 전쟁이 있었고 그 미친 소용돌이 속에 이념이 뭔지도 모르는 순박한 민초와 청년들이 혹은 국군으로, 혹은 공산당으로, 혹은 빨치산으로 잡혀가 본인의 성공과 행복과는 관계없이 희생양으로 죽어갔다는 사실 때문이다. 수많은 아까운 청춘들이 추위와 굶주림 속에 산속에서 죽었다. 시신은 슬퍼할 겨를도 없이 방치되거나 혹은 겨우 짐승의 밥이나 면하도록 동료들이 급히 구덩이에 묻어놓고 막대기나 돌로 표시해놓았을 뿐이었다.

 아버지의 이야기를 하도 들어서일까. 나는 늘 그들의 가엾은 영혼들을 떠올리곤 했다 그들도 한 어미의 눈에 넣어도 아프지 않을 아들들이자 갓 결혼한 새댁의 남편들이었을 것이다. 실제로 나의 아버지는 막내였는데 5형제 중, 형님 셋이 전쟁에 끌려가 전사하셨다. 학도병이었던 바로 위 형님과 아버지만 운 좋게 살아남았다.

 내 어린 시절, 아버지는 밤에 주무시다가도 밖에서 들리는 작은 기척에도 벌떡 일어나 밖의 소리에 귀를 기울이시고 긴장하셨다. 어느 때는 문을 벌컥 열고 플래시를 들고나가 집 안팎을 한 바퀴 둘러보고 들어오기도 하셨다. 그 때 아버지의 옷깃에선 또 회문산 골짜기 칼바람의 냉기가 느껴졌다. 우리 형제들은 이불속에서 꺼멓게 눈을 뜨고 아버지의 동정에 숨을 죽였다. 그것은 무엇이었을까? 이제는 어렴풋이 그것을 알 것도 같다.

 아버지는 평생을 새벽 일찍 일어나셨고 게으름이라곤 없으셨다. 동네서도 가장 먼저 일어나 집 안팎을 싸리비로 말끔히 쓸고 청소

하셨으며 소독과 위생관념이 철저하셨다. 장작을 쌓아도, 볏단을 쌓아도 각을 맞춰 반듯반듯 정확히 하여서 이웃사람들이 감탄을 하셨다. 지금 생각하니 그것은 전투경찰시절과 군대시절 몸에 배고 훈련된 습관인 듯하다. 겨울방학이 되어도 우리들은 늦잠을 잘 수가 없었다. 아버지가 평소와 다름없이 사정없이 이불을 젖히고 방문을 활짝 열어 호통을 쳤기 때문이었다.

"그렇게 게을러서 이 험한 세상을 어찌 살아가려 하느냐?"
"사람은 앞날을 내다보고 살아야 한다"
"사람은 정직하게 살아야 한다"
아버지가 평생을 두고 우리에게 가장 많이 해주신 말씀이다.

평생을 강인하고 정직하고 반듯하게 살아오신 나의 아버지. 어린 시절 혈혈단신 혼자 자랐음에도 어찌 그리 반듯하고 지혜롭고 훌륭한 정신을 소유한 멋진 인품으로 자라고 살아오셨는지 존경스럽기만 하다. 아버지는 걸음새며 언행에 품격이 느껴져서 모두들 고개 숙여 인사를 하시며 나이 드신 지금도 멋지다는 평을 듣는다.

아버지 올 연세 여든아홉. 사선을 넘나드는 전쟁터, 운이 좋았는지 목숨은 살아남아 이제 그때와 그 곳 그리고 전우들을 떠올리며 역사의 증언대에 당당히 서셨다. 이 소명을 위해 여태 하늘이 목숨을 붙잡고 계셨음이 아닌가 한다.

전쟁 중 입은 부상을 전상으로 인정받지 못했고 그 부상으로 인해 가족을 제대로 부양할 수 없었다. 효녀였던 맏딸(언니)은 그런 가장의 짐을 덜어주고자 학업을 할 어린나이에 공장으로 가야했고 고생을 많이 했다. 그래서일까. 몹쓸 병을 얻어 쉰이 채 안된 나이에 하늘로 갔고, 고생 많았던 내 어머니 또한 환갑도 못 채우고 세상을 떠나시고 말았다.

　이 세상에서 가장 사랑하는 두 여인을 먼저 보낸 아픔이 오죽 컸으랴.

　당신도 따라 죽고 싶을 만큼 힘든 고비를 아버진 불굴의 정신으로 버티고 일어서셨다.

　그것은 당신의 남은 3남매 자식들에게 또다시 슬픔을 주어선 안 된다는 강인한 의지였다.

　아버지가 평생에 걸쳐 한숨을 쉬며 자책하듯 내뱉던 말은

　"참, 복도 지지리도 없는 놈. 어려서 엄마 잃고 아버지도 없이 자라더니 전쟁에 나가 그 고생을 하고 또 이런 일을 겪다니…" 하며 한탄하셨다.

　하늘이 그 원성을 들으셨음일까. 나의 친정어머니 못지않게 좋으신 분을 아버지의 동반자로 보내주셔서 아버지를 보필하게 하셨으니 얼마나 감사한지 모른다. 나의 새어머니 김 권사님의 고마움은 평생 못 갚을 은혜다.

　아버지의 증언을 들으면서 그 정확하고 놀라운 기억력에 탄복을 여러 번 하였다.

　어제런 듯 생생한 것을 보면 그 몇 년이 아버지의 인생에 얼마나 깊이 각인되었는지 알 수가 있다.

　아버지의 이 회고록이 전장에서 고전하다 고통 속에 스러져간 가여운 넋들에게 바치는 헌서가 되기를 바란다. 아울러 남도 땅, 그 지역에 전쟁의 소용돌이 속에 본인들의 의지와는 상관없이 휩쓸려 희생되었던 사람들과 그 역사를 우리가 잊지 않고 기억하는 기록으로 쓰이기를 바라는 마음이다.

4. 아버지의 끝나지 않은 전투

아들

나에게 아버지는 늘 엄하고 무서운 분이셨다. 아주 어렸을 때부터 어르신들에게는 인사를 잘해야 되고, 바르고 정직하게 살아야 된다는 훈시를 매일 같이 들으면서 성장했다.

아버지는 늘 바르고 정직하셔서 가는 곳마다 사람들의 신임을 받았으며 동네에서의 궂은일은 도맡아서 하시는 등 솔선수범을 보이셨다.

새벽에 일하러 나가시고 밤늦게 들어오시는 아버지 짐을 덜어드리기 위해 아들로서 힘든 집안일은 모두 내 몫이었다. 아버지는 보

노고단 정상에서

아라부대 시절 작전 중 당한 부상으로 인해 밤잠을 못 주무시고 끙끙 앓으시는 때가 많으셨고 어머니는 늘 안타까워하며 약을 구해야 했다.

소꼴을 베어오는 일과 소죽을 쑤는 일, 돼지 먹이를 주고 산에 가서 나무를 해오는 일들은 모두 나의 몫이었다. 친구들과 놀고 싶었지만 아버지의 일을 도와드리는 것이 어린마음에도 뿌듯했으니 일찌감치 철이 든 셈이다.

밖에서 힘든 일을 하시고 저녁 늦게 돌아오신 아버지는 내게 가끔 막걸리 심부름을 시키셨는데, 피곤한 몸을 녹이기에는 막걸리가 최고였던 시절이었다.

그렇게 술 한잔을 하시면 전투경찰 시절 이야기를 자주 하셨다.
6·25 전쟁 시절, 빨치산과의 전투 중 숱한 죽음의 문턱에서 살아남은 이야기와 숨져 간 동료의 안타까운 이야기였다. 그 이야기를 하실 때면 눈시울이 붉어지시곤 하셨다.

가마골 빨치산 사령부 침투작전과 백아산 전남도당 탄약고 폭파작전, 노고단 빨치산 토치카 폭파 이야기는 블록버스터 전쟁 영화를 보는 듯 했다.

초등학교 시절, 친구들이 집에 놀러오면 아버지의 경찰복장 사진과 대통령표창을 자랑삼아 보여주며 어깨를 으쓱하곤 했다.

아버지를 자주 찾아뵙고 많은 이야기를 나누지만 지금도 지리산 전투경찰대 이야기는 빠지지 않는다.

아버지를 모시고 보아라부대 시절 흔적을 찾아 전적지 여행을 몇 번 다녀온 적이 있다.

아버지는 옛 동료가 전사한 자리를 더듬어 가며 찾아서 술 한잔을 올리고 절을 하며 추모하기도 하셨고, 큰 도움을 주셨던 분은 묘지라도 찾아가 절을 하셨다.

비록 어렸을 때 가난으로 인해 학문의 배움은 없었지만 누구보다도 총명하시고 빠른 두뇌회전인지 천운인지, 아버지는 숱한 전투 속에서도 살아 남아 이제 그때의 기억을 되살려 나라와 후손들을 위해 보아라부대의 실상을 알리고 그 시대의 아픔과 슬픔을 증언하신다. 누군가는 꼭 해야 할 역사적 사명처럼.

우리 집안은 유난히도 국가에 충성하는데 앞장을 섰다
증조부님은 일제에 맞서 항거하는 독립군 연락책이었고 아버지 5형제는 모두 6·25 전쟁에 참전하였다. 위 세 분은 전사하셨고 학도병이었던 막내 형님은 반격작전 중 압록강까지 진격한 부대의 일원으로 무공훈장까지 받으셨다.
아버지는 전투경찰 임무를 완수하고도, 다시 최전방 5사단에서 3년간의 군 생활을 하셨기에 국가의 부름에 기꺼이 몸을 던진 병사였다.
나도 28사단 최전방에서 30개월의 철책근무를 마쳤고, 내 아들도 7사단 최전방에서 젊음을 바쳐 군생활을 마무리 했다.

아버지의 회고록은 나와 뜻을 같이하는 누이와 매형의 적극적인 협조와 추진에 힘입어 시작하게 되었다. 다행스럽게도 매형의 역사학도로서의 지식과 집필능력, 누이의 문학적인 소질로 인해 가능하게 되었다.
아버지의 구술 속 현장을 찾아 수차례의 답사와 자료 문헌조사,

대조, 고증 등 심혈을 기울인 두 분의 무한한 노고에 깊은 감사를 드린다.

아버지의 평생 소원중 하나인 회고록을 구순을 앞두고 출판하게 되어 자식된 도리로서 기쁘고 자랑스럽다. 이때까지 소중했던 당시의 기억을 잊지 않고 구술해 주신 아버지의 기억력에 경탄을 금할 수 없다.

반세기가 훌쩍 넘었지만 아직도 아버지의 기억 속에서는 끝나지 않은 전투로 남아 있으며 나라 걱정을 하고 계신다.

부디 이 책이 아버지의 바람처럼 나라를 위해 숭고한 젊은 목숨을 바쳐 이루어 낸 소중한 조국에 대한 애국심을 고양시키는 교훈으로 쓰이기를 바라는 마음이다.

아버지, 이제 나라 걱정은 후손들에게 맡기시고 만수무강하십시오.

아버지, 존경하고 사랑합니다.

5. 자랑스런 아버지의 삶

막내딸

내가 아주 어렸을 때는 우리 집이 무척 가난하고 일가친척도 없는 타향살이여서 마을의 대다수를 이루어 사는 집성촌 사람들에게 업신여김을 당하기도 했다.

전북 순창군에서 큰아버지의 농사를 도맡아 지으면서 밥은 먹고살겠지만 앞날에 대한 꿈이 없었는데, 아버지는 '종노릇'이라고 표현하셨다. 그래서 스스로 독립하고자 결심을 굳히고 혈혈단신으로 당시 경부고속도로 건설현장으로, 일거리가 많았던 경기도 용인으로 올라오셨다. 얼마간 일한 돈으로 용인군 수지에 빈집을 사서 가족들을 데리고 이사하였다. 살림이라고는 이불 한 채와 숟가락뿐이었다고 한다.

마을 사람들이 이불하나 달랑 들고 초라한 집에 이사 온 우리를 환영해 주었을 리 만무하다. 그렇지만 처음엔 멸시하였으나 시간이 지날수록 아버지의 근성과 비범함을 알아보게 되었다. 이사 올 때

갓 태어나 핏덩이였던 내가 초등학교에 들어갈 즈음에는 마을에서 아버지를 더 이상 무시할 수 없게 되었다.

아버지는 부지런하시고 총명하시고 무엇을 하든 월등히 잘 하셨다. 농사를 지어도 남들보다 두 배 정도의 수확을 얻으셨고 소를 키워도 남들의 것보다 아주 크고 튼실했다. 농사를 지어 수확을 하면 동네사람들이 수확량이 많다는 소문을 듣고 구경을 올 정도였고 소도 구경하러 왔다.

아버지의 주된 직업은 목수였는데 아버지는 남과 똑같은 일을 해도 돈을 많이 받으셨다. 그만큼 어딜 가나 인정을 받으셨다. 이웃 마을과 제법 먼 곳에서도 아버지에게 일을 맡기고자 특별히 와서 부탁하곤 했다. 당시엔 교통이 좋지 않아서 조금 먼 곳에서 일하실 땐 며칠에 한 번씩 집에 오기도 하였다.

아버지는 대문에 들어서며 땀 냄새 나는 몸으로 나를 안아주셨다. 나는 아버지의 땀 냄새가 좋았다. 지금 돌이켜보면 그것은 든든함과 편안함이었던 것 같다.

아버지는 키가 크셨고 목소리도 위엄 있었고 힘도 세서 내 생각에 동네에서 아버지를 이길 사람은 없는 것 같았다. 그런 아버지가 막내딸이라고 무척 예뻐해 주셔서 나는 아버지 옆에선 세상에 부러울 것이 없었고 아주 당당해졌다.

그러나 아버지가 마냥 좋기만 한 분은 아니셨다. 아버지는 너무 깔끔하고 완벽하고 철두철미해서, 착하고 유순하기만 했던 어머니에게는 불호령이 자주 내리곤 했다. 아버지가 어머니와 언니오빠들에게 야단을 칠 때 나는 깜짝 놀라며 울어버렸다. 아버지는 무척 무섭기도 했지만 그럼에도 내겐 가장 든든하고 자랑스러운 아버지였다.

 아버지는 저녁을 먹은 후 우리 형제들을 불러 앉히고 수시로 훈계를 하셨다.
 어른들에게 인사 잘 해라, 꾀부리지 말고 솔선수범해라, 겸손해라, 참아야 하지만 정 못 참겠으면 제대로 혼내 주어라, 거짓말 하지 말아라, 남에게 나쁜 짓 하지 말아라, 부모에게 순종해라, 열심히 공부해야 무시당하지 않는다, 일하지 않으면 먹지도 마라 등등 많기도 한 훈계를 자주 그리고 길게도 하셨다.
 우리는 아버지가 불러서 앉히면 '어휴, 또 잔소리 시작이군.'하며 마지못해 그 자리에 앉아있었는데 지금 생각해보면 그 때 그 아버지의 가르침이 지금 우리들을 반듯하게 잘 키워낸 것 같다. 없어도 기죽지 않고 당당하게 잘 자랄 수 있었던 것은 반듯하게 우리를 길러주신 아버지와 한없는 사랑과 항상 따뜻하게 우리를 품어주신 어머니의 헌신적인 사랑이었다.

 또 아버지께서 우리에게 예전의 이야기를 매우 자주 들려주셨는데 그것은 6·25전쟁 이야기였다. 빨치산 이야기는 아주 흥미진진했으며 당시 텔레비전 드라마 '전우'를 보는 것처럼 재미있기도 했다. 다만 너무 자주 이야기를 하시니까 어린 내게 지겨울 때도 많았다. 나는 겁이 많은 편이라 빨치산과 싸운 이야기를 하실 때는 무시무시하기도 했다.
 89세인 지금까지도 아버지는 그때 이야기를 하실 때면 마치 엊그제 이야기를 하시는 것처럼 생생하고 세세하게 말씀하신다. 어떻게 그 상황과 그 모든 것들을 그렇게 정확하게 기억하고 계시는지 정말 놀라울 뿐이다.

솔직하게 고백하자면, 사실 나는 어린 시절에 무수히 들었던 아버지의 이야기가 백퍼센트 사실일 것이라고 생각하지 않았었다. 재미를 위하여 또 좀 더 멋지게 보이려고 과장이나 약간의 허구들을 붙였을지도 모른다는 생각을 조금 하였었다. 그러나 아버지의 모든 말들이 다 '사실'이었다는 것을 나는 너무 늦게 알게 되었다.

지금으로부터 15년 전 어느 가을, 아버지는 '추억 여행'을 하고 싶어 하셨다. 기억에 남아 있는 곳을 둘러보고 사람들을 만나보고 싶다고 하셨다. 시간적 여유가 있었던 내가 아버지를 모시고 전북 순창군, 아버지의 고향으로 갔다.

고향 집과 마을을 둘러보시며 내가 어릴 적 그토록 귀에 못이 박히도록 들었던, 빨치산과 숨 막히는 전투를 치렀던 그 산골짜기와 아버지가 피신해 있었던 오두막들, 아버지의 전우들을 직접 만나보며 너무나 큰 감동을 받았다.

'아 사실이었구나! 그 모든 이야기들의 실제 장소와 실존 인물들이 있구나. 이분들이 다 아버지를 기억하고 그 때 그 일들을 기억하는구나.'

나는 뒤통수를 얻어맞는 느낌이 들었다. 그 충격과 그 흥분은 지금도 내 가슴을 뛰게 한다.

아버지의 기억을 따라 이곳저곳을 둘러보고 사람들을 만나보며 나는 어린 시절 아버지의 이야기에 더 귀 기울이지 않았던 것이 후회되었다. 나는 아버지의 '옛날이야기'를 들으며 속으로는 다른 생각을 할 때도 많았기 때문이다.

아버지께서는 전쟁 중에 다쳤을 때 목숨을 구해주고 돌봐주셨던 어떤 아주머니(지금은 할머니가 되신)를 죽기 전에 꼭 한 번 보고 싶다고도 하셨는데 그 분이 사시던 마을과 그 분을 기억하시는 분은 만났지만 그 아주머니는 하필 집에 안 계셔서 만나지 못하고 발걸음을 돌려야 해서 무척 아쉬워하셨다. 아버지만큼 나도 아쉬운 마음이 들었다. 나도 아버지의 옛날이야기 속 그 분을 뵙고 싶었고 감사인사도 드리고 싶었기에.

아버지는 지금도 당신이 누비고 다녔던 그 많은 산과 골짜기의 이름과 산의 형세, 지나치셨던 마을의 생김새, 마을 이름, 만났던 사람들 이름, 부대원들의 이름, 사용하였던 무기들의 이름을 모두 정확히 기억하고 계신다. 아버지의 총기는 정말 놀랍다.

아버지의 기억이 아직 살아있을 때에 더없이 훌륭하고도 치열하였던 아버지의 삶을 이렇게 기록으로 남길 수 있음을 참으로 다행이자 감사하게 여긴다.

다만 아버지께서 전투 중에 머리와 허리에 부상을 당하셔서 오랫동안 고생을 하고 계신다. 함께 했던 전우들의 증언과 증거들을 어렵게 갖추어서 제출했지만 국가보훈처는 전투 중 부상당한 사실로 인정하지 않은 점이 너무나 아쉽다.

아버지는 그 많은 전투에 전투경찰로 참전하여 혁혁한 공을 세우고 많은 상을 받았음에도 참전유공자로만 인정받는 것에 그쳤다. 그 점이 못내 아쉽지만, 나라에서 인정해주지 않아도 우리는 인정한다. 우리는 존경한다, 우리 아버지를. 참으로 훌륭하고 존경스런 그 분이 내 아버지라서 참 자랑스럽다.

존경합니다, 당신의 삶을! 사랑합니다, 나의 아버지!

참고 서적(사이트)

- 구술사연구 제7권 1호, 사장님이 되었던 빨치산, 한국구술사학회 발행, 노용석, 2016.6.27.
- 남도빨치산, 매직하우스 발행, 정관호 지음, 2008.6.25.
- 남부군, 도서출판 두레 발행, 재편집증보 개정판, 이태 지음, 2014.9.20.
- 대비정규전사, 국방부 전사편찬위원회 발행, 1988.12.20.
- 또 하나의 전쟁, 도서출판 후아이엠 발행, 차길진 지음, 2014.9.4.
- 박정희평전. (주)이학사 발행, 전인권 지음, 2006.8.1
- 미국의 베트남 전쟁, 도서출판 책갈피, 조너선 닐 지음, 정병선 옮김, 2004.5.15
- 애향 제20집, 보령문화원 발행, 2016.12.
- 전남 유격투쟁사, 도서출판 선인, 정관호 지음, 2008.6.16.
- 지리산, 한길사 발행, 이병주 지음, 2006.4.20.
- 한권으로 읽는 6·25전쟁, 국방부 군사편찬연구소 발행, 2016.11.15.
- 한국전쟁, 국방군사연구소 발행, 1996.
- 해방전후사의 인식 4권 3장 '1948~1950년 남한 내 빨치산 활동의 양상과 성격', 한길사 발행, 김남식 지음, 1989.12.15.
- 국방부 블로그(http://blog.naver.com/mnd9090)
- 네이버 지식백과(https://www.naver.com)

옛 전투지였던 백아산 총사고지 아래에 선 85세의 저자.
노구임에도 늠름한 기상이 남아있다.
"노병은 죽지 않는다. 다만 사라져 갈 뿐"　　- 더글러스 맥아더 -

1951년, 보아라부대 입대무렵

1954년, 보아라부대 활동시절

1959년, 제대 후 농사짓던 시절

1961년, 용인으로 이주하던 무렵

경찰기동대 시절 (1956년)

육군 복무 시절(1957~1959년)

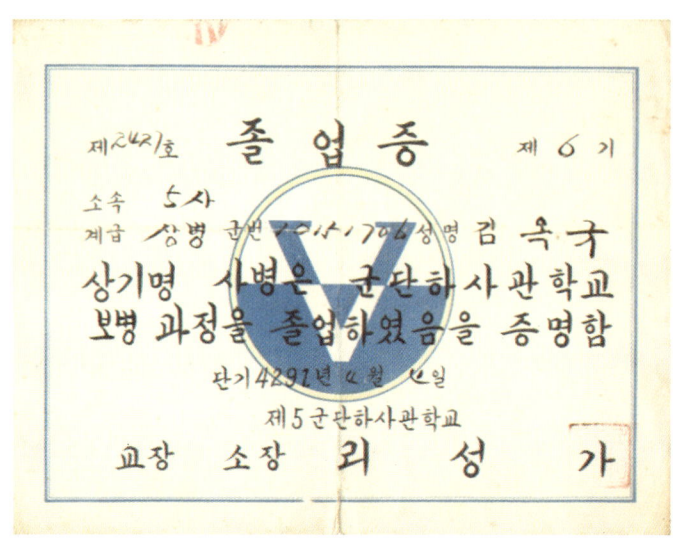

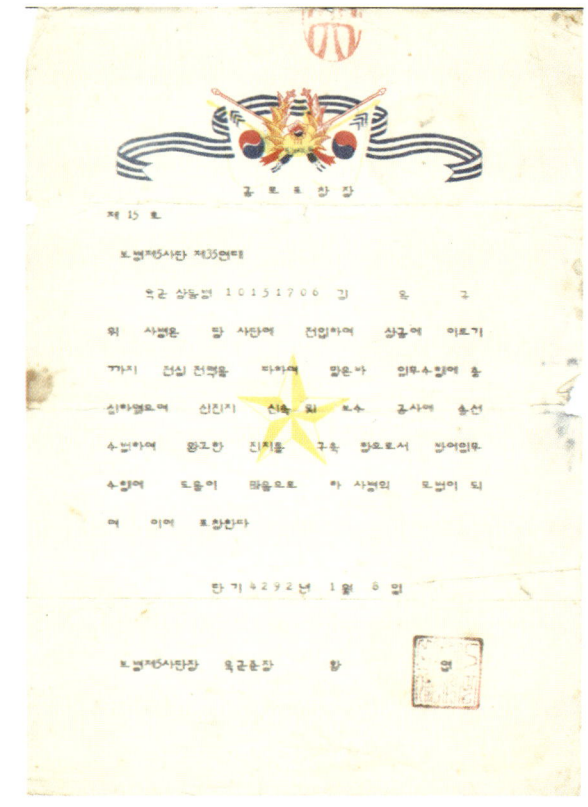

국가유공자 등록

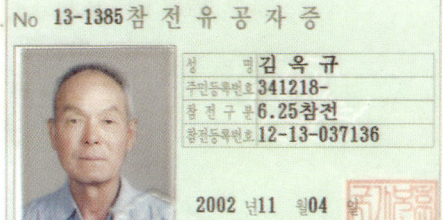

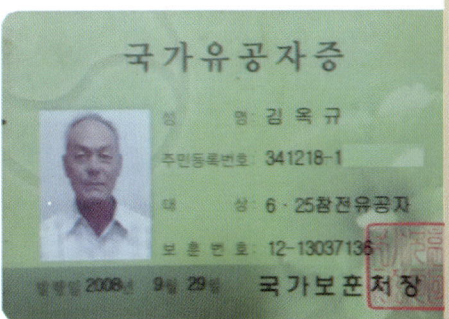

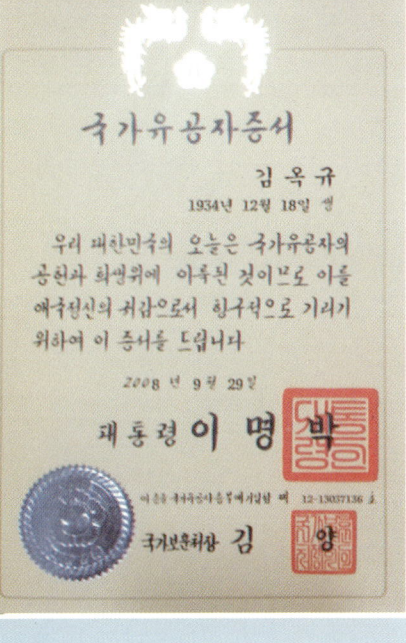

팔순 잔치

전적지 답사여행

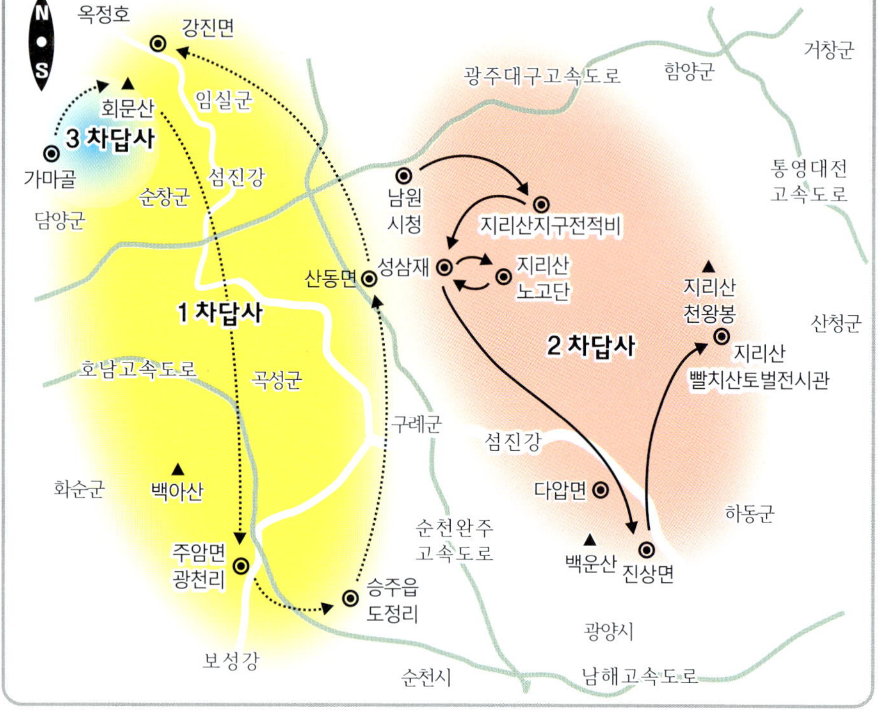

지도

- 옥정호
- 강진면
- 임실군
- 회문산 — 3차답사
- 가마골
- 순창군
- 섬진강
- 담양군
- 광주대구고속도로
- 거창군
- 함양군
- 통영대전고속도로
- 남원시청
- 지리산지구전적비
- 성삼재
- 지리산 노고단
- 산동면
- 1차답사
- 2차답사
- 지리산 천왕봉
- 산청군
- 지리산 빨치산토벌전시관
- 호남고속도로
- 곡성군
- 구례군
- 화순군
- 백아산
- 섬진강
- 다압면
- 하동군
- 주암면 광천리
- 순천완주고속도로
- 백운산
- 진상면
- 승주읍 도정리
- 광양시
- 보성강
- 순천시
- 남해고속도로

1차 '16.12.29.
- 가마골
- 담양군 금성지서
- 회문산 내안골
- 회문산 역사관

2차 '17.3.11.
- 지리산지구전적비
- 남원시
- 산동면
- 백아산 총사고지

3차 '17.9.9.
- 지리산 노고단
- 광양시 진상면
- 회문산 산안마을
- 가마골 사령관계곡

회문산

제2구림교(작은다리목)

베틀마을

산안마을

만일사

회문산역사관 전시물

회문산 북쪽 섬진강(항미연대 작전)

사령관계곡에서 본 가마골

가마골 전적비

사령관계곡 입구

복흥면 답동, 능선 너머 가마골

담양군 금성지서

사령관계곡에서

주암면 광천마을 작전 당시 숙소 앞에서

옛 모습이 남아 있는 부대원 숙소

광천마을에서

부대장 숙소 자리에 신축된 건물 주민과

왼쪽 능선을 통해 전남도당 병기과로 침투

멀리 총사고지가 보인다

산동마을에서 노고단으로 오르던 길이 깔끔하게 포장되었다

수많은 사람들의 피신처였던 지리산

서쪽에서 본 노고단 일대의 영봉들

노고단에서 멀리 천왕봉이 보인다

중산리에서 본 천왕봉

지리산 노고단, 한국전쟁 당시는 돌탑 근처에 빨치산 토치카가 있었다

노고단에서 휴식

지리산전적비

지리산전적비 위패 앞에서

둘째딸, 아들과 함께

빨치산의 자취를 찾으며 오르던 노고단

빨치산토벌전시관 내부 전시물

빨치산토벌전시관

내부 전시물

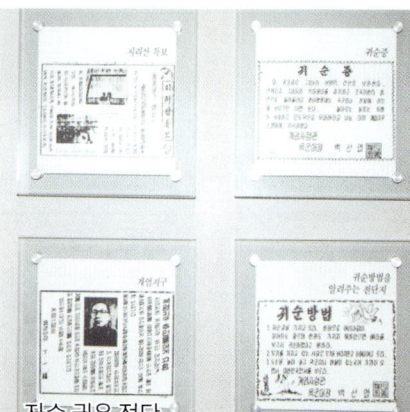

자수 권유 전단

"내려가서 자수해라."

축내저수지, 대나무와 도로 사이에 전남도당이 은거한 땅굴이 있었다.

체포 상황 설명중

저수지 아래 풍경

옛 모습을 보존하고 있는 쌍암장터

문순묵의 처가 동네 광양시 다압면 신원리

지전사가 있던 자리에 신축된 남원시청

이흥여관 자리에도 신축건물이 들어섰다.

회문산 일대와 보아라부대 작전

네이버 밴드 보아라부대

보아라부대에 대한 정보를 공유하고 묻혀 있던 이야기를 발굴하기 위해 네이버 밴드에 '보아라부대'를 개설하였습니다.
관심 있는 분은 검색하셔서 가입해주시기 바랍니다.